In der Reihe blv sport:

Bauer	Fußball perfekt: Vom Anfänger zum Profi
Brandl	Modernes Reiten: Schritt, Trab, Galopp
Brandl	Perfekter Reiten – Dressur, Springen, Military
Courtine	Judo perfekt – Technik, Training, Wettkampf
Denk	Klar zum Regattasegeln
Denk	Neue Segelschule
Ellwanger	Tennisspielen – leicht gemacht
Ellwanger	Tennis – bis zum Turnierspieler
Glasbrenner/Reetz	Perfektes Tennistraining – Tips und Tricks für alle
Held/Kreiß	Vom Anfänger zum Rennruderer
Keill	Tourenskilauf – Ausrüstung, Technik, Sicherheit
Kemmler	Perfektes Skitraining im Schnee + zu Hause
Kimura	Judo – für Anfänger + Kämpfer
Konopka	Radsport vom Anfänger bis zum Könner
Krombholz	Tanzen für alle
Morgan	Golf – vom Anfänger zum Könner
Moser	Ju-Jutsu – vom Anfänger zum Könner
Prade	Windsurfen – vom Anfänger zum Könner
Richter	Sicheres Tauchen – Ausrüstung, Technik, Tips
Rieder	Voltigieren – vom Anfänger zum Könner
Schabert	Tänzerische Jazzgymnastik
Scholl	Die perfekte Tennisspielerin
Sklorz	Tischtennis – vom Anfänger zum Könner
Steidle	Wildwasserfahren – Technik, Training, Taktik
Sturm/Zintl	Sicheres Klettern in Fels + Eis
Wölzenmüller	Skilanglauf – für Anfänger + Könner
Zuber	Squash – vom Anfänger zum Könner

Atja Götzova-Kumpf

Rhythmische Sportgymnastik

Gymnastik mit Handgeräten
für Anfänger und Könner

BLV Verlagsgesellschaft
München Wien Zürich

Zur Autorin

Atja Götzova-Kumpf ist gebürtige Tschechoslowakin. 1962 errang sie den Meistertitel ihres Landes in der Rhythmischen Gymnastik. Nach dem Abitur und Balettstudium am Konservatorium in Bratislava erhielt sie Engagements an den Theatern von Bratislava, Wien und München. In dieser Zeit hatte sie eine Reihe von Auftritten bei Auslandstourneen und bei Film und Fernsehen. Seit 1973 ist sie Dozentin für Gymnastik und Tanz am Sportzentrum der Technischen Universität München. Ihre vielfältigen Tätigkeiten in Verbindung mit Tanz und Gymnastik reichen von einer Referentin bei Fortbildungslehrgängen für Sportlehrkräfte bis zur Choreographin bei verschiedenen großen Veranstaltungen wie Olympiatag, Sportpressefesten und ähnlichem.

CIP-Kurztitelaufnahme der Deutschen Bibliothek

Götzova-Kumpf, Atja:
Rhythmische Sportgymnastik: Gymnastik mit Handgeräten für Anfänger u. Könner / Atja Götzova-Kumpf. – München; Wien; Zürich: BLV Verlagsgesellschaft, 1982.
(blv sport)
ISBN 3-405-12601-0

Layout: Anton Walter
Titelfoto: Dieter Baumann

Gesamtherstellung: Ludwig Auer, Donauwörth

Printed in Germany · ISBN 3-405-12601-0

Bildnachweis
Alle Fotos BLV Archiv Sport
(Dieter Birkner)

Inhalt

Harmonie der Bewegung bei der Gruppengymnastik. Hier demonstriert von der Gruppe der Bulgarinnen, die 1981 die Weltmeisterschaft errangen.

Vorwort

Dieses Buch ist als Arbeitshilfe für alle Übungsleiter, Gymnastiklehrer, Trainer und Sportlehrkräfte gedacht, die diese Sportart bereits in ihr Übungsprogramm aufgenommen haben. Nützlich ist es auch für diejenigen, die sich bis jetzt mehr der Zweck-, Konditions-, Jazz- oder einer anderen Art von Gymnastik gewidmet haben und die Übungsstunden durch die Arbeit mit Handgeräten bereichern wollen. Außerdem können auch Gymnastikschülerinnen, Sportstudentinnen und Leistungsgymnastinnen selbst viele Anregungen und Variationen für Kürübungen oder Kompositionen finden. Dieses »Arbeitsbuch« bietet Übungsformen von der Anfängerschulung bis zum Training in Leistungsgruppen des höchsten Niveaus und soll zu einer möglichst optimalen Unterrichtsgestaltung in der Gymnastik mit Handgeräten beitragen.

Es sind hier die fünf Handgeräte der Rhythmischen Sportgymnastik in alphabetischer Reihenfolge beschrieben: Ball, Band, Keule, Reifen, Seil. Nach einer kurzen Charakteristik des einzelnen Handgerätes und seiner Handhabung werden die gerätspezifischen Techniken vorgestellt. Bei jeder Technik ist die zur richtigen Ausführung notwendige Körperbewegung beschrieben; außerdem wird auf häufige Fehler hingewiesen. Neben den Ausführungsmöglichkeiten wird im Hauptteil eine Fülle von Übungsbeispielen gegeben, die nach dem methodischen Prinzip »vom Einfachen zum Schwierigen« aufgebaut sind. Zahlreiche Übungsverbindungen werden taktmäßig beschrieben und mit Musik-Vorschlägen angeboten. Außerdem sind hier Themen für gelenkte Improvisationen angegeben, wodurch die Kreativität, Bewegungsphantasie und der eigene Bewegungsausdruck gefördert werden sollen. Diese praktischen Beispiele sind erweitert durch:

- bewegungsformende, technisch schwierigere Formen,
- räumliche Variationen,
- rhythmische Variationen,
- Anpassung an Partner und Gruppe.

Unter »Wichtig« sind methodische Hinweise verschiedenen Charakters angegeben:

- einzelne Lernschritte,
- Hilfen zum leichteren Erlernen,
- Hinweise für die richtige Ausführung,
- oder zur Vermeidung häufig auftretender Fehler.

Die Techniken werden miteinander kombiniert und in den Bewegungsvariationen taktmäßig mit Musikangaben beschrieben; sie können als Lernzielkontrollen dienen. Die verschiedenen Bewegungsfolgen sind zum leichteren Verständnis bildlich dargestellt.

Trotz dieser umfangreichen Stoffsammlung kann kein Anspruch auf Vollständigkeit erhoben werden, da der ständigen Weiterentwicklung der Techniken und der schöpferischen Bewegungsphantasie in dieser Sportart keine Grenzen gesetzt sind.

An dieser Stelle möchte ich meinen besonderen Dank meiner Kollegin und Freundin Marianne Huber aussprechen, die als Seminarlehrerin für Sport, aber auch als Germanistin mit ihrem Sachverstand zum Gelingen dieses Buches beigetragen hat.

Ich möchte dieses Buch meiner Tochter Sinaida widmen, die in der Zeit der Arbeit an diesem Werk das Licht der Welt erblickte und vielleicht eines Tages zu dieser Sportart die gleiche Begeisterung wie ich finden möge.

Atja Götzova-Kumpf

Einführung

Entwicklung

Handgeräte haben in der Gymnastik eine wichtige Aufgabe, vor allem als Hilfsmittel in der Konditions- und Körperschulung.
Mit der Entwicklung in den verschiedenen Bereichen der Gymnastik haben die Handgeräte eine neue Stellung in der Rhythmischen Gymnastik eingenommen.
So entstand 1945 in der Sowjetunion die »Künstlerische Gymnastik« und verbreitete sich bald als Rhythmische Gymnastik (Einfluß Dalcroze) in Verbindung mit Bodenelementen (Einfluß aus dem turnerischen Bereich) im gesamten Ostblock. Die erste Weltmeisterschaft fand im Jahre 1963 in Budapest statt. Seitdem werden alle zwei Jahre Weltmeisterschaften im Kür-Vierkampf, im Einzel-Wettkampf und in der Gruppengymnastik durchgeführt. Die Handgeräte werden jeweils vom Internationalen Turnerbund (ITB) vorgeschrieben, am häufigsten sind Ball, Seil und Reifen; bei der 5. Weltmeisterschaft in La Habana/Kuba 1971 wurde zum ersten Mal das Band und bei der 6. Weltmeisterschaft in Rotterdam 1973 die Keule ausgeschrieben.
Außer diesen fünf sind auch andere Handgeräte wie Tuch (Schleier), Fahne, Wimpel, Schlegel usw. vor allem im Ostblock bekannt, werden jedoch nur für verschiedene Vorführungen verwendet.
Mit den Weltmeisterschaften hat sich die Gymnastik mit Handgeräten durch die verschiedenen Techniken und deren vielseitige Anwendung ständig weiter entwickelt und erfreut sich immer größerer internationaler Beliebtheit. So wandelte sich auch der Begriff der »Modernen Gymnastik« oder »Wettkampfgymnastik« zur heutigen Bezeichnung »Rhythmische Sportgymnastik«.
Die Rhythmische Sportgymnastik nimmt einen festen Platz neben den anderen Sportarten ein und hat sich auf internationaler Ebene so weit entwickelt, daß sie bei den nächsten Olympischen Spielen 1984 in Los Angeles als olympische Disziplin aufgenommen werden soll.
Diese Sportart entspricht aufgrund ihrer Vielseitigkeit, Harmonie der Körperbewegung und der engen Verbindung von Musik und Bewegung am besten dem weiblichen Körperbau und der weiblichen Psyche. Dadurch bietet sich die Rhythmische Sportgymnastik neben dem Leistungssport vor allem auch als Breitensport für Kinder, Mädchen und Frauen aller Altersgruppen an. Sie wird in zahlreichen Sportvereinen und Gymnastik-Kursen als Ausgleichsgymnastik, Freizeitsport oder intensiv als Leistungssport betrieben; in den meisten Bundesländern wurde sie auch in die Lehrpläne der Schulen aufgenommen. Somit bereichert die Rhythmische Sportgymnastik durch eigenen Bewegungsausdruck und Kreativität die sportliche Betätigung.

Einleitung zur Praxis

Die Unterrichtsgestaltung soll sich am Lernziel und den Bedingungen der Lerngruppe orientieren; die Lerninhalte sind dementsprechend auszuwählen.
Zur Erleichterung der Stoffauswahl sind die Übungsbeispiele und Verbindungen nach dem methodischen Prinzip »vom Leichten zum Schweren« angeordnet.

Reihenfolge der Handgeräte

Die Reihenfolge der Handgeräte ist beliebig; es empfiehlt sich jedoch, mit dem bekanntesten Handgerät Ball zu beginnen, anschließend Seil oder Band und später Reifen und Keule einzuführen. Der Wechsel der Handgeräte soll vom Lernziel und der Lerngruppe abhängig sein, es können aber auch in einer Unterrichtsstunde mehrere Handgeräte eingesetzt werden, z. B. bei Bewegungsverwandtschaft: Ball Werfen und Fangen und Reifen Werfen und Fangen.

Beispiel für einen Stundenaufbau:
- Erwärmung: Ball Prellen in der Fortbewegung und am Ort in verschiedenen Stellungen (in früheren Stunden bereits erlernte Technik).
- Allgemeines Vorbereitungstraining: Übungsformen zur Dehnung und Beweglichkeit mit dem Seil Führen.
- Erlernen der neuen Technik:
  Band Achterschwünge in der horizontalen Ebene.

Reihenfolge der Techniken

Die Reihenfolge der einzelnen Techniken orientiert sich meistens am Schwierigkeitsgrad und den Kombinationsmöglichkeiten, jedoch muß sie bei der Stoffauswahl nicht immer eingehalten werden, z. B.:

- Bei kleinen Kindern kann man mit Ball Rollen am Boden beginnen, jedoch ohne Aufnahme des Balles mit Übergang zum Werfen und Fangen.
- Bei Kindern im Alter von zehn Jahren kann man in einer Unterrichtseinheit Band mit Schlangen in der Fortbewegung beginnen, als nächsten Lernschritt Schwünge und Kreisschwünge am Ort in der frontalen Ebene einführen und schließlich Schwung und Schlange in der horizontalen Ebene in verschiedenen Stellungen auswählen. Zum Ausklang kann man ein Improvisationsthema aus den neu erworbenen Grundfertigkeiten stellen.
- In einer Neigungsgruppe der 10. Klasse, bei interessierten Mädchen ab etwa 16 Jahren oder bei Sportstudentinnen kann man den Stoff nach Bewegungsverwandtschaft auswählen, d. h. mit Seilkreisen in der frontalen Ebene beginnen und die gleichen Übungen und Verbindungen mit Reifen Rotieren erproben. Es soll aber eine schwierige Technik der einfacheren nicht vorgezogen werden, wie z. B. Ball Rollen am Körper oder Balancieren des Balles dem Prellen oder Werfen und Fangen.

Reihenfolge der Ebenen

Die Reihenfolge der Ebenen in den jeweiligen Techniken ist entweder nach Häufigkeit oder Schwierigkeitsgrad beschrieben und muß nicht eingehalten werden. Jedoch sollen die Übungsbeispiele in der jeweiligen Ebene in der beschriebenen Reihenfolge geübt werden, da sie im Schwierigkeitsgrad voneinander abhängig sind und die Verbindungen aus den einzelnen Übungen zusammengesetzt sind.
Auch die Improvisationsthemen sollen durchgeführt werden, damit ein Wechsel zwischen deduktivem und induktivem Lehrverfahren gewährleistet wird. Viele Verbindungen, Variationen sowie Improvisationsthemen eignen sich zur Lernzielkontrolle oder als Grundkombination für eine Komposition.

Choreographie

Die Choreographie in der Komposition kann entstehen durch:
- räumliche Variationen einzelner Gruppen,
- unterschiedlichen Einsatz in der Variation bei einzelnen Gruppen (Gruppe A beginnt bei Takt I, Gruppe B bei Takt IX; oder nach 4 Takten kanonartig einsetzen),
- Wechsel der Ebene oder Bezug zum Partner und Gruppe.

Unterrichtsorganisation

Bei der Unterrichtsorganisation muß man berücksichtigen, daß bei vielen Techniken die Übenden sehr viel Raum benötigen, z. B. beim Schwingen in der horizontalen Ebene mit Band, Seil oder Reifen; deswegen müssen die Gruppen geteilt werden. Damit die sitzende Gruppe nicht lange Zeit nur passiv am Unterricht teilnimmt, empfiehlt es sich, sie mit Aufgaben zur Bewegungsbeobachtung zu beschäftigen, z. B.
- saubere Ausführung in der Technik, Erkennen der Fehler,
- Genauigkeit in der Bewegungsfolge,
- Abstimmung zwischen Musik und Bewegung (Einhaltung des Rhythmus),
- bei Improvisation die Vielseitigkeit und Koordination der Übergänge,
- Bewegungsausdruck, d. h. Haltung, Bewegungsweite und Harmonie.

Im anschließenden Unterrichtsgespräch soll man diese Kriterien, Fehler oder die besten Leistungen diskutieren. Außerdem kann die sitzende Gruppe die übende durch Klanggesten unterstützen.

Musikauswahl

Als musikalische Begleitung wird bei den Wettkämpfen in der Rhythmischen Sportgymnastik bis jetzt Klaviermusik verwendet. Im Unterricht und beim Training empfiehlt es sich, Musikstücke verschiedenen Charakters zu benutzen, nicht nur, weil Musik mehr Motivation zum Üben gibt und die Bewegung besser unterstützt, sondern auch für die Bewegung andere Akzente und Impulse setzen kann und die Bewegungsphantasie anregt.
Bei Verbindungen und Variationen sind als Vorschlag Musikstücke angegeben, die auch bei den einzelnen Übungen innerhalb der Technik verwendet werden können; ebenso sind andere Musikstücke im gleichen Tempo möglich.

> Bei der Musikauswahl soll darauf geachtet werden, daß die Musik dem Tempo und dem Charakter der Bewegung und der Technik entspricht und sie unterstützt. Auf keinen Fall soll die Musik nur als Geräuschkulisse dienen!

Zu empfehlen sind:
- instrumentale Musikstücke, evtl. mit einem herausragenden Instrument, z. B. Klavier, Gitarre, Flöte usw.,
- Musikstücke im 4/4-, 2/4- und 3/4-Takt, zum Üben vorteilhaft mit regelmäßiger Phrasierung und klar erkennbarem Rhythmus; für eine Kürübung oder eine Komposition sind unregelmäßig aufge-

baute dynamische Musikstücke mit verschiedenen Akzenten besser geeignet,

- als Basis dienen Musikstücke im Tempo der Grundformen: langsame, mäßige, schnelle Gehtempi,
  Lauf- und Hüpftempi,
  Lauf- und Springtempi,
  rhythmisch betonte und melodisch betonte Musikstücke.

Vorbereitungstraining

Grundlage der Gymnastik sind gymnastisch-tänzerische Grundformen am Ort und in der Fortbewegung, die ohne Hilfe der Handgeräte geübt werden können.

Grundformen am Ort

Dazu gehören Übungsformen

- zum Haltungsaufbau,
- zur Dehnung und Kräftigung der Bein- und Rumpfmuskulatur,
- zur Beweglichkeit der Fuß-, Knie- und Hüftgelenke, des Schultergürtels und der Wirbelsäule.

Grundformen der Fortbewegung

Die Grundformen Gehen, Laufen, Hüpfen, Springen sollen zuerst ohne Handgeräte geübt und können folgendermaßen variiert werden:

- In der Technik (verschiedene Fußansätze, Spielbeinhaltungen),
- im Raum (vorwärts, rückwärts, seitwärts, diagonal; geradlinig, bogenförmig; Höhe, Tiefe, verschiedene Ebenen),
- im Rhythmus (dynamischer Wechsel, langsam, schnell),
- in bezug zu Partner und Gruppe (Anpassen = Spiegelbild, Führen – Folgen = Schattenspiel, Frage – Antwort) usw.

(Übungsbeispiele können aus den Verbindungen und Variationen mit Handgeräten entnommen werden).
Für die Gymnastik mit den Handgeräten ist das Erarbeiten der Arm-, Bein- und Rumpfschwünge von Wichtigkeit.

Spezielle Vorübungen

Bei Neigungs- oder Leistungsgruppen empfiehlt es sich, folgende Elemente in das Trainingsprogramm aufzunehmen.

Gleichgewichtselemente

Ballenstände, Drehungen.

Wellen

Körperwellen, Körperspiralen.

Bodenelemente

Verschiedene Abrolltechniken: Rollen, Schulterrollen; Stützauf- und Stützüberschwünge.

Tänzerische Schulung

Ballettexercise, Armführungen.

Begriffsbestimmungen

Es ist notwendig, eine Reihe von Fachausdrücken, die zur Arbeit mit Handgeräten zweckmäßig und im Buch aufgeführt sind, zu bestimmen und näher zu erläutern.

Bewegungsebenen

Ebenen der Armbewegungen in Bezug zum Körper.

Vertikale Ebenen

Die Flächen liegen senkrecht im Raum.

- Frontale Ebene: »Wand« vor oder hinter dem Körper.
- Sagittale Ebene: »Wand« rechts und links neben dem Körper.

Horizontale Ebene

Die Fläche liegt waagrecht im Raum.
»Decke, Boden oder Tisch« in verschiedenen Höhen, über dem Kopf, unter und um den Körper herum.

Schräge Ebene

Die Fläche liegt schräg im Raum zwischen der vertikalen und horizontalen Ebene.

Bewegungsrichtungen in den Ebenen

Frontale Ebene

Auswärts: Arme aus der Hochhalte nach außen über die Seit- und Tiefhalte schwingen (Abb. 1); einwärts: Arme aus der Hochhalte nach innen über die Seit- und Tiefhalte schwingen (Abb. 2); (zur leichteren Feststellung der Kreise ein- und auswärts empfiehlt es sich, vom Kreisen des Handgelenks auszugehen. Oft wird nur die Bewegungsrichtung nach rechts und nach links angegeben.

1

Frontale Ebene: auswärts

2

Frontale Ebene: einwärts

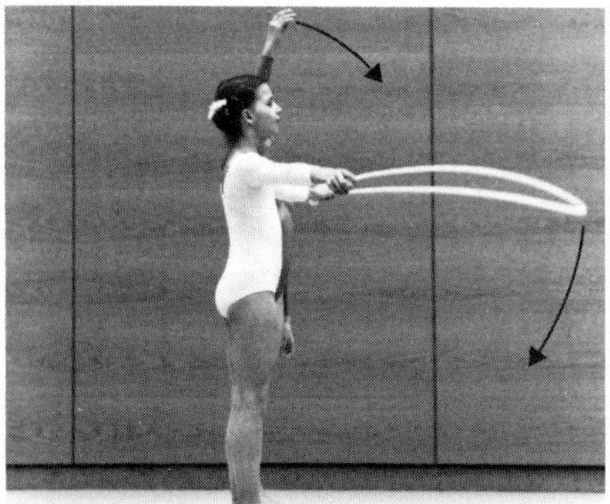

3

Sagittale Ebene: vorwärts

Sagittale Ebene: rückwärts

4

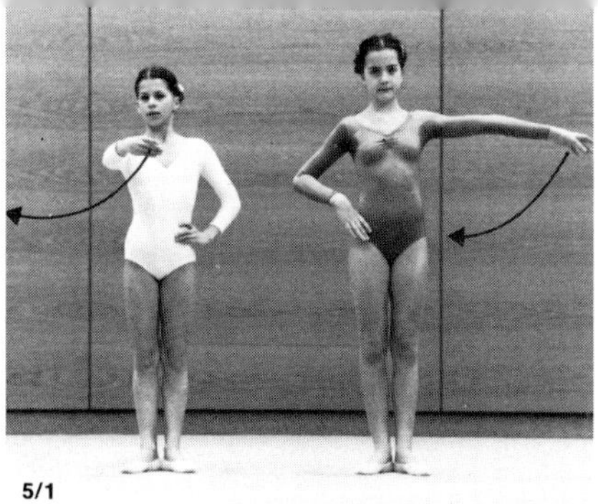

5/1

Horizontale Ebene: auswärts, einwärts

5/2

Sagittale Ebene

Vorwärts, Arme aus der Hochhalte über die Vorhalte schwingen (Abb. 3); Rückwärts, Arme aus der Hochhalte über die Rückhalte schwingen (Abb. 4); (zur leichteren Feststellung der Kreisrichtung stellt man sich die Richtung der Seildurchschläge vor).

Horizontale Ebene

Auswärts (vom Körper weg), einwärts (zum Körper), oft wird nur die Bewegungsrichtung angegeben, d. h. mit RH nach rechts, mit RH nach links (Abb. 5/1, 2).

Armhaltungen

Tiefhalte, Seithalte, Hochhalte (Abb. 6), Vorhalte, Rückhalte (Abb. 7/1, 2). Dabei können die Arme jeweils gestreckt oder ge-

6

Tief-, Seit-, Hochhalte

7/1 7/2

Vor-, Rückhalte

8

Seithoch-, Seittiefhalte

Rückhoch-, Vorhoch-, Rücktief-, Vortiefhalte

9

beugt sein. Zwischen diesen Halten liegen die Seittiefhalte, Seithochhalte (Abb. 8), Vortiefhalte, Vorhochhalte, Rücktiefhalte, Rückhochhalte (Abb. 9), Seitvorhalte, Seitrückhalte.
Bei den Übungsbeispielen ist nur der Arm mit Handgerät beschrieben, der freie Arm befindet sich in der Seithalte oder entsprechend der Körperneigung in einer anderen Haltung.
Die Armbewegung mit einem Handgerät, Halbkreis (unter 360°), Kreis (360°), Achterkreis (zwei mal 360°) sowie die Armbewegungen bei beidhändiger Fassung des Handgeräts oder bei 2 Handgeräten (z. B. Mühlkreise, Mühlachterkreise) sind ausführlich bei Keulen beschrieben (siehe S. 87 Tabelle I und S. 88 Tabelle II).

Ausgangsstellungen

Schlußstellung (Abb. 10)

Aufrechter Stand, Füße parallel.

Grundstellung (Abb. 10)

Aufrechter Stand, Fersen zusammen, Fußspitzen leicht auswärts.

Von links nach rechts:
Schlußstellung, Grundstellung, Schrittstellung, Grätschstand

10

11

Standwaage

12

Kniestand auf einem Bein

13

▲ Kniestandwaage

Hockstand ▼

14

Schrittstellung (Abb. 10)

In der Schrittlänge einen Fuß vorne aufgestellt, Gewicht auf beiden Beinen (sagittale Ebene).

Grätschstand (Abb. 10)

In der Schrittlänge einen Fuß seitwärts aufgestellt, Gewicht auf beiden Beinen (frontale Ebene).

Ballenstand

In allen obengenannten Standstellungen, nur Fersen abheben und auf dem Fußballen stehen, auch einbeinig möglich.

Beugestand

In allen obengenannten Standstellungen, nur leichte Beuge in den Knie- und Hüftgelenken.

Standwaage (Abb. 11)

Stand auf einem Bein, Spielbein rückgespreizt, auch vor- oder seitlings möglich.

Kniestand (Abb. 12)

Beidbeinig, auf einem Bein (das andere Bein ist vorne aufgestellt oder seitgespreizt).

Kniestandwaage (Abb. 13)

Kniestand auf einem Bein, das andere rückgespreizt und angehoben.

Hockstand – Hocke (Abb. 14)

Fuß-, Knie- und Hüftgelenk gebeugt, Fersen und Knie zusammen, aufrechter Oberkörper, auch auf einem Bein (das andere vor-, seit- oder rückgespreizt).

15/1 2 3

Gewichtsverlagerung über die Tiefe

16/1 2 3

Flache Gewichtsverlagerung

17/1 2 3

Gewichtsverlagerung über die Höhe

Gewichtsverlagerungen

Verlagerung des Gewichts von einem Bein auf das andere.

- Verlagerung über die Tiefe: durch Beugen der Fuß-, Knie- und Hüftgelenke (Abb. 15).
- Flache Verlagerung: horizontal, d. h. auf gleicher Höhe (Abb. 16).
- Verlagerung über die Höhe: durch Heben in den Ballenstand (Abb. 17).

Frontal

Grätschstand als Durchgangsphase.

Sagittal

Schrittstellung als Durchgangsphase.

Sitze

Fersensitz (Abb. 18)

Sitzen aufrecht auf den Unterschenkeln; einbeinig (das andere Bein ist vor- oder seitgespreizt).

Lang- oder Strecksitz (Abb. 19)

Beide Beine gestreckt und geschlossen am Boden, aufrechte Haltung; (ein Bein gestreckt oder gebeugt angehoben).

Hocksitz (Abb. 20)

Beide Beine zum Körper gezogen, Fußsohle oder Fußspitzen am Boden aufgestellt.

Fersensitz einbeinig

18

Langsitz, ein Bein gebeugt

19

Hocksitz

20

21

Schneidersitz

22

Grätschsitz

23

▲ Grätschsitz, ein Bein gebeugt

Schwebesitz ▼

24

Schneidersitz (Abb. 21)

Beine gebeugt mit Knien auswärts und gekreuzt.

Grätschsitz (Abb. 22)

Beine gestreckt und gegrätscht; (1 Bein gebeugt mit Knie auswärts (Abb. 23).

Schwebesitz (Abb. 24)

Die geschlossenen oder geöffneten Beine gestreckt oder gebeugt über den Boden heben; verschiedene Beinhaltungen möglich (1 Bein gestreckt, das andere gebeugt auswärts usw.)

Hürdensitz (Abb. 25)

Vorderes Bein gestreckt, hinteres Bein im rechten Winkel zum vorderen Bein im Knie gebeugt.

Hüftsitz (Abb. 26)

Wie Hürdensitz, nur vorderes Bein im Knie auswärts gebeugt.

Halbspagat (Abb. 27)

Vorderes Bein gebeugt und auf dem Unterschenkel sitzen, das andere Bein ist rückgespreizt.

Bodenlagen

Rückenlage, Bauchlage, Seitlage (Abb. 28)

Mit verschiedenen Beinhaltungen (gestreckt, gebeugt, gespreizt).

25

Hürdensitz

26

Hüftsitz

27

▲ Halbspagat

Bodenlagen ▼

28

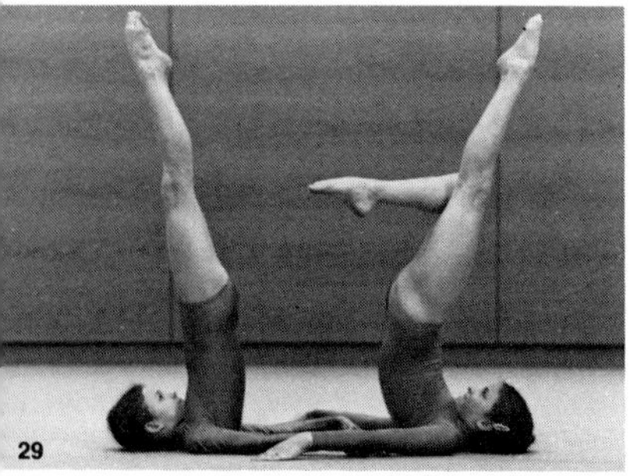

Kerze

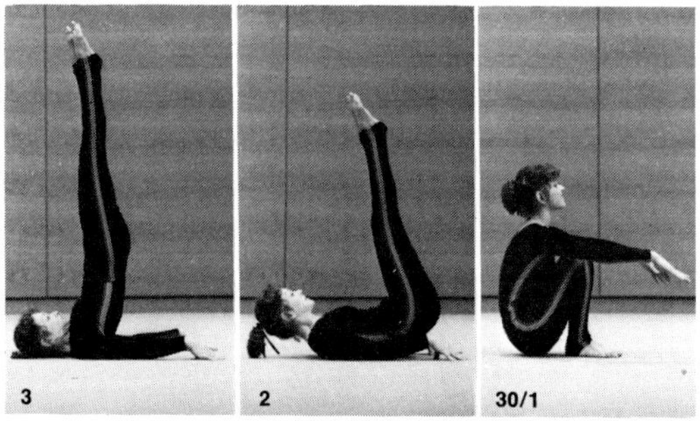

Rückenschaukel

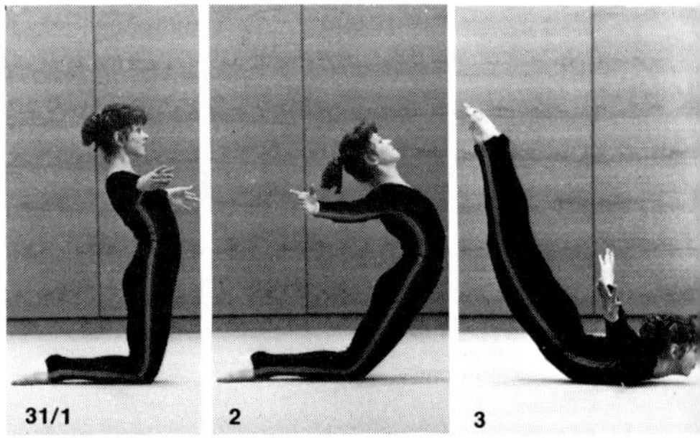

Bauchschaukel

Rolle seitwärts

▲ Schulterrolle

Liegestütz seitlings ▼

Kerze (Abb. 29)

Schulterlage, wobei der Rumpf, das Becken und die Beine senkrecht nach oben gebracht sind (1 Bein gebeugt oder gespreizt).

Rollen in den Bodenlagen

Rückenschaukel (Abb. 30)

Aus dem Hockstand oder Sitz über den Rücken zur Kerze und zurück rollen.

Bauchschaukel (Abb. 31)

Aus dem Kniestand über die Vorderseite in die Brustlage (Becken und geschlossene Beine hochheben) und zurück rollen.

Rolle

- Seitwärts (Abb. 32) vorwärts, rückwärts.
- Aus Kniestand, Hocke, Fersensitz, Bodenlagen.
- Mit verschiedenen Beinhaltungen.

Schulterrolle

Vorwärts, rückwärts (Abb. 33).

Stütze

Liegestütz

Mit Handgerät immer einarmig.

- Seitlings: (Abb. 34) Beine geschlossen, gekreuzt, 1 Bein gebeugt angehoben, Beine gegrätscht.
- Vorlings, (Abb. 35) rücklings: Beine geschlossen, 1 Bein gestreckt, gebeugt, gespreizt.

Stützaufschwung (Abb. 36)

Mit Handgerät immer einarmig.

- Auf der Hand oder dem Unterarm.
- Mit Abdruck von den Beinen hochschwingen (nicht bis zur Senkrechten!).
- Seitwärts, vorwärts, rückwärts.
- Mit verschiedenen Beinhaltungen oder Scheren der Beine.

35 Liegestütz vorlings

36 Stützaufschwung

37/1 2

▲ Stützüberschwung Körperwelle vorwärts ▼

Stützüberschwung (Abb. 37)

Mit Handgerät immer einarmig.

- Auf der Hand oder dem Unterarm.
- Mit Abdruck von den Beinen überschwingen (nicht bis zur Senkrechten!).
- Mit oder ohne Drehung um die Körperlängsachse.
- Seitwärts, vorwärts, rückwärts, evtl. mit seitlichem Abkippen.
- Mit verschiedenen Beinhaltungen.

Wellen

Körperwelle vorwärts (Abb. 38)

Aus dem Beugestand mit rundem Oberkörper werden nacheinander die Knie, die Oberschenkel, das Becken, der Brustkorb und das Kinn vorgeschoben und gestreckt; dabei in den Ballenstand heben, leichte Rückbeuge im Brustkorb und mit dem Kopf.

Körperwelle rückwärts

Bewegungsablauf aus dem aufrechten Stand entgegengesetzt der Körperwelle vorwärts.

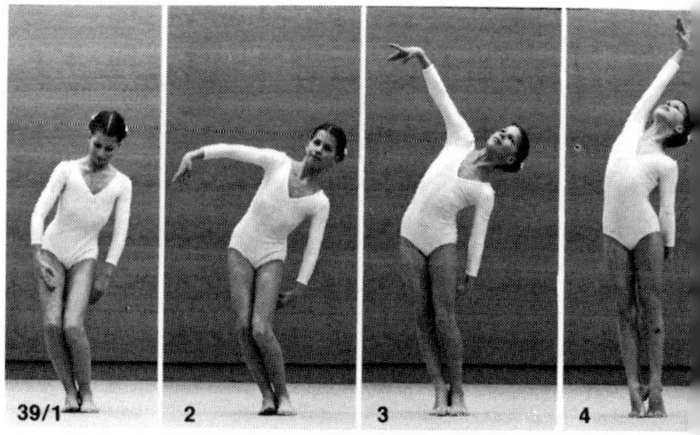

39/1 2 3 4

Körperwelle seitwärts

Körperwelle seitwärts (Abb. 39)

Rechts, oder links; Ausgangsposition wie bei Körperwelle vorwärts, durch eine frontale Gewichtsverlagerung werden nacheinander die Knie, Ob-erschenkel, Hüfte, Brustkorb und Kopf seitlich verschoben und gestreckt.

Körperspirale (Abb. 40)

Sie setzt sich aus der Körperwelle seitwärts und vorwärts zusammen, dabei wird mit dem Arm ein Achterkreis ein- oder auswärts ausgeführt. Ausführliche Beschreibung siehe S. 48, 49.
Wichtig: Es empfiehlt sich, die Wellen und Spiralen zuerst im Kniestand zu üben.

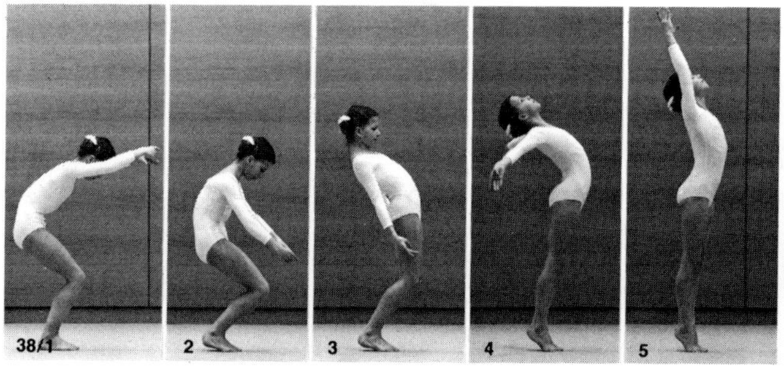

38/1 2 3 4 5

Körperspirale

40/1 2 3 4 5

Piquédrehung

Arabesque

Attitude

Drehungen

Piquédrehung (Abb. 41)

Der Ansatz sowie die Drehung wird auf dem gestreckten, auswärts gedrehten Bein auf den Ballen ausgeführt.
Spielbeinhaltung: Fußspitze am Knöchel oder Knie des Standbeines, Knie ausgedreht oder vorwärts; Bein rückgespreizt gestreckt (arabesque) (Abb. 42), gebeugt (attitude) (Abb. 43). Andere Drehungen sind bei den Übungen ausführlich beschrieben.

Schrittarten

Anstellschritt (Abb. 44)

Das zweite Bein zum anderen Bein zur Schluß- oder Grundstellung anstellen (vor-, seit-, rückwärts oder diagonal).

Wechselschritt (Abb. 45)

Vorwärts, seitwärts, rückwärts od. diagonal. 1 Schritt, zweiten Fuß nachstellen und wieder Schritt mit dem 1. Fuß, z. B.

4/4 | ♪♪ ♩ ♪♪ ♩ |
links und links, rechts und rechts

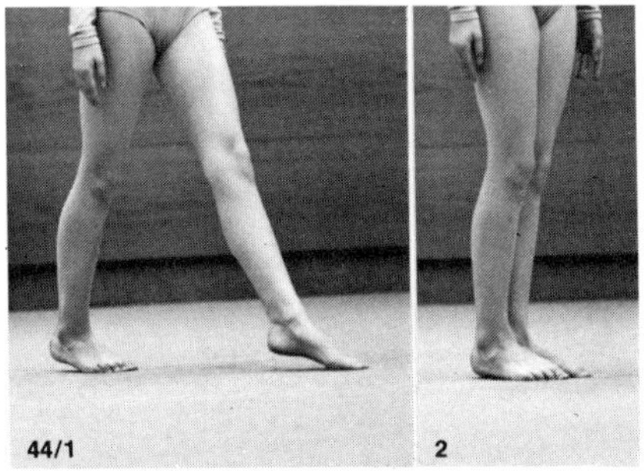

Anstellschritt

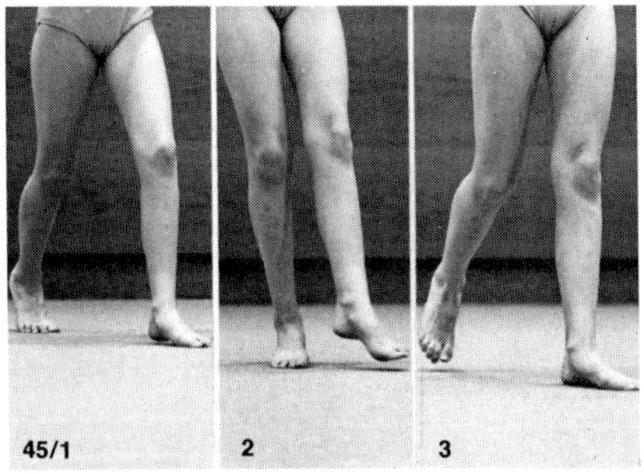

Wechselschritt

Walzerschritt

Schwingendes Gehen im $^3/_4$-Takt, vorwärts, rückwärts, seitwärts, diagonal, mit $^1/_2$-Drehung; mit Betonung auf dem 1. Schritt, die 2 folgenden sind Ballenschritte.

3/4 | ♩ ♩ ♩ | ♩ ♩ ♩ |
tief hoch hoch, tief hoch hoch

Hüpfarten

Siehe Seil, Springen mit Seildurchschlag S. 143, 144.

Sprünge

Die Bezeichnung der Sprünge orientiert sich an der Beinhaltung während der Sprungphase.

Sprünge am Ort

Absprung und Landung beidbeinig, auch mit Drehung möglich.

Schlußsprünge mit geschlossener Beinhaltung

Schlußsprung: aufrechte Haltung (Abb. 646).
Hocksprung: Beine vorne anhocken (Abb. 47).
Schafsprung: Unterschenkel rückwärts anheben (Abb. 48).
Fischsprung: Unterschenkel diagonal rechts bzw. links rückwärts anheben (Abb. 49).
Strecksprung: wie Schlußsprung, nur mit leichter Bogenspannung (Abb. 50).
Ringsprung: Bogenspannung, Beine gebeugt, rückwärts anheben, Füße zum Kopf (Abb. 51).

Schlußsprung

Hocksprung

Schafsprung

Fischsprung

Strecksprung

Ringsprung

Bückwinkelsprung

Grätschsprung

Grätschwinkelsprung

Grätschhocksprung

Spreizsprung

Rehsprung

Rehringsprung

Spagatsprung

Pferdchensprung

Schersprung

Schrittsprung

Schrittsprung mit Anschlagen

Spagatsprung mit Ring

Bückwinkelsprung: gestreckte Beine waagrecht vorspreizen, Oberkörper vorgeneigt (Abb. 52).

Schlußsprünge mit offener Beinhaltung

Grätschsprung: Beine in der Luft grätschen (frontal) (Abb. 53).
Grätschwinkelsprung: Beine grätschen

Drehsprung

Voranschlagsprung Sprung mit Vorspreizen

▲ Wendesprung

Schrittsprung mit Durchziehen ▼

und waagrecht vorspreizen, Oberkörper vorgeneigt (Abb. 54).
Grätschhocksprung: Beine gegrätscht anhocken, Fußspitzen zusammen (Abb. 55).
Spreizsprung: Beine in der Luft spreizen (sagittal) (Abb. 56).
Rehsprung: 1 Bein gebeugt vorspreizen, das andere Bein waagrecht rückspreizen (Abb. 57).
Rehringsprung: 1 Bein gebeugt vorspreizen, das andere Bein gebeugt rückspreizen, Fuß zum Kopf (Abb. 58).
Spagatsprung: Beine zum Winkel von 180° spreizen (Abb. 59).

Sprünge in der Fortbewegung

Absprung von einem Bein, Landung auf dem anderen Bein

Ausführung: vorwärts, seitwärts, mit $^1/_2$-, $^1/_1$-Drehung.
Pferdchensprung: das gebeugte Schwung- und Sprungbein abwechselnd waagrecht heben (Oberschenkel waagrecht, Unterschenkel senkrecht) (Abb. 60).
Schersprung: das gestreckte Schwung- und Sprungbein abwechselnd heben, vorwärts oder rückwärts (Abb. 61).
Schrittsprung: Schwung- (Spiel-)bein wird gestreckt vorgespreizt, Absprungbein gestreckt rückgespreizt (Abb. 62).
Laufsprung: wie Schrittsprung, nur wird das Schwungbein zuerst im Knie gebeugt, dann mit weitem Ausschleudern des Unterschenkels gestreckt.
Spagatsprung: wie Schritt-, oder Laufsprung, nur Beine zum Winkel von 180° spreizen.
Schritt- oder Spagatsprung mit Anschlagen: Schwungbein nach dem Vorspreizen im Knie abbeugen, Fuß gegen den Oberschenkel des Sprungbeines schlagen (Abb. 63).
Schritt-, Lauf- oder Spagatsprung mit Ring: das Sprungbein gebeugt rückwärts anheben, Fuß zum Kopf (Abb. 64).
Schritt- oder Spagatsprung mit Anschlagen und Ring: Schwungbein anschlagen, Sprungbein zum Kopf.
Drehsprung: Schwungbein vorspreizen, Sprungbein rückspreizen und während des Fluges $^1/_1$-Drehung (Abb. 65).

Absprung und Landung auf demselben Bein

Ausführung auch mit Drehung möglich.
Anschlagsprünge: Schwungbein gestreckt spreizen, mit dem Sprungbein Anschlag am Schwungbein.

- Voranschlagsprung: vorwärts spreizen (Abb. 66).
- Seitanschlagsprung: seitwärts spreizen, auch mit gebeugter Beinhaltung.
- Rückanschlagsprung: rückwärts spreizen.

Sprünge mit Spreizen:

Schwungbein waagrecht, vor-, seit- oder rückspreizen

- Sprungbein senkrecht gestreckt.
- Sprungbein rasch beugen und strecken, mit Knie auswärts oder vorwärts (Abb. 67).

Wendesprung: Schwungbein waagrecht vorspreizen, $^1/_2$-Drehung in der Luft, Schwungbein ist dadurch rückgespreizt, Sprungbein senkrecht gestreckt (Abb. 68).
Schritt- oder Spagatsprung mit Durchziehen: Schwungbein nach dem Vorspreizen rasch rückwärts durchschwingen, Sprungbein nach dem Rückspreizen vorschwingen (Abb. 69).

Absprung beidbeinig, Landung einbeinig

Der Absprung erfolgt aus der Schlußstellung. Die Ausführung ist auch mit Drehung möglich.

Schlußsprung mit Spreizen des Schwungbeines:

- Vorwärts, mit Rückspreizen gestreckt (Abb. 70), gebeugt, mit Ring (Fuß zum Kopf).
- Rückwärts, mit Vorspreizen gestreckt (Abb. 71), gebeugt.
- Seitwärts, mit Seitspreizen gestreckt (Abb. 72), gebeugt.

Rehsprung (Halbspagatsprung): wie Schlußsprung vorwärts, mit waagrechtem Rückspreizen des Schwungbeines und raschem Abbeugen des Landebeines.
Seithalbspagatsprung: wie Schlußsprung seitwärts mit waagrechtem Seitspreizen des Schwungbeines und raschem Abbeugen des Landebeines nach auswärts (Abb. 73).

Absprung einbeinig, Landung beidbeinig

Die Landung führt in die Schlußstellung. Die Ausführung ist auch mit Drehung möglich.

Sprünge mit Spreizen:

- Vorwärts mit Vorspreizen.
- Seitwärts mit Seitspreizen.
- Rückwärts mit Rückspreizen.

70
Schlußsprung mit Rückspreizen

71
Schlußsprung mit Vorspreizen

72
▲ Schlußsprung mit Seitspreizen

Seithalbspagatsprung ▼

73

Abkürzungen

Aus Platzgründen werden im Buch die folgenden Abkürzungen verwendet:

RF = rechter Fuß
LF = linker Fuß
RB = rechtes Bein
LB = linkes Bein
RH = rechte Hand
LH = linke Hand
RA = rechter Arm
LA = linker Arm
SD = Seildurchschlag
RD = Reifendurchschlag

Die Musikangaben bei Verbindungen und Improvisationen in schwarzen Punkten mit weiß ausgesparten Zahlen beziehen sich auf das Schallplattenverzeichnis auf Seite 173.

Ball

Charakteristik

Der Ball ist ein Gerät, das sich für Spiele bereits ab dem frühen Kindesalter eignet. Allein durch seine Form bieten sich vielseitige Techniken an, die sich spielerisch zu neuen Bewegungsformen weiterentwickeln lassen; somit wird auch die Kreativität gefördert.
Der Gymnastik-Ball, dessen Durchmesser im allgemeinen 15–20 cm beträgt, besteht aus Gummi oder Kautschuk und ist mit einem Ventil versehen. Sein Gewicht beträgt etwa 300–420 g.

Handhabung

Die Hände müssen sich der runden Form des Balles anpassen. Der Ball selbst kann frei auf der Handfläche oder dem Handrükken liegen (Abb. 74) und darf weder mit den Fingern gehalten, noch mit dem Unterarm gestützt werden (Abb. 75). Die Handhabung kann entweder beidhändig oder einhändig erfolgen.
Im einzelnen sind folgende Techniken für das Gerät spezifisch:

- Werfen und Fangen.
- Prellen.
- Rollen am Boden.
- Rollen am Körper.
- Balancieren, Führen.

74
Richtig

75
Falsch

Werfen und Fangen

Beim **Werfen** muß die Bewegung von der Körpermitte ausgehen.
Durch den Armschwung gelangt der Ball von der Handfläche über die Fingerspitzen in den freien Raum. Wichtig ist dabei die Streckung des gesamten Körpers und des Armes.
Höhe und Weite eines Wurfes sind abhängig von der Stärke des Impulses und der entsprechenden Haltung des Armes. Wenn der Arm im Moment des Abwurfes tiefer gehalten wird, geht der Wurf mehr in die Weite und umgekehrt.
Beim **Fangen** geht der Arm dem Ball entgegen. Der Ball soll über die Fingerspitzen in die Hand rollen, um eine möglichst geräuschlose Aufnahme zu ermöglichen.
Der Fall des Balles darf nicht abgestoppt werden; deshalb muß sich der ganze Körper (elastisch) der Abwärtsbewegung anpassen und einen harmonischen Übergang zur nächsten Übung bilden.

Ausführungsmöglichkeiten des Werfens

- Gradlinig – Hochwurf (Abb. 76).
- Bogenförmig – Bogenwurf.

Der Abwurf kann wie folgt ausgeführt werden:

- Beidhändig, einhändig.
- Aus der Handfläche.
- Vom Handrücken.
- In der frontalen Ebene, in der sagittalen Ebene.
- Am Ort.
- In der Fortbewegung.

76

Ausführungsmöglichkeiten des Fangens

- Beidhändig, einhändig.
- Mit der Handfläche.
- Mit dem Handrücken.
- Mit anderen Körperteilen (z. B. Knie-Ellbogenbeuge usw.).
- Am Ort.
- In der Fortbewegung.

Übungsbeispiele: Werfen und Fangen

Hochwurf in der sagittalen Ebene

① Ball einhändig hochwerfen und lautlos vor dem Körper beidhändig fangen, dabei: ein- oder mehrmals bei totaler Körperstreckung Klatschen der Hände über dem Kopf; den Ball einmal aufprellen lassen, dabei rasch zur Hocke, zum Kniestand, zu verschiedenen Sitzen wie Grätschsitz, Strecksitz usw. oder zur Bauchlage bzw. Rückenlage kommen und wieder im Stand fangen.
② Wie 1, nur mit beiden Handrücken fangen.
Wichtig: Hände rasch in der Fallinie nach unten führen (Abb. 77).
③ Werfen und Fangen in jeweils verschiedenen Stellungen; Werfen auch von beiden Handrücken; verschieden hohe Würfe erproben.
④ Ball einhändig vor und hinter dem Körper werfen und fangen. Vorübung: Ball liegt auf der Handfläche, der Arm schwingt in die Vorhochhalte und über die Tiefhalte in die Rückhochhalte, jeweils mit der Streckung des Körpers und des Armes rollt der Ball kurz auf die Fingerspitzen und wieder in die Hand zurück. Blick geht immer zum Ball. Der andere Arm schwingt gegengleich (Abb. 78).

77

78/1 2

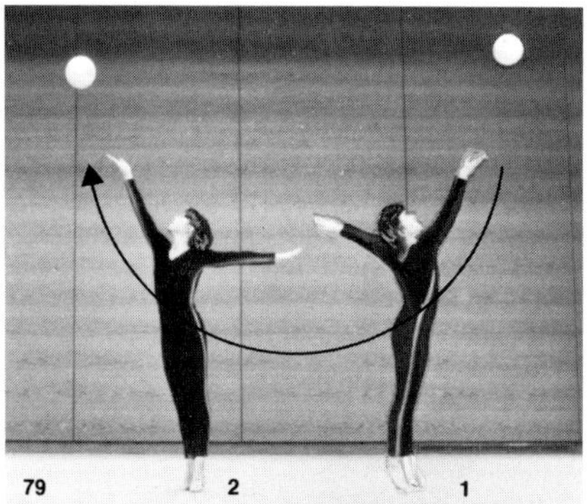
79 2 1

Wichtig: Kein Wurf, nur kurzes Balancieren des Balles auf den Fingerspitzen; kein Stützen des Balles am Unterarm, wenn der Arm durch die Tiefhalte schwingt.
⑤ Ball einhändig hochwerfen, mit der anderen Hand fangen und neben dem Körper ausschwingen, die Höhe des Wurfes steigern.
⑥ Ball mit der RH werfen, mit der LH fangen, LH schwingt über die Tiefhalte in die Rückhochhalte und wirft den Ball hoch, LH fängt und schwingt wieder zurück; wiederholen gegengleich.
⑦ Ball mit der RH in der Vorhochhalte werfen und fangen; RH schwingt über die Tiefhalte mit $^1/_2$-Drehung nach rechts weiter in die Vorhochhalte, fortlaufend wiederholen (Abb. 79).
⑧ Ball mit der RH werfen, mit LH fangen, LH schwingt über die Tiefhalte mit $^1/_2$-Drehung nach links weiter in die Vorhochhalte, abwerfen und mit der RH fangen, RH ausschwingen; fortlaufend wiederholen; beim 1. Wurf einige Laufschritte vorwärts, den 2. Wurf am Ort ausführen.

⑨ **Improvisationsthema**
Werfen und Fangen in der sagittalen Ebene beid- oder einhändig, mit Handfläche oder Handrücken, im Stand, mit $^1/_2$- oder $^1/_1$-Drehung, in verschiedenen Stellungen.
Musik: $^4/_4$-Takt, niedrige Würfe über 1 Takt, hohe Würfe über 2 Takte.

Bogenwurf in der frontalen Ebene über den Kopf

Vorübung: Grätschstand, Arme befinden sich in der Hochhalte, unter geringer Gewichtsverlagerung über die Höhe wird der Ball über den Kopf hin- und hergeworfen. Durch Steigerung der Gewichtsverlagerung und Vergrößerung des Armabstandes wird der Bogenwurf erreicht.
① Mit der RH großen Bogenwurf über den Kopf, dabei einige Schritte nach links seitwärts, LH fängt und führt zur Seittiefhalte, Gewicht auf dem gebeugten LB; wiederholen gegengleich (vgl. Abb. 80/3).
② Schlußstellung oder Grätschstand, RA ist in der Seithalte eingedreht, mit der RH

80/1 2 3 4 5

Bogenwurf über den Kopf, LH fängt und führt zur Seittiefhalte; Wiederholung gegengleich, Fangen auch mit eingedrehtem Arm (vgl. S. 48, 2).

Bogenwurf in der frontalen Ebene aus der Tiefhalte

① Bogenwurf unter dem Arm:
Schlußstellung, LA in der Vorhalte, durch eine leichte Seitbeuge nach rechts wirft die RH unter dem LA den Ball ab. Der Ball muß einen Bogen beschreiben. Fangen kann die RH oder LH.
② Bogenwurf unter dem Bein (vgl. Abb. 80/5):
Stand, LB vorspreizen, durch leichte Seitbeuge nach rechts wirft die RH unter dem LB den Ball ab, einige Schritte zum Ball, LH fängt; Wiederholung gegengleich.
Variante: Kniestand auf dem RB, LB vorspreizen.
③ Bogenwurf hinter dem Rücken:
Schlußstellung, kleine Seitbeuge nach rechts, RH führt den Ball bis zum Schulterblatt und wirft ihn durch kräftiges Nachdrükken der Finger im Bogen ab, einige Schritte zum Ball, LH fängt; Wiederholung gegengleich.
Variante:
- Abwurf aus der Hocke.

Verbindung: mit freier Aufgabe (Abb. 80);

MUSIK ㉓

Takt I	
1–4	Ball mit kurzem Wurf von der RH abwerfen, mit beiden Handrücken fangen, abwerfen und mit der LH fangen (1, 2)
Takt II	
5–8	Takt I gegengleich wiederholen
Takt III	
9–12	frei gewählter großer Bogenwurf z. B. über den Kopf (3, 4)
Takt IV	
13–16	frei gewählter großer Bogenwurf z. B. unter dem Bein (5)

Während Takt I, II sich frei fortbewegen, auch verschiedene Stellungen ausprobieren. In Takt III, IV die gelernten Bogenwürfe unterschiedlich verbinden, evtl. weitere Möglichkeiten entdecken, z. B. im einbeinigen Kniestand, verschiedenen Schwebesitzen, Liegestützen mit raschem Wechsel zum Sitz oder zur Rückenlage usw.

Bogenwurf in der sagittalen Ebene in der Fortbewegung

① Ball im Laufen in weitem und hohem Bogen einhändig abwerfen, nachlaufen, mit der gleichen oder der anderen Hand fangen und zur Seithalte schwingen.
② Ball im Laufsprung abwerfen, nachlaufen und fangen. Während der Anlaufschritte ist der Abwurfarm in der Seithalte. Beim Absprung schwingt der Arm zur Vorhochhalte, und im höchsten Punkt der Sprungphase erfolgt der Abwurf (Abb. 81).
Andere Sprungarten: Pferdchensprung, Rehsprung, Laufsprung mit Anschlagen, mit Durchziehen, Schersprung vorwärts, rückwärts.

81/1 2

82/1 2

③ Ball im Laufen abwerfen, im höchsten Punkt der Sprungphase verschiedener Sprünge fangen.
④ Ball im Sprung abwerfen und im Sprung fangen. Variieren von verschiedenen Sprungkombinationen, Wechsel des Absprungbeines, Wechsel von Abwurf- und Fanghand.
z. B. gleiches Absprungbein:
Wechselschritt mit dem LF, Laufsprung Absprung LF, Ball abwerfen;
Pferdchensprung, Absprung LF, Ball fangen, 2 Schritte vorwärts LF, RF, wiederholen.
z. B. Wechsel des Absprungbeines:
Wechselschritt mit dem LF, Rehsprung Absprung LF, Ball abwerfen;
Laufsprung LF, Ball fangen (Abb. 82),
3 Schritte vorwärts LF, RF, LF;
Wiederholen Takt I gegengleich, d. h.
Wechselschritt mit dem RF, Rehsprung Absprung mit RF, Ball abwerfen;
Schrittsprung mit Durchziehen des LB nach hinten, Absprung RF, Ball fangen,
3 Schritte vorwärts LF, RF, LF
Wiederholen der 4 Takte gegengleich.

Bogenwurf in der sagittalen Ebene aus einem Kreisschwung vorwärts (Abb. 83)

Stand, RA schwingt aus der Vorhalte über die Tief-, Rück- und Hochhalte weiter vorwärts, dreht dabei ein und wirft den Ball aus der Rückhalte ab. Dabei ist der Oberkörper vorgebeugt, und die Knie federn mit. Fangen mit der RH oder LH. Beim fließenden Handwechsel beschreiben die Arme und der Ball einen Achterschwung.

Hochwürfe und Bogenwürfe in der sagittalen Ebene

Stand, Ball einhändig senkrecht hochwerfen, einige Schritte vorwärts unter den Ball (Blick zum Ball), Hände hinter dem Rücken aneinanderlegen (»Körbchen«) und den Ball hinter dem geraden Rücken fangen.
Fehler: Vorbeugen des Oberkörpers, dadurch prellt der Ball vom Rücken ab.
Durch einen Impuls der Arme und Vorbeugen des Oberkörpers wird der Ball im Bogenwurf abgeworfen und vor dem Körper gefangen (Abb. 84).
Varianten:

- Ball hochwerfen während eines Pferdchensprungs; beliebige Sprünge ausprobieren.
- Ball während eines Pferdchensprungs fangen, auf geraden Rücken achten.
- Ball mit der RH hochwerfen, Pferdchensprung mit einer $\frac{1}{2}$ Linksdrehung und gleichzeitig hinter dem Rücken fangen. Auch gegengleich üben.

Bogenwürfe in Verbindung mit anderen Bewegungselementen

① Einen sagittalen Bogenwurf vorwärts, währenddessen eine Rolle oder Schulterrolle vorwärts ausführen, Ball aufprellen lassen und fangen. Üben der Rollen auch mit verschiedenen Beinhaltungen. Üben des Fangens auch ohne aufprellen.
② Wie 1, nur Bogenwurf und Rollen rückwärts ausführen.
③ Ball im Bogenwurf rückwärts über den Kopf werfen, aufprellen lassen und in starker Rückbeuge fangen, beid- oder einhändig; diese Übung auch mit Hochwurf wie bei Übung auf S. 26, Abb. 84 ausführen (Abb. 85).

83

84/1 2 3 4 5

④ Ein frontaler Bogenwurf über den Kopf, währenddessen eine Rolle seitwärts mit verschiedenen Beinhaltungen ausführen, Ball aufprellen lassen und fangen. Üben des Fangens auch ohne Aufprellen, auch andere Bodenelemente (Rad, Bogengang) erproben.

⑤ Ein frontaler Bogenwurf über den Kopf, währenddessen einen Anschlagsprung oder Schrittsprung seitwärts ausführen. Nach dem Aufprellen den Ball fangen. Z. B.: Stand, mit der RH Ball über den Kopf werfen (1–2), RF kreuzt vor dem LF, Absprung vom RF, Anschlagsprung links seitwärts mit gestreckten oder gebeugten Beinen, Landen auf dem RF (3–4);
4 Schritte seitwärts zum aufgeprellten Ball LF, RF, LF, RF anstellen, mit der LH Ball fangen (5–8). Wiederholen gegengleich.
Oder
Wechselschritt links seitwärts mit dem LF, mit der RH Ball über den Kopf werfen (1–2), RF kreuzt vor LF, LF Schritt seitwärts (3–4); RF kreuzt vor LF, Absprung von RF, Schrittsprung seitwärts nach links, Landen auf dem LF, RF vorkreuzen, LF Schritt seitwärts, LH Ball fangen (5–8).
Wiederholen gegengleich.

Anpassung an Partner und Gruppe

① Aufstellung: Paarweise Gegenüberstellung in der Gasse; jedes Paar hat 1 oder 2 Bälle und soll die verschiedensten Möglichkeiten der obengenannten Bogenwürfe in der sagittalen sowie frontalen Ebene erproben. Der Ball wird jeweils von der Partnerin gefangen.

② Flankenkreis, jede Übende hat 1 Ball; Ball hochwerfen, vorwärts unter dem eigenen Ball durchlaufen und nach dem Aufprellen den Ball von der jeweils vorderen

Partnerin fangen. Üben auch ohne Aufprellen.

③ Wie 2, nur während des Werfens verschiedene Sprünge ausführen.

Variation
Werfen und Fangen

MUSIK ㉓ ❷ ❽

Teil 1

Takt I
1–4 einige Laufschritte vorwärts, Ball mit der RH werfen, mit der LH fangen, ½-Drehung nach links

Takt II
5–8 Ball mit der LH werfen, mit der RH fangen und ausschwingen

Takt III
9–12 2 Anlaufschritte vorwärts, mit dem 3. Schritt Absprung und einen Laufsprung ausführen, Ball mit der RH werfen

Takt IV
13–16 einige Laufschritte zum Ball, mit der RH fangen, 1/1-Drehung nach rechts, dabei den Ball hinter dem Rücken in die LH übergeben

Takt V
17–20 RF Schritt seitwärts, mit der LH kurzer Wurf, mit beiden Handrücken fangen, LF anstellen, Ball kurz abwerfen, mit RH fangen

Takt VI
21–24 RF rückwärts bis zum Kniestand senken, mit der RH kurz abwerfen, mit beiden Handrücken fangen, linke Fußspitze aufstellen, Ball kurz abwerfen, mit RH fangen

Takt VII
25–28 LB im Kniestand vorspreizen, Ball mit RH im Bogenwurf unter dem Bein abwerfen, aufrichten zum Stand, mit LH fangen (Abb. 85, 4)

Takt VIII
29–32 Ball mit der LH im großen Bogenwurf über den Kopf werfen, einige Schritte rechts seitwärts, mit RH fangen.

Der 1. Teil ist mittelschwer, Vereinfachung ist möglich: bei Takt III nur vorwärts laufen und die letzten 4 Takte nur im Stand ausführen. Der 2. Teil der Verbindung ist anspruchsvoll.

Teil 2

Takt I
1– 4 Ball mit RH werfen, mit beiden Handrücken fangen, dabei bis zum Schneidersitz senken

Takt II
5– 8 Ball von den Handrücken abwerfen, aufrichten über Kniestand zum Stand, mit der RH fangen

Takt III
9–12 Ball im Stand mit der RH senkrecht sehr hoch werfen, unter dem Ball einige Schritte vorwärts gehen, Blick zum Ball

Takt IV
13–16 Ball am Boden aufprellen lassen, Arme schwingen aus der Tiefhalte bis zur Hochhalte und der Ball wird in einer starken Rückbeuge beidhändig gefangen; danach greift die RH den Ball von vorne

Takt V
17–20 Stand, RA schwingt aus der Hochhalte mit einem sagittalen Kreisschwung vorwärts bis zur Rückhalte, dabei wird der Arm eingedreht und der Ball bei vorgebeugtem Körper aus der RH abgeworfen (vgl. Abb. 83)

Takt VI
21–24 mit der RH fangen, $^1/_1$-Drehung nach rechts, dabei den Ball hinter dem Rücken in die LH und weiter in die RH übergeben

Takt VII
25–28 Pferdchensprung, dabei mit der RH Ball hochwerfen und im Stand hinter dem Rücken beidhändig fangen

Takt VIII
29–32 Bogenwurf über den Kopf und mit der RH den Ball vor dem Körper fangen (vgl. Abb. 84)

87

Prellen

Beim Prellen wird der Ball durch die leicht geöffnete Hand weich heruntergedrückt, wobei sie ihn in seiner Bewegung so lange wie möglich in Richtung Boden begleitet. Der Körper harmoniert mit der prellenden Bewegung. Fehler wie gespreizte Finger, verkrampfte Hand und Schlagen des Balles vermeiden.

88

89

Ausführungsmöglichkeiten Prellen

- Beidhändig, einhändig.
- Durch andere Körperteile (z. B. Fuß, Unterschenkel usw.).
- Vom Körper weg (z. B. Knie, Ellbogen, Schulter).

Am Ort:
- Senkrechtes Prellen (Abb. 87).
- Schräges Prellen: die Hand wird in demselben Winkel an den Ball angesetzt, wie sein Aufprallwinkel sein soll (Abb. 88). Falsch: Wenn die Hand mit dem Ball einen Bogen beschreibt.

In der Fortbewegung:
Es handelt sich dabei nur um schräges Prellen.

90

- Seitwärts: Ansatz schräg von der Seite (Abb. 89).
- Vorwärts: Ansatz schräg vom Körper weg (Abb. 90).
- Rückwärts: Ansatz schräg zum Körper hin (Abb. 91).

Übungsbeispiele: Prellen

Senkrechtes Prellen

① Ball im Stand regelmäßig vor dem Körper prellen, erst beidhändig, dann viermal mit der RH, viermal mit der LH, dann beliebig die Hände wechseln.
② Wie 1., nur in verschiedenen Stellungen, z. B. Hocke, Kniestand, Grätschsitz, Strecksitz, Bauchlage.
Wichtig: nicht zu nah am Körper prellen, Arm möglichst lang lassen.
③ Wie 1., nur mit verschiedenen Sprüngen am Ort, z. B. Schlußsprung, Grätschsprung, Spreizsprung, Hocksprung, Schafsprung, Fischsprung usw.
Wichtig: Ball kräftig prellen.
④ Wie 1, nur im ständigen raschen Wechsel zwischen Stand, niedriger Stellung und Sprung, z. B. Ball mit der RH zweimal im Stand prellen, mit der LH zweimal im Kniestand prellen, beidhändig zweimal mit Schlußsprung und mit der RH zweimal in der Hocke prellen.
Wichtig: Richtige Dosierung des Krafteinsatzes, um regelmäßiges Prellen zu erreichen.
⑤ Ball einhändig neben dem Körper prellen und um den Ball im Kreis verschiedene Grundformen ausführen:
- 1 Gehschritt, einmal prellen.
- 1 Hüpfer, einmal prellen.
- 2 Laufschritte, einmal prellen.
- Wechselschritte, 1 Wechselschritt, zweimal prellen. Es ist ein Kreis mit Innenführung, daher leichte Seitbeuge zum Ball, der freie Arm befindet sich in der Seithochhalte.

91

92/1
2

⑥ **Verbindung** (Abb. 92):

MUSIK ❶ ㉙

Takt I	
1– 4	Ball mit der RH viermal am Ort prellen, dabei 4 Hüpfer um den Ball im Halbkreis rechts, RF beginnt (1)
Takt II	
5– 8	Ball mit der LH viermal am Ort prellen, dabei 8 Laufschritte um den Ball im Halbkreis links, RF beginnt (2)
Takt III	
9–12	Ball wieder mit der RH viermal am Ort prellen, dabei 4 Gehschritte um den Ball im Halbkreis rechts, RF beginnt
Takt IV	
13–16	Ball mit der LH viermal am Ort prellen, dabei 2 Wechselschritte im Halbkreis links, RF beginnt

Wichtig: Regelmäßiges Prellen, achten auf sauberen rhythmischen Wechsel in den Grundformen, vor allem zwischen Hüpfen und Laufen. Wenn es nötig ist, die 4 Hüpfer und 8 Laufschritte ohne Ball üben.
⑦ Wie 6, nur freie Verbindung der Grundformen und beliebiger Handwechsel beim Prellen.
⑧ Ball an der rechten Körperseite mit der RH zweimal prellen, 1/2-Drehung nach rechts und zweimal mit der LH an der linken Körperseite prellen, 1/2-Drehung nach links, fortlaufend wiederholen; es wird immer zum Ball gedreht.
⑨ Wie 8, nur wird immer vom Ball weggedreht, d. h. nach zweimal prellen mit der RH 1/2-Drehung nach links und zweimal prellen mit der LH, 1/2-Drehung nach rechts, fortlaufend wiederholen.
Wichtig: Regelmäßiges Prellen, daher gleichmäßigen Krafteinsatz; der Ball soll unterhalb der Hände bleiben und genügend Abstand vom Körper haben.
⑩ Verbindung der beiden vorher aufgeführten Übungen; Ball mit der RH zweimal prellen, 1/2-Drehung nach rechts, mit der LH zweimal prellen, 1/2-Drehung nach rechts, fortlaufend wiederholen (Abb. 93).
⑪ Ball prellen und eine ganze Drehung ausführen, z. B. mit der RH vor dem Körper einmal kräftig prellen, LF kreuzt vor dem

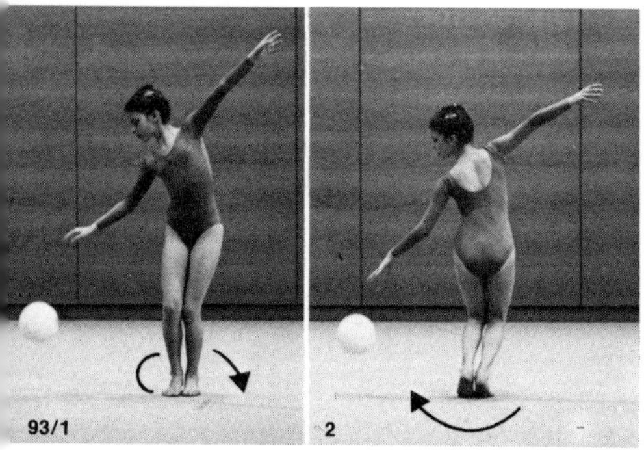

93/1 2

RF, beidbeinige 1/1-Drehung nach rechts, fangen mit der RH (Abb. 94):

- Mit LH fangen; gegengleich ausführen.
- RH viermal prellen und viermal 1/1-Drehung nach rechts, zum vierten Mal mit der LH fangen und wiederholen gegengleich.
- Verschiedene einbeinige Drehungen erproben.

Wichtig: Den Ball zuerst exakt senkrecht vor dem Körper prellen und dann erst drehen.

⑫ **Verbindung:** Prellen mit Drehungen.

MUSIK ❶ ㉙

Takt I, II
1– 8 siehe oben 10, zweimal ausführen

Takt III
9–12 1/2 Drehung nach links und mit der RH viermal prellen, dabei 8 Laufschritte im Kreis rechts um den Ball, LF beginnt

Takt IV
13–16 LF kreuzt vor dem RF, mit der RH einmal prellen, 1/1-Drehung nach rechts, fangen mit der LH

Wiederholen der 4 Takte gegengleich.

94

95

Schräges Prellen

① Grätschstand, frontale Gewichtsverlagerung über die Tiefe, Arme befinden sich in der Seithalte, dabei wird der Ball schräg vor dem Körper geprellt, RH prellt, LH fängt und umgekehrt.

② Schrittstellung, sagittale Gewichtsverlagerung, LF vorne, RF hinten; mit der RH Ball zweimal vorwärts prellen, zweimal rückwärts prellen. Üben auch gegengleich.

③ Stand, RB vorspreizen, mit der RH den Ball schräg von außen nach innen prellen, mit der LH fangen und umgekehrt (Abb. 95).

Wichtig: Beim Senkrecht-Vorspreizen und -Senken nicht mit dem Bein ausweichen! Arme in der Seithalte, um weiten Prellwinkel zu erzielen. Dient auch als Vorbereitungsübung zum Springen über den prellenden Ball!

Variante:

- Kniestand auf dem LB, Ball unter dem vorgespreizten RB schräg prellen.

④ Selbständiges Erproben des schrägen Prellens in verschiedenen Stellungen um den Körper herum und durch die Beine.

Senkrechtes und schräges Prellen, rhythmisch variiert

① **Verbindung:**

MUSIK ❶ ㉙

Takt I
1– 4 Hocke, Ball beidhändig senkrecht prellen, lang, lang, kurz, kurz, lang, das letzte Prellen kräftiger und schräg zur RH, dabei zum Stand kommen

Takt II
5– 8 RB vorspreizen, mit der RH den Ball schräg von außen nach innen prellen und umgekehrt

Takt III
9–12 Ball mit der RH viermal senkrecht neben der rechten Körperseite prellen, 4 Hüpfer um den Ball herum, LF beginnt

Takt IV
13–16 LF kreuzt vor RF, mit der RH Ball einmal kräftig prellen und 1/1-Drehung nach rechts ausführen, LH fängt.

Wiederholen der 4 Takte gegengleich.

Prellrhythmus:

② Verschiedene Notenwerte prellen lassen.
Verschiedene selbstgefundene oder vorgeschriebene Rhythmen über 2 oder 4 Takte prellen lassen.

Prellen in der Fortbewegung in Verbindung mit den Grundformen Gehen, Laufen, Hüpfen

① Galopp seitwärts, Ball beidhändig schräg vor dem Körper prellen.
② Wie 1, nur einhändig, daher Galopp nach links, Ball mit der RH schräg vor dem Körper prellen, LH ist in der Seithalte und umgekehrt.
Wichtig: Ball weit genug vor dem Körper prellen. Fließender Wechsel von Galopp nach links und rechts: achtmal, viermal, zweimal.
③ Hüpfen vorwärts, Ball erst beidhändig, dann einhändig schräg vom Körper wegprellen; beliebiger Handwechsel.
④ Wie 3, nur Laufen vorwärts, bei je 2 Laufschritten einmal prellen.
⑤ Wie 3, nur in Verbindung mit Wechselschritten vorwärts; statt des beliebigen Handwechsels soll beim Wechselschritt mit LF vorwärts zweimal die RH prellen und beim Wechselschritt mit RF vorwärts zweimal die LH prellen; fortlaufend wiederholen.
⑥ Wechselschritt mit RF seitwärts, RH prellt zweimal an der rechten Körperseite den Ball vom Körper weg (Handansatz wie bei Vorwärtsbewegung), ½-Drehung nach rechts, Wechselschritt mit dem LF seitwärts, LH prellt zweimal an der linken Körperseite den Ball vom Körper weg, ½-Drehung nach links; fortlaufend wiederholen (vgl. Abb. 96/1, 2).
⑦ Gehen rückwärts, Ball erst beidhändig, dann einhändig zum Körper prellen, je Schritt einmal prellen, fließender Handwechsel: bei RF rückwärts prellt RH einmal, bei LF rückwärts prellt LH einmal; fortlaufend wiederholen (vgl. Abb. 96/5).
⑧ Wie 7, nur in Verbindung mit Laufen rückwärts, bei je 2 Laufschritten einmal prellen, beliebiger Handwechsel.

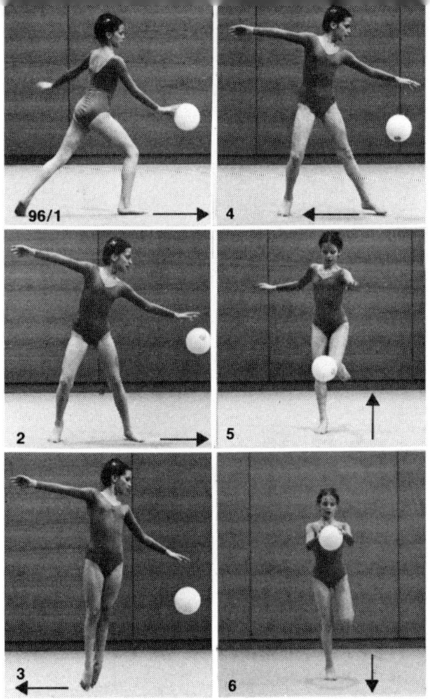

⑨ Vom Gehen zum Laufen und Hüpfen rückwärts übergehen, dabei den Ball einhändig zum Körper prellen; beliebiger Handwechsel.
Wichtig: Sauberer Handansatz, schnelle und weite Rückwärtsbewegung, um breiten Prellwinkel zu erzielen.
⑩ Weites Hüpfen rückwärts, dabei den Ball erst beidhändig, dann einhändig zum Körper prellen; fließender Handwechsel, d. h. bei Hüpfer auf dem RF prellt die RH einmal und umgekehrt.
⑪ Wechselschritt mit dem RF rückwärts, RH prellt zweimal, Wechselschritt mit dem LF rückwärts, LH prellt zweimal.
⑫ Wechselschritte räumlich variiert: Wechselschritt vorwärts mit dem LF, RH prellt zweimal, Wechselschritt vorwärts mit dem RF, LH prellt zweimal, Wechselschritt rückwärts mit dem LF, LH prellt zweimal, Wechselschritt rückwärts mit dem RF, RH prellt zweimal, Wechselschritt seitwärts mit dem LF, RH prellt zweimal, Wechselschritt seitwärts mit dem RF, LH prellt zweimal, ½-Drehung nach rechts, Wechselschritt seitwärts mit dem LF, LH prellt zweimal an der linken Körperseite, ½-Drehung nach links, Wechselschritt seitwärts mit dem RF, RH prellt zweimal an der rechten Körperseite; fortlaufend wiederholen.
Wichtig: Saubere Handansätze!

⑬ **Improvisationsthema**
Prellen in der Fortbewegung vorwärts, rückwärts, seitwärts in Verbindung mit den Grundformen Gehen, Laufen, Hüpfen über die Raumdiagonale.

⑭ **Verbindung** von Prellen in der Fortbewegung (Abb. 96):

MUSIK ❿❸

Takt I		
	1– 4	Wechselschritt seitwärts mit dem RF, RH prellt zweimal an der rechten Körperseite, ½-Drehung nach rechts, Wechselschritt seitwärts mit dem LF, LH prellt zweimal an der linken Körperseite (1, 2)
Takt II		
	5– 8	dreimal Galopp nach rechts, RF Schritt seitwärts, LH prellt viermal (3, 4)
Takt III		
	9–12	4 Schritte rückwärts, LF beginnt, viermal prellen mit Handwechsel, LH, RH, LH, RH (5)
Takt IV		
	13–16	8 Laufschritte vorwärts, LF beginnt, beidhändig Ball viermal prellen (6).
Wiederholen der 4 Takte gegengleich.		

⑮ **Improvisationsthema**
Prellen am Ort und in der Fortbewegung, räumlich und rhythmisch variiert.

⑯ **Verbindung** von Prellen am Ort und in der Fortbewegung:

MUSIK ㉙, ⑩❶

Takt I
1– 4 Wechselschritt vorwärts mit dem LF, RH prellt zweimal, Wechselschritt vorwärts mit dem RF, LH prellt zweimal

Takt II
5– 8 4 Hüpfer rückwärts, LF beginnt, viermal prellen mit Handwechsel, LH, RH, LH, RH

Takt III
9–12 Kniestand auf dem RB, RH prellt: kurz – kurz – kurz – kurz – lang – lang

Takt IV
13–16 Kniestand auf dem RB, LB vorspreizen und den Ball mit der RH schräg unter dem vorgespreizten Bein einmal zur LH prellen, Aufrichten zum Stand, RB vorspreizen und den Ball mit der LH schräg unter dem vorgespreizten Bein zur RH prellen

Takt V
17–20 Wechselschritt seitwärts mit dem LF, RH prellt zweimal vor dem Körper und gegengleich

Takt VI
21–24 8 Laufschritte rechts um den Ball herum, LF beginnt, RH prellt viermal

Takt VII
25–28 Stand, RH prellt zweimal an der rechten Körperseite, ½-Drehung nach rechts, LH prellt dreimal an der linken Körperseite, kurz – kurz – lang, ¼-Drehung nach links

Takt VIII
29–32 RF kreuzt vor dem LF, Ball mit der LH einmal kräftig prellen, 1/1-Drehung nach links, LH fängt.

Wiederholung der 8 Takte gegengleich.

Prellrhythmus:

Prellen in Verbindung mit Sprüngen

① Pferdchensprünge oder Laufsprünge fortlaufend wiederholen, dabei den Ball einhändig vorwärts prellen (Abb. 97).
Wichtig: Ball wird im Moment des Absprunges nach unten gedrückt (geprellt).

97

② Sprungkombination: dreimal Pferdchen-, einmal Laufsprung, Absprung mit LF, RH prellt viermal;
dreimal Pferdchen-, einmal Schrittsprung mit Durchziehen des RB rückwärts, Absprung mit LF, RH prellt viermal;
Wiederholung gegengleich (Musik ⓭).
③ Sprungkombination mit Anlaufschritten:
- 2 Anlaufschritte oder Wechselschritt und verschiedene Sprünge ausführen, Absprung von einem, Landung auf dem anderen Bein; das Absprungbein bleibt immer gleich.
- Bei 3 Anlaufschritten wechselt das Absprungbein. Der Ball bleibt während der Anlaufschritte in der Handfläche des sich in der Seithalte befindenden Arms und wird erst beim Absprung geprellt.

④ Sprungkombination mit Anschlagsprüngen seitwärts: RF kreuzt vor dem LF, LF Schritt seitwärts, RF kreuzt vor dem LF mit gleichzeitigem Absprung und Seitanschlagsprung links, dabei prellt die RH zweimal. Wiederholung gegengleich.

Springen über den prellenden Ball

Siehe S. 30, 3, (Vorübung schräges Prellen)
① 2 Laufschritte vorwärts, LF, RF, Laufsprung mit Absprung vom LF, RH prellt den Ball schräg von außen nach innen unter den Beinen durch (Abb. 98), zwei Laufschritte vorwärts, LF, RF Laufsprung mit Absprung vom LF, LH prellt den Ball schräg von innen nach außen unter den Beinen durch; fortlaufend wiederholen.
② Wie oben, nur 3 Laufschritte vorwärts, LF, RF, LF, Ball prellt mit RH beim Laufsprung vom RF, Landung LF und wiederholen gegengleich; damit wechselt das Absprungbein. Der Ball prellt jeweils von innen nach außen. Beginnt man die 3 Anlauf-

98

99

schritte mit dem RF, dann prellt der Ball jeweils von außen nach innen.

③ 2 Laufschritte vorwärts, LF, RF, Sprung auf dem LF, das RB wird dabei vorgespreizt, das linke Absprungbein mit dem Knie auswärts rasch abgebeugt und zur Landung wieder gestreckt, dabei prellt die RH den Ball schräg von außen nach innen unter dem vorgespreizten Bein, LH fängt; Wiederholung gegengleich (Abb. 99).

④ 2 Laufschritte vorwärts, LF, RF Schersprung vorwärts mit Absprung von LF, RH prellt den Ball schräg unter den Beinen durch, LH fängt.

Wichtig: Beine exakt senkrecht scheren und nicht auseinandergrätschen. Ball von der Seithalte mit breitem Winkel direkt unter die Beine prellen.

Improvisationsthema

Sprungkombination neben und über dem prellenden Ball.

Prellen mit Partner und Gruppe

① Gassenaufstellung, paarweise gegenüber im Abstand von 2–4 m, jede hat einen Ball; über 4 Zählzeiten (1 Takt) viermal den Ball am Ort senkrecht prellen, dabei die verschiedensten Möglichkeiten (verschiedene Stellungen, Sprünge, Drehungen usw.) erproben, auf den zweiten Takt den Ball einmal kräftig zur Partnerin prellen; fortlaufend wiederholen.

② Prellen in der Fortbewegung mit Musik auf beliebigen Raumwegen, bei Unterbrechung der Musik den Ball im gleichen Rhythmus am Ort weiter prellen.

Verschiedene Aufgaben zur Fortbewegung:

- Nur Laufen, Hüpfen vorwärts, nur Seitgalopp räumlich variiert.
- Wechselschritte räumlich variiert.
- Abwechselnd Laufen und Hüpfen.
- Abwechselnd Seitgalopp und Laufen.
- Abwechselnd Wechselschritte und Hüpfen usw.

Verschiedene Aufgaben Prellen am Ort:

- In der Hocke, Grätsche, Bauchlage usw. prellen.
- Zweimal im Stand, zweimal im Kniestand prellen, d. h. im raschen Wechsel der Stellungen.
- Mit Sprüngen am Ort usw. (siehe 1). Diese Übung ist auch zum Aufwärmen geeignet.

③ 2 Gruppen in freier Aufstellung oder paarweise in Gassenaufstellung bewegen sich mit dem prellenden Ball miteinander rechts oder links seitwärts, vorwärts oder rückwärts usw.

- Die Gruppen bewegen sich gegeneinander, zueinander, auseinander (Abb. 100).
- Die Gruppen bewegen sich umeinander herum, d. h. eine Gruppe prellt am Ort, die andere bewegt sich um sie herum (Abb. 101), oder eine Gruppe prellt in langsamer Fortbewegung wie Gehen, die andere im Seitgalopp oder mit Sprüngen.

100

101

Wichtig: Klare Angabe der Raumrichtung durch Handzeichen, z. B. miteinander zur linken Wand, die Fortbewegung wird dem Einzelnen überlassen, d. h. einer bewegt sich nach links seitwärts mit Galopp nach links, ein anderer mit Hüpfer rückwärts, ein Dritter mit Wechselschritt vorwärts usw.

④ 2 bis 4 Schlangen bilden zu je 5 bis 8 Personen, die erste prellt den Ball in der Fortbewegung sowie am Ort, alle anderen passen sich der Bewegung der Führenden an.

⑤ Gassenaufstellung paarweise gegenüber ca. 3 m Abstand, eine Partnerin prellt den Ball beliebig am Ort (siehe S. 29, 30) über 3 Takte (12 Zählzeiten), die andere Partnerin prellt den Ball über diese Zeit in

102/1, 2, 3

Takt I
1– 4 3 Galopp seitwärts nach links, LF Schritt seitwärts und ½-Drehung nach rechts, mit der RH viermal prellen

Takt II
5– 8 3 Galopp seitwärts nach rechts, RF Schritt seitwärts, mit der LH viermal prellen; die beiden Reihen haben sich zueinander bewegt und befinden sich in einer Gassenaufstellung mit ca. 3–4 m Abstand

Takt III
9–12 Ball in der Hocke beidhändig prellen: lang – lang – kurz – kurz – lang (1)

Takt IV
13–16 aufrichten, RB vorspreizen, LH prellt den Ball schräg von innen nach außen unter dem Bein zur Partnerin; Ballwechsel (2, 3)

Takt V
17–20 wie Takt I

Takt VI
21–24 wie Takt II; beide Reihen bewegen sich dabei auseinander bis zur Ausgangsposition

Takt VII
25–28 8 Laufschritte rechts um den Ball herum, LF beginnt, RH prellt am Ort rechts neben dem Körper viermal

Takt VIII
29–32 LF kreuzt vor dem RF, mit der RH Ball einmal kräftig prellen und $^1/_1$-Drehung nach rechts ausführen, RH fängt.

Die 8 Takte fortlaufend wiederholen.

Prellrhythmus:

der Fortbewegung, z. B. zur Partnerin, von ihr weg oder um sie beliebig herum; auf den vierten Takt werden die Bälle mit einem kräftigen Prellen ausgetauscht. Wechsel der Aufgabe.

⑥ **Verbindung:** 2 Gruppen bewegen sich gegeneinander mit Ballwechsel (Abb. 102):

MUSIK ❶ ㉙

Aufstellung: Paarweise 2 Reihen im Abstand von 20 m, eine Reihe mit Blick zur Front, die andere Reihe mit Rücken zur Front; die Bewegungsfolge bleibt für beide Gruppen gleich.

Rollen am Boden

Das Rollen am Boden soll ruhig und ohne »Hüpfen« des Balles vor sich gehen, wobei der Ball von seiner geradlinigen Rollstrecke nicht abweichen darf.
Dies wird dadurch erreicht, daß die Hand den Ball bis zum Boden begleitet, die Fingerspitzen den Boden berühren und der Ball durch einen elastischen Druck und das Nachstrecken des Körpers und des Armes weich in die rollende Bewegung gerät.
Die Aufnahme des Balles erfolgt durch das Einrollen über die Fingerspitzen in die Hand. Durch eine schwunghafte Armbewegung wird ein harmonischer Übergang zum nächsten Bewegungselement ermöglicht. Es gibt beim Rollen am Boden zahlreiche Möglichkeiten und Verbindungen, die jeder selbst herausfinden kann.

Ausführungsmöglichkeiten des Rollens am Boden

- Beidhändig, einhändig, mit dem Fuß.
- Die Übende befindet sich am Ort in ver-

schiedenen Stellungen oder in der Fortbewegung.

- In der frontalen und sagittalen Ebene.

Aufnahmemöglichkeiten

- Mit der Handfläche von vorne (Abb. 103).
- Mit dem Handrücken (Abb. 104).
- Mit der Handfläche von hinten in den eingedrehten Arm (Abb. 105).
- Mit den Füßen.

103

104

105

Übungsbeispiele: Rollen am Boden

Rollen des Balles in verschiedenen Standstellungen und Bodenlagen

① Grätschsitz, Ball beidhändig vor- und zurückrollen;
Grätschsitz, Ball mit der RH am LB entlang zur linken Fußspitze und zurückrollen und gegengleich.

② Grätschstand, Ball beidhändig unter den Beinen weit vor- und zurückrollen;
Grätschstand, LB ist gebeugt, mit einer Gewichtsverlagerung über die Höhe rollt die LH den Ball vor dem Körper zur RH und wieder zurück (vgl. Abb. 106/1, 2).
Wichtig: Maximale Weite der Rollstrecke; die Gewichtsverlagerung soll genau mit dem Ball mitgehen.

③ Schrittstellung, RB ist gebeugt, mit einer Gewichtsverlagerung über die Höhe rollt die RH den Ball vor und zurück.
Wiederholung gegengleich.

④ Kniestand, eine Fußspitze ist aufgestellt, den Ball unter dem Bein hin- und herrollen.

⑤ Fersensitz, den Ball vor dem Körper hin- und herrollen.

⑥ Wechsel zwischen Fersensitz und weitem Ausfallschritt vorwärts, dabei den Ball einhändig vor- und zurückrollen (vgl. Abb. 106/5,6).

⑦ Wechsel vom Fersensitz zum flüchtigen Kniestand, Ball hinter dem Körper unter dem angehobenen Unterschenkel durchrollen (vgl. Abb. 106/7).

⑧ **Verbindung** (Abb. 106):

MUSIK ⓬

Takt I

1– 2 Grätschstellung, LB ist gebeugt, LH rollt vor dem Körper weit zur RH, dabei Gewichtsverlagerung (1, 2)

3– 4 Wiederholen gegengleich, nur schneller, auf Zählzeit 4, Kniestand auf dem RB, linke Fußspitze ist aufgestellt, LH rollt den Ball kurz zurück (3)

Rollrhythmus:

| 𝅗𝅥 ♩. ♪ |

Takt II

5– 8 unter dem LB den Ball dreimal hin- und herrollen, auf Zählzeit 8 Fersensitz auf dem RB, LB ist vorwärts gestreckt, RH rollt den Ball weit zurück (4)

Takt III

9–10 weiten Ausfallschritt mit dem LB vorwärts, RH rollt den Ball weit vor (5)

11–12 über Kniestand Beine schließen zum Fersensitz, RH rollt den Ball weit zurück (6)

Takt IV

13–14 flüchtiges Aufrichten zum Kniestand, gleichzeitiges Anheben der Unterschenkel mit ¼-Drehung nach links, RH rollt den Ball unter den angehobenen Unterschenkeln zur LH (7)

15–16 mit Aufsetzen des LF vorwärts rollt die LH den Ball untendurch zur RH (8), mit Gewichtsverlagerung auf den LF seitwärts rollt die RH den Ball vor dem Körper zur LH.

Diese 4 Takte fortlaufend wiederholen.

106/1 2 3 4 5 6 7 8

⑨ Langsitz, Ball einhändig vor- und zurückrollen.

⑩ Hocksitz mit aufgestellten Fußspitzen. Beine nacheinander zum Schwebesitz durchstrecken, dabei den Ball unter den Beinen durchrollen.

⑪ Bauchlage, Arme in der Seithalte, Ball vor dem Körper hin- und herrollen, dabei den Körper immer anheben und senken (Abb. 107); Bauchlage, Arme in der Schrägtiefhalte, Beine anheben, Ball durchrollen (Abb. 108).

⑫ Rückenlage, ein Bein ist gebeugt und der Fuß ist aufgestellt, Becken anheben und das andere Bein nach vorne strecken, dabei den Ball unter dem Rücken durchrollen (Abb. 109).

⑬ Langsitz, ein Bein ist gebeugt, rückwärts abrollen zur Kerze, dabei den Ball unter dem Rücken rollen und wieder aufrichten (Abb. 110).

Wichtig: Gute Hüftstreckung in der Kerze; Ball langsam und genau rollen.

⑭ **Improvisationsthemen**

- Ball rollen in verschiedenen Standstellungen und Bodenlagen unter und durch die Beine hindurch.
- Ball unter dem Körper hindurch rollen in verschiedenen Bodenlagen und Stützen, z. B. Liegestütz vorlings.
- Ball nur vor oder hinter dem Körper in verschiedenen Standstellungen und Bodenlagen rollen.
- Ball so rollen, daß man ständig von einer Lage zur anderen wechselt.
  Wichtig: Mit ganzem Körper gut mitbewegen und auf flüssige Bewegung während des Rollens und an den Umkehrpunkten achten.
- Ball rollen mit einem ständigen Wechsel von Bodenlage zum Stand und umgekehrt.

107

108

109

110

⑮ **Verbindung** mit anderen Elementen, wie Übergabe des Balles von den Händen zu den Füßen, Rollen mit der Fußspitze (Abb. 111):

MUSIK ⓬

Takt I

1– 4 Hocksitz, Ball von der RH zur LH und zurück zur RH unter den nacheinander gestreckten Beinen durchrollen (1)

Takt II

5– 6 Beine zum Langsitz strecken, RH rollt den Ball rückwärts an der rechten Körperseite, dabei $^1/_2$-Drehung nach rechts zur Bauchlage (2)

7– 8 RH rollt den Ball rechts seitwärts, beide Arme befinden sich in der Seithalte

Takt III

9–10 RH rollt den Ball zur LH, dabei Oberkörper anheben (3)

11–12 LH rollt den Ball zur entgegenkommenden RH, Ball beidhändig in der Hochhalte fassen und gleichzeitig $^1/_2$-Drehung nach links zur Rückenlage (4)

Takt IV

13–14 gestreckte Beine über den Kopf führen, Ball mit den Füßen fassen (5)

15–16 zum Hocksitz aufrichten und den Ball mit der linken Fußspitze zur RH rollen (6,7)

111/1

2

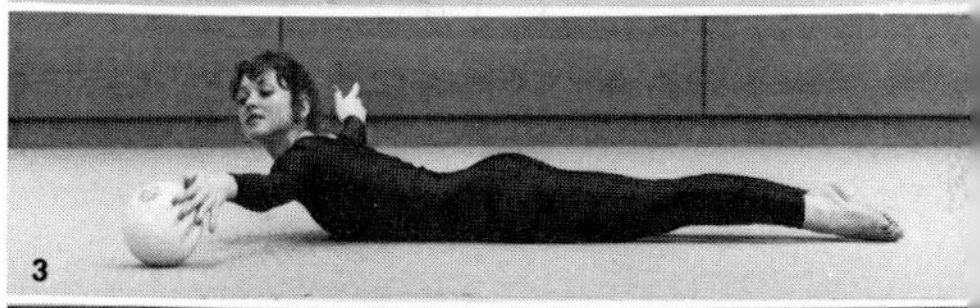
3

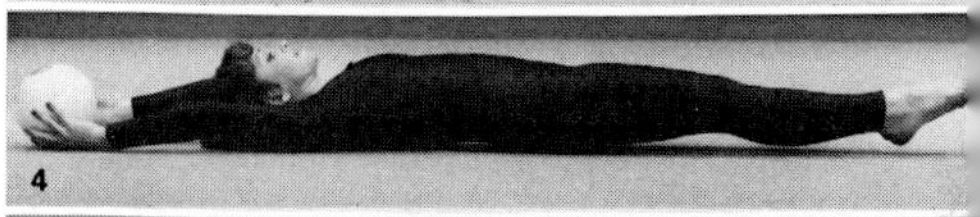
4

5

6

7

Rollen des Balles in Verbindung mit Bodenelementen

① Ball eine kurze Strecke vorwärts rollen, dabei aus verschiedenen Standstellungen Rolle vorwärts ausführen.
Ball rückwärts rollen, dabei aus verschiedenen Standstellungen oder Sitzen Rolle rückwärts.
Ball seitwärts rollen und Rolle seitwärts (über den Rücken) mit verschiedenen Beinhaltungen.

② **Verbindung** (Abb. 112):

MUSIK ⑫

Takt I

1– 2 Hockstand auf dem RB, LB ist vorgespreizt, RH rollt den Ball vorwärts, dabei Gewichtsverlagerung auf das LB mit einem weiten Ausfallschritt vorwärts (1, 2)

3– 4 RH rollt den Ball rückwärts, dabei zurückverlagern (3)

Takt II

5– 8 RH rollt den Ball vorwärts, dabei Rolle vorwärts wieder bis zur Ausgangsstellung (4, 5)

Takt III

9–12 RH rollt den Ball rückwärts, dabei Rolle rückwärts, über die Kniestandwaage senken zum Halbspagat am gebeugten RB (6, 7)

Takt IV

13–14 LF vorne aufstellen, aufrichten zum Kniestand auf dem RB, RH rollt den Ball vorwärts (8)

15–16 RH rollt den Ball rückwärts, dabei Gewichtsverlagerung zur Ausgangsposition (9)

113/1, 2, 3, 4, 5, 6

③ **Verbindung** (Abb. 113):

MUSIK ㉖

Takt I

1– 2 Kniestand auf dem RB, LB ist seitwärts gestreckt, Oberkörper waagrecht, Arme in der Seithalte; LH rollt den Ball vor dem Körper in Richtung zur RH, dabei über die Seitlage zur Bauchlage nach rechts gleiten, RA stützt, RB gebeugt, LB rückgespreizt, dann mit der LH den Ball in der Vorhalte stoppen (1, 2);

3– 4 zum Kniestand auf dem RB aufrichten, gleichzeitig mit der LH den Ball zurück zum LF rollen (3)

Takt II

5– 8 LH rollt den Ball in Richtung zur RH, dabei Rolle nach rechts seitwärts, in der Luft kurz die Beine grätschen und bis zum Kniestand auf dem LB rollen, RB ist seitwärts gestreckt, Oberkörper vorgebeugt, Ball unter der RH (4, 5, 6).

Wiederholen der 2 Takte gegengleich.

Übungen für die Aufnahmemöglichkeiten des Balles

① Gassenaufstellung, Abstand ca. 4–6 m, paarweise gegenüberstellen, je Paar 1 Ball. Partnerin A rollt den Ball einhändig zur Partnerin B aus den schon aufgeführten Standstellungen und Bodenlagen (vgl. S. 35, 1.–7.), z. B.:

- **vorwärts** aus dem Kniestand, abrollen zur Bauchlage, Ball einhändig vorwärts rollen;

114

- **rückwärts** Standwaage auf dem RB mit dem Rücken zur Partnerin, LH rollt den Ball rückwärts unter dem rückgespreizten LB (Abb. 114);
- **seitwärts** Bauchlage, linke Flanke zur Partnerin, RH rollt den Ball links seitwärts unter dem angehobenen Oberkörper zur Partnerin.

Während die Partnerin B den Ball **mit beiden oder einer Handfläche von vorne** aufnimmt, abwirft, fängt und um den Körper, Beine usw. von einer Hand in die andere übergibt oder ein anderes verbindendes Element zur neuen Standstellung oder Bodenlage findet und den Ball zurückrollt, soll die Partnerin A in Verbindung mit Drehungen am Ort improvisieren.

② Wie 1, nur Aufnahme des Balles **mit beiden oder einem Handrücken.**

③ Wie 1, nur Aufnahme des Balles **von hinten in den eingedrehten Arm.**

④ Wie 1, nur Aufnahme **mit den Füßen** (im Sitz) (Abb. 114).

Rollen in der Fortbewegung

Bewegungsaufgaben während der Rollstrecke des Balles sollen mit Aufnahme und verbindenden Elementen selbständig erprobt werden.

Musik soll nicht nur als Untermalung dienen, sondern es soll auf den Takt beim Einsatz, auf die Länge der Rollstrecke, auf den Abwurf und verbindende Elemente geachtet werden.

① Dem rollenden Ball nachlaufen, vorlaufen und mit $^{1}/_{2}$-Drehung von vorne beid- oder einhändig mit der Handfläche aufnehmen.
② Dem rollenden Ball nachlaufen, vorlaufen und weiter auf der anderen Seite neben ihm laufen, mit der Handfläche von hinten in den eingedrehten Arm aufnehmen.
③ Dem rollenden Ball nachlaufen, um den Ball einmal im Kreis ohne (Abb. 115/1–4) oder mit Frontveränderung laufen, vorlaufen, $^{1}/_{2}$-Drehung, von vorne mit beiden Handrücken aufnehmen.
④ Dem rollenden Ball nachlaufen, rhythmisch variieren und mit Hüpfen kombinieren, nebem dem Ball $^{1}/_{1}$-Drehung ausführen, vorlaufen, $^{1}/_{2}$-Drehung und beliebig von vorne aufnehmen.
⑤ Neben dem rollenden Ball springen, z. B. Laufsprung, Pferdchensprung, Rehsprung usw., vorlaufen, $^{1}/_{2}$-Drehung und beliebig von vorne aufnehmen.
⑥ Über den rollenden Ball springen, z. B. Schersprung (vgl. Abb. 116/1), Drehsprung, Pferdchensprung, Laufsprung, Hocksprung usw., und mit der Handfläche von hinten aufnehmen.
⑦ Neben dem rollenden Ball verschiedene Bodenelemente ausführen: z. B. Rolle vorwärts, rückwärts, seitwärts, Rad (im Wettkampf nicht zulässig), Stützüberschwung usw. mit anschließender beliebiger Aufnahme und Abwurf.

⑧ Veränderung der Rollrichtung:
Über den rollenden Ball springen, mit der Fußspitze Ball stoppen und in neue Richtung rollen, dem Ball nachlaufen, vorlaufen, $^{1}/_{2}$-Drehung und beliebig von vorne aufnehmen.

Vorübung: Stand, Ball mit dem einen Fuß in verschiedene Richtungen rollen und gleich mit der Fußspitze stoppen.

⑨ **Verbindung** (Abb. 116):

MUSIK ⓬

Takt I
1– 4 Beugestand auf dem RB, LB ist nach vorne gestreckt, mit der RH Ball vorwärts rollen, flüchtiger Ballenstand auf dem LF, RB rückgespreizt, 3 Schritte vorwärts RF, LF, RF

Takt II
5– 8 Schritt LF vorwärts mit gleichzeitigem Absprung zum Laufsprung, 2 Schritte vorwärts LF, RF

Takt III
9–12 Schritt LF vorwärts mit gleichzeitigem Absprung zum Schersprung über den Ball, 2 Schritte vorwärts LF, RF (1)

Takt IV
13–14 mit dem LF Ball stoppen und sofort rückwärts rollen in die Gegenrichtung, dabei das LB rückwärts schwingen und auf dem RF zum Ballenstand heben und gleichzeitig $^{1}/_{2}$-Drehung nach links, das LB ist jetzt vorgespreizt (2, 3, 4)
15–16 2 Schritte vorwärts LF, RF

Takt V
17–20 wie Takt II

Takt VI
21–22 $^{1}/_{1}$-Drehung nach rechts, dabei kreuzt LF vor dem RF
23–24 2 Schritte vorwärts RF, LF

Takt VII
25–28 RF Schritt vorwärts, LF anstellen, gleichzeitig in die Hocke senken, Oberkörper ist vorgebeugt, den Ball mit der Handfläche von hinten aufnehmen, sofort mit der RH abwerfen und mit RH fangen

Takt VIII
29–32 $^{1}/_{1}$-Drehung nach rechts, dabei den Ball hinter dem Rücken von der RH in die LH und weiter in die RH übergeben.

Rollen am Körper

Beim Rollen am Körper wird der Ball über verschiedene Körperteile gerollt, wobei diese als Unterstützungsflächen relativ eben und leicht geneigt sein müssen. Um die Richtung und Schnelligkeit des Balles regulieren zu können, ist eine feinabgestimmte Körperbewegung notwendig. Diese Technik läßt viel Improvisation zu.

Ausführungsmöglichkeiten des Rollens am Körper

- Rollen am Oberkörper: über Rücken, Brustkorb, Flanke (Abb. 117).
- Rollen über einen Arm.
- Rollen über beide Arme.
- Rollen über beide Beine.

Andere Formen des Rollens

- Drehen zwischen den Händen:
  Der Ball befindet sich auf dem Handrükken einer Hand, wobei die Handfläche der anderen Hand auf ihm liegt. Durch gleichmäßiges Drehen der Unterarme kreisen die Hände – abwechselnd Handrücken, Handfläche – um den Ball. Die Richtung kann dabei vorwärts oder rückwärts sein.
- Drehen um eine Hand: (Abb. 118/1, 2)
  Es handelt sich um die gleiche Bewegung wie oben, wobei jedoch ein Impuls zur Aufwärtsbewegung von der Körpermitte aus erforderlich ist. Der Ball liegt auf der Handfläche, mit der Aufwärtsbewegung dreht er sich um den Handrükken herum, mit der Abwärtsbewegung rollt er wieder in die Handfläche zurück.

117

Übungsbeispiele: Rollen am Körper

Rollen über den Rücken:

① Grundstellung mit gebeugten Knien oder kleinem Ausfallschritt, der Körper ist leicht vorgebeugt, Ball in den Nacken legen und über den Rücken rollen lassen, beidhändig hinter dem Rücken fangen (Abb. 119/1, 2).

② **Verbindung** mit Werfen und Fangen:

MUSIK ㉓

Takt I		
	1– 4	Laufschritte vorwärts, dabei Ball einhändig hochwerfen, beidhändig über dem Kopf fangen
Takt II		
	5– 8	Kleiner Ausfallschritt, Ball sofort in den Nacken führen und über den Rücken rollen lassen, beidhändig oder nur einhändig fangen und zur Seithalte führen

③ Stand, Ball liegt auf den Handflächen hinter dem Rücken, Ausfallschritt vorwärts und den geraden Rücken minimal tiefer als waagrecht vorbeugen, Ball bis zum Nacken rollen lassen, beidhändig fangen und weiter über den Kopf Richtung Boden führen.

④ **Verbindung** mit Werfen und Fangen (Abb. 120):

Takt I		
	1– 4	Laufschritte vorwärts, dabei Ball einhändig hochwerfen und im Stand hinter dem Rükken beidhändig fangen (1, 2)
Takt II		
	5– 8	wie 3. (3, 4)

⑤ **Verbindung** von Übung 2 und 4.

118/1 2

119/1 2

120/1, 2, 3, 4

Rollen auf beiden Armen

① Ballenstand, Ball liegt auf dem Handrükken in der Vorhalte. Durch leichte Rückbeuge des Oberkörpers heben sich die Arme zur Vorhochhalte, und der Ball rollt über die Außenseiten der Arme zum Körper; Fersen senken, die Arme durch leichte Vorbeuge des Oberkörpers etwas tiefer als waagrecht bringen und gleichzeitig ausdrehen. Der Ball rollt über die Innenseiten der Arme in die Handflächen.
Wichtig: Parallele Stellung der Arme, Schultern herunter drücken, den Ball nicht einklemmen. Das Rollen soll durch das Rück- und Vorbeugen des Oberkörpers reguliert werden und nicht durch die Arme.

② **Verbindung** (Abb. 121):

MUSIK ❷

Takt I

1– 2	Schritt mit RF vorwärts, LB vorspreizen, dabei Ball mit der RH hochwerfen (1)
3– 4	Ausfallschritt vorwärts mit dem LF, Ball mit beiden Handrükken fangen und in die Vortiefhalte führen (2)

Takt II

5– 6	RF anstellen zum LF und heben in den Ballenstand, weiter wie oben, d. h. Ball von den Handrücken zum Körper rollen (3)
7– 8	Ball vom Körper in die Handflächen rollen (4)

③ Rollen über den Rücken und die Arme: den Ball über den Rücken zum Nacken rollen lassen, der Kopf ist vorgeneigt, die Arme waagrecht in der Vorhalte; der Ball rollt weiter über den Kopf und durch leichtes Aufrichten im Oberkörper über die Außenseiten der Arme in die Handrücken (Abb. 122/1, 2, 3). Verbindung 4, Seite 41 auch mit dieser Variante üben.

Rollen über einen Arm (Abb. 123)

① Stand, RA ausgedreht in der Seithalte, durch leichte Seitbeuge des Oberkörpers nach links und gleichzeitiges Kniebeugen hebt sich der Arm etwas über die Waagrechte, und der Ball rollt aus der rechten Handfläche auf der Innenseite des RA zum Körper (1, 2); LH fängt den Ball am Brustbein und führt ihn weiter zur Seittiefhalte. Blick immer zum Ball (3, 4); Wiederholen gegengleich.
Wichtig: Den Arm gestreckt lassen, nicht zu hoch führen oder während des Rollens hochführen, das verursacht zu große Geschwindigkeit des Balles und Ballverlust; weiche Aufnahme des Balles durch Nachgeben in den Knien und Weiterführen des Balles in die Seittiefhalte.
② Wie oben, nur Ausfallschritt mit dem LF vorwärts, Ball rollt über RA, Ausfallschritt mit dem RF vorwärts, Ball rollt über LA.

121/1, 2, 3, 4

③ Wie oben, nur mit LF Schritt vorwärts und senken zum Kniestand auf dem RB, Ball rollt über RA, wieder aufrichten und gegengleich.
④ Wie oben, nur mit LF Schritt vorwärts, RF anstellen und gleichzeitig zur Hocke senken, Ball rollt über RA, wieder aufrichten und gegengleich.
⑤ Wie oben, nur wenn sich der Ball in der Höhe des Ellbogens befindet, wird der Arm leicht eingedreht, der Oberkörper etwas vorgebeugt, und somit rollt der Ball weiter über die Außenseite des Armes und über den Schultergürtel; LH fängt den Ball im Nacken und führt ihn weiter zur Seittiefhalte (Abb. 124/1–3).
Wichtig: Das Eindrehen des Armes nicht ruckartig ausführen.
⑥ Wie 5, nur rollt der Ball vom Schultergürtel weiter über den Rücken und wird beidhändig oder mit der LH hinter dem Rücken gefangen (Abb. 125/1, 2).

Rollen über beide Arme

① Stand, RA ausgedreht in der Seithalte, der Ball rollt aus der rechten Handfläche auf der Innenseite des RA zum Körper, weiter über den angehobenen Brustkorb und über die Innenseite des LA in die linke Handfläche. Der gestreckte LA liegt in Verlängerung des RA; nach Fangen des Balles werden beide Arme wieder in Seithalte gebracht (Abb. 126/1, 2, 3). Wiederholen gegengleich.
Wichtig: Am Anfang das Rollen über die Arme in schräger Vorhalte üben und erst nach und nach den Winkel zwischen den Armen bis zur Seithalte vergrößern.
② Rollen über beide Arme, dabei Wechsel von Bodenlage zum Stand und umgekehrt, z. B. von Kniestand, Hocke, verschiedene Sitze. Die Ausführung des Rollens ist wie oben, nur ohne Seitbeuge des Oberkörpers. Der Antrieb zum Rollen entsteht durch das Senken oder Aufrichten des Körpers, so daß die Arme fast waagrecht gehalten werden.
③ Rollen über beide Arme mit einer Drehung: die Ausführung des Rollens ist wie oben, nur entsteht der Antrieb zum Rollen durch das Gegendrehen des Körpers, d. h. wenn der Ball von der RH in die LH rollt, muß die Drehung nach rechts erfolgen. Erproben von verschiedenen $^1/_2$- und $^1/_1$-Drehungen, beid- und einbeinig.
④ Rollen über die Außenseiten der Arme: Stand, RA ausgedreht in der Seithalte, der Ball rollt von der RH mit Eindrehen des RA auf der Außenseite zum Körper, weiter

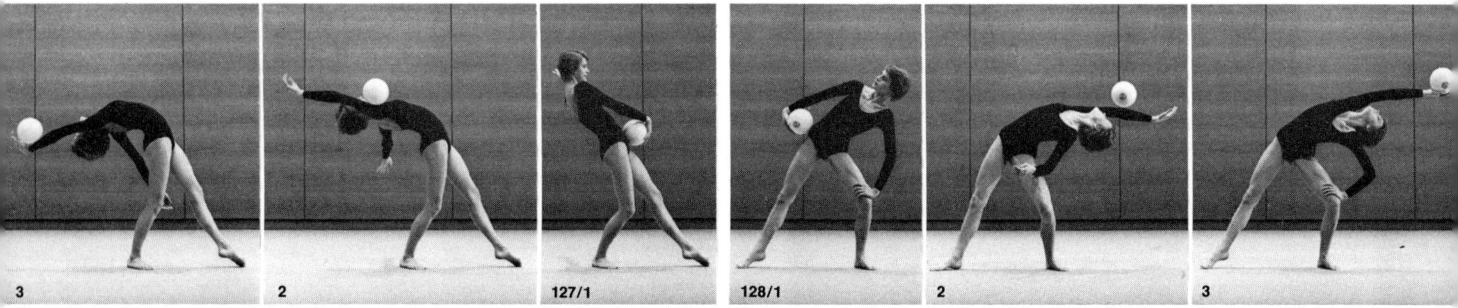

3 2 127/1 128/1 2 3

über Schultergürtel und Außenseite bis zum Ellenbogen, durch Ausdrehen des LA weiter auf der Innenseite in die linke Handfläche. Der gestreckte LA liegt in Verlängerung des RA, nach Fangen des Balles beide Arme zur Seithalte bringen. Wiederholen gegengleich.

Variante:

- Der Ball rollt vom rechten Handrücken ohne Ausdrehen nur über die Außenseiten der Arme in den linken Handrücken.

Improvisationsthema

Rollen über den Rücken, über einen oder beide Arme in verschiedenen Standstellungen und Bodenlagen.

Rollen über andere Körperteile

① Strecksitz, den Ball aus der Hochhalte auf die Fußspitzen legen, durch leichtes Anheben der Beine und Abrollen zur Rükkenlage rollt der Ball über die Beine und den Körper. Ball beidhändig am Brustbein fassen, zur Hochhalte führen und schnell wieder zum Strecksitz aufrichten. Fortlaufend wiederholen (vgl. Abb. 129/1–5).

② Strecksitz, den Ball aus der Hochhalte auf das Brustbein legen, gleichzeitig leichte Rückenlage des Oberkörpers, dadurch rollt der Ball über den Körper und die Beine zu den gestreckten Fußspitzen. Wenn der Ball in der Höhe der Fußgelenke ist, Beine schnell anheben, so daß der Ball mit den Fußspitzen abgeworfen wird. Fangen beid- oder einhändig. Fortlaufend wiederholen (vgl. Abb. 129/9, 10).

③ Bauchlage, einarmig gestützt mit angehobenem Oberkörper, Ball wird mit der anderen Hand in den Nacken gelegt, und der Ball rollt über den Rücken und die leicht geöffneten Beine bis zu den Kniekehlen, wo er durch Heben der Unterschenkel eingeklemmt wird (vgl. Abb. 129/13, 14).

Wichtig: Schulterachse parallel zur Beckenachse, ein »schiefer« Rücken verursacht Ballverlust.

④ Stand auf dem gebeugten RB, LB und Fußspitze sind zum Boden gestreckt, RH legt den Ball auf die linke Hüfte und durch Impuls der RH und starke Rückbeuge des Oberkörpers rollt der Ball diagonal zur rechten Schulter und weiter über den bereits ausgedrehten, in der Rücktiefhalte gehaltenen RA in die rechte Handfläche (Abb. 127/1, 2, 3).

⑤ Stand auf dem gebeugten LB, RB ist seitlich gestreckt, Oberkörper ist nach links geneigt und durch den LA auf den linken Oberschenkel gestützt. RH legt Ball auf die rechte Hüfte, und durch Impuls der RH und die starke Seitbeuge rollt der Ball über die rechte Flanke und weiter über den bereits eingedrehten, waagrecht über den Kopf gehaltenen RA in die rechte Handfläche (Abb. 128/1–3).

Variante:

- Gleiche Übung in der Seitlage oder im Kniestand erproben.

⑥ **Verbindung** (Abb. 129):

MUSIK ⓬

Takt I

1– 4 Strecksitz, den Ball aus der Hochhalte auf die Fußspitzen legen, Beine leicht anheben und Ball über die Beine rollen lassen (1–3)

Takt II

5– 8 Körper zur Rückenlage abrollen, Ball rollt über den Körper zum Brustbein, hier beidhändig von unten fangen und zur Hochhalte führen (4, 5)

Takt III

9– 10 Arme leicht anheben, Ball rollt auf den Innenseiten der Arme zum Brustbein (6)

11–12 schnelles Aufrichten zum Strecksitz, Arme parallel und ausgedreht in der Vorhalte, Ball rollt über die Innenseiten der Arme in die Handflächen (7)

Takt IV

13–14 leichte Rücklage des Oberkörpers, dadurch rollt der Ball von den Handflächen wieder zurück zum Brustkorb (8)

15–16 Arme etwas zur Seithalte führen, Ball rollt weiter über Körper und Beine zu den gestreckten Fußspitzen (9)

Takt V

17–20 Beine schnell anheben, dabei mit den Fußspitzen den Ball abwerfen, mit der RH fangen und zur Seithalte führen (10, 11)

Takt VI

21–24 aus dem Sitz $\frac{1}{2}$-Drehung nach rechts in die Bauchlage, dabei stützt der LA am Boden, die RH führt den Ball mit horizontalem Kreis auswärts bis zum Nacken (12, 13)

Takt VII

25–26 Ball rollt über den Rücken und die leicht geöffneten Beine bis zu den Kniekehlen (14)

27–28 Oberkörper etwas senken und auf beiden Ellbogen abstützen, Unterschenkel heben und den Ball in den Kniekehlen einklemmen

Takt VIII

29–30 schnelle $\frac{1}{2}$-Drehung nach links zum Schwebesitz (15),

31–32 Beine strecken und grätschen (Grätschschwebesitz), den Ball beidhändig unter den Beinen durch hochwerfen und beidhändig in der Hochhalte fangen.

Die 8 Takte fortlaufend wiederholen.

Balancieren und Führen

Die Voraussetzung zum Balancieren und Führen ist ein harmonisches Zusammenspiel des ganzen Körpers. Der Ball liegt frei auf der Hand und darf weder mit den Fingern gehalten, noch mit dem Unterarm gestützt werden. Alle führenden Bewegungen können bei dynamischerer Ausführung auch als Schwingen bezeichnet werden; es wird meistens in der vertikalen Ebene geschwungen in Verbindung mit Werfen und Fangen.

Ausführungsmöglichkeiten des Balancierens und Führens

- Beidhändig, einhändig.
- Auf der Handfläche, auf dem Handrücken.
- In Bogenform, Kreisform oder Achterform.
- In allen Ebenen, meistens jedoch in der horizontalen Ebene (Abb. 130).
- In Achterform in der horizontalen Ebene; wird oft als Spirale (innere, äußere) bezeichnet, da die Bewegung des Armes aus der Körperspirale hervorgeht (ein großer Kreis über dem Kopf, ein kleiner Kreis vor oder neben dem Körper.
- Am Ort.
- In der Fortbewegung, meistens beim Gehen und Drehen.

Übungsbeispiele: Balancieren und Führen

Ball führen in Verbindung mit Gehen

① Ball liegt auf beiden Handrücken in der Tiefhalte, 4 Schritte vorwärts, dabei den Ball bis zur Vorhochhalte führen, Hände umdrehen, Ball liegt auf einer Handfläche, 4 Schritte rückwärts, dabei führt man die Hand mit dem Ball über die Vorhalte zur Tiefhalte, der freie Arm über die Seithalte zur Tiefhalte; fortlaufend wiederholen mit Handwechsel (Abb. 131/1–4).

② 4 Schritte vorwärts, dabei den Ball wie oben führen, Hände umdrehen, Ball liegt auf der rechten Handfläche, Hand zum Körper ziehen, 4 Schritte vorwärts im Kreis nach rechts mit Innenführung, dabei beschreibt die RH einen horizontalen Kreis neben dem Körper, d. h. sie führt aus der gebeugten zur gestreckten Vorhalte und über die Seithalte zum Körper zurück; der freie LA befindet sich entsprechend dem Kreis mit Innenführung in der Seithochhalte (Abb. 132/1, 2); fortlaufend und gegengleich wiederholen.

③ **Improvisationsthema:**
Geradliniges Gehen vorwärts, rückwärts und seitwärts in Verbindung mit kurvigem Gehen, jeweils mit Richtungswechsel, rhythmisch variiert, beliebige Schrittzahl; dabei den Ball abwechselnd auf Handrücken und Handfläche führen. Übergaben von einer Handfläche zur anderen vor und hinter dem Körper probieren.

Ball führen in der horizontalen Ebene in verschiedenen Standstellungen

① Ball liegt auf einer Handfläche, die über 4 Zählzeiten (1 Takt) einen horizontalen Kreis auswärts neben dem Körper beschreibt (siehe vorne 2), dabei einen Ausfallschritt vorwärts mit beliebigem Bein. Die Übergabe des Balles erfolgt vor oder hinter dem Körper; fortlaufend wiederholen mit ständigem Handwechsel (Abb. 133, rechts).
Wichtig: Weiche, großräumige Bewegungen mit ganzem Körpereinsatz.

130

131/1 → 2; 3 ← 4

2 132/1

133

② Wie oben, nur bei jedem Schritt vorwärts mit geradem Rücken in die Hocke senken (Abb. 133, Mitte).
③ Wie oben, nur bei der ersten Kreisführung in den Kniestand senken, bei der zweiten Kreisführung wieder aufrichten.
④ Wie oben, nur bei jedem Schritt vorwärts in den einbeinigen Kniestand senken und den Ball auch unter dem aufgestellten Bein übergeben (Abb. 133, links).
⑤ Wie oben, nur bei jedem Schritt vorwärts eine Standwaage ausführen und den Ball unter dem rückgespreizten Bein übergeben (Abb. 134).
⑥ 4 Schritte vorwärts, dabei den Ball auf beiden Handrücken führen (siehe S. 46, 1), Hände umdrehen, Ball liegt auf einer Handfläche, die einen horizontalen Kreis neben dem Körper in jeweils verschiedenen Standstellungen beschreibt.

Ball führen in Verbindung mit Drehungen

① Ball liegt auf der rechten Handfläche und beschreibt einen horizontalen Kreis auswärts neben dem Körper, dabei mit RF 1 Schritt vorwärts, LF kreuzt vor RF und 1/1-Drehung nach rechts; Ball hinter dem Rükken übergeben und wiederholen gegengleich.

134

② Wie oben, nur Piquedrehung ausführen, d. h. 1/1-Drehung nach rechts, auf dem RF, LB ist gebeugt und nach auswärts gedreht, linke Fußspitze am rechten Knie (Abb. 135); das LB rückwärts gestreckt oder gebeugt spreizen; wiederholen gegengleich.
③ Wie 2, nur nach der Drehung das Drehbein, das ist das RB, beugen und das Spielbein, das ist das LB, langsam vorwärts spreizen. Den Ball nicht hinter dem Rücken übergeben, sondern entlang dem vorgespreizten LB in die Vorhalte führen. Den Ball vor dem Körper beim Ansetzen der Gegendrehung übergeben (Abb. 136/1, 2).
④ Wie 3, nur das LB rückwärts zur Standwaage spreizen, RH führt den Ball zur Vorhalte.
⑤ Wie 3, nur bei der Drehung das Spielbein mit horizontaler Führung gebeugt oder gestreckt in die Vorhalte führen.
Wichtig: Die Drehtechnik muß über längere Zeit intensiv vorbereitet und ohne Handgerät trainiert werden.

Improvisationsthema
Ball führen in Verbindung mit Gehen, verschiedenen Standstellungen und Drehungen, rhythmisch und räumlich variiert.
Wichtig: Dynamischer Wechsel, Akzente in der Musik gut in die Bewegung umsetzen (Musik ❾ ⓬).

135

136/1

2

Ball liegt auf der Handfläche, während der Arm ein- und ausgedreht wird

① Stand, RA ist in der Seithalte, Ball liegt auf der Handfläche; RA rasch eindrehen, Oberkörper dabei leicht vor- und nach links gebeugt, in den Knien etwas nachgeben. RA rasch ausdrehen, Oberkörper dabei aufrichten und leicht nach rechts beugen, in den Knien etwas nachgeben.
Wichtig: Den Arm nach dem Ein- und Ausdrehen ganz durchstrecken; den Ball nicht greifen oder durch den Unterarm stützen.

② **Verbindung:** Ein- und Ausdrehen des Armes in der Fortbewegung, verbunden mit frontalem Bogenwurf und Übergabe (Abb. 137).

137/1

2

3

4

MUSIK ㉘

Wichtig: Die Verbindung zuerst am Ort, d. h. ohne Schritte und Drehung üben.

Takt I

1– 4 siehe oben, d. h. RA ein- und ausdrehen, dabei RF seitwärts, LF kreuzt vor dem RF, RF seitwärts, LF kreuzt hinter dem RF (1, 2)

Takt II

5– 8 Takt I wiederholen

Takt III

9–12 RA eindrehen, dabei RF seitwärts, LF anstellen, tiefer in den Knien nachgeben und den Ball aus dem eingedrehten Arm über den Kopf werfen, mit der LH in der Seithalte fangen (3, 4)

13–16 entweder 1/1-Drehung nach rechts, dabei kreuzt LF vor dem RF und den Ball vor dem Körper in die RH und hinter dem Rücken in die LH übergeben; oder 1/1-Drehung nach links, dabei kreuzt RF vor dem LF und den Ball hinter dem Rücken in die RH und vor dem Körper in die LH übergeben.

Wiederholen der 4 Takte gegengleich.

Ball führen in der horizontalen Ebene in Achterform

Vorübungen:

a) Stand, RA ist in der Seithalte, Ball liegt auf der Handfläche, RH beschreibt einen kleinen horizontalen Kreis einwärts vor oder neben dem Körper, d. h. RA im Ellbogen abbeugen und die Hand zum Körper führen, gleichzeitig Knie beugen und die Hüfte nach links schieben, Oberkörper ist leicht nach rechts gebeugt; RA eindrehen und die Hand weiter nach rechts in die Seithalte führen, Becken nach vorne schieben, Oberkörper vorbeugen (Abb. 138/1–3); die RH auf dem gleichen Wege zurückführen, Becken und Oberkörper entsprechend mitbewegen, RH beschreibt einen kleinen horizontalen Kreis auswärts. Die Mitte der Kreise ist der Ellbogen. Üben gegengleich.

b) Stand, Knie sind stark gebeugt und Oberkörper ist nach links geneigt, RA ist gestreckt und fast waagrecht über dem Kopf eingedreht, die Handfläche zeigt nach oben; mit der LH den Ball in die rechte Handfläche legen und diese ohne Ballverlust mit **gestrecktem** RA weit über hinten nach rechts zur Seithalte führen, dabei wird der RA ausgedreht, das Becken nach vorne geschoben, der Oberkörper rückgebeugt, dabei evtl. zum Ballenstand kommen und zum Stand senken (vgl. Abb. 138/4–6); den RA auf dem gleichen Wege zurückführen, Becken und Oberkörper entsprechend mitbewegen. Üben gegengleich.

c) Stand, RA ist in der Seithalte, Ball liegt auf der Handfläche, den RA gestreckt über die Rückhochhalte zur Seithalte links führen, dabei wird der Arm eingedreht und weiter über die Vorhalte zur Seithalte rechts geführt, mit entsprechender Becken- und Körperbewegung; am Ende befindet sich das Becken vorne, die Knie sind gebeugt. Der RA beschreibt einen großen Kreis auswärts über dem Kopf; den RA auf dem gleichen Weg wieder zurückführen, Becken und Oberkörper entsprechend mitbewegen.

Der RA beschreibt einen großen Kreis einwärts über dem Kopf. Die Mitte der Kreise ist das Schultergelenk.

138/1, 2, 3, 4, 5, 6

Wichtig: Weite Bewegung und gestreckte Arme.

① Die Verbindung von Vorübung a), d. h. kleiner horizontaler Kreis einwärts, und Vorübung c), d. h. großer horizontaler Kreis einwärts, ergibt einen horizontalen Achter einwärts; Becken- und Oberkörperbewegung ergeben eine Körperspirale (Abb. 138/1–6).

② **Improvisationsthema**

Horizontaler Achter einwärts in verschiedenen Standstellungen und Bodenlagen, z. B. Schneidersitz, Hockstand, Ausfallschritt;

- bei kleinem Kreis einwärts Fersensitz mit Beckenverschiebung, bei großem Kreis einwärts zum Kniestand aufrichten;
- bei kleinem Kreis einwärts mit der RH Grätschsitz, bei großem Kreis einwärts auf dem LA neben dem Körper stützen, Becken anheben;
- bei kleinem Kreis einwärts mit der RH Grätschsitz, RB ist seitlich gestreckt, LB gebeugt, bei großem Kreis einwärts auf dem LA neben dem Körper stützen, Becken hochschieben bis zum Kniestand auf dem LB, Oberkörper ist links seitwärts gebeugt usw.;
- ähnliche Wechsel der Bodenlagen erproben aus dem Hürdensitz, aus Seiten-, Bauch- und Rückenlagen. Üben auch gegengleich.

③ Verbindung von Vorübung c), d. h. großer horizontaler Kreis auswärts, und Vorübung a), d. h. kleiner horizontaler Kreis auswärts ergibt einen horizontalen Achter auswärts, Becken- und Oberkörperbewegung ergeben eine Körperspirale.

④ **Improvisationsthema**

Horizontaler Achter auswärts in verschiedenen Standstellungen und Bodenlagen: wie 2, nur Bewegungsablauf umgekehrt, d. h. mit großem Kreis beginnen.

139/1, 2, 3, 4, 5, 6, 7, 8

⑤ Horizontaler Achter in Verbindung mit verschiedenen beid- und einbeinigen Drehungen: bei Achter einwärts $^{1}/_{1}$-Drehung bei kleinem Kreis, bei Achter auswärts $^{1}/_{1}$-Drehung bei großem Kreis, jeweils in Bewegungsrichtung des Armes.

⑥ **Verbindung** von horizontalen Achtern einwärts (Abb. 139):

MUSIK ❾

Takt I
- 1– 2 Kniestand, Arme in der Seithalte, Ball liegt auf der rechten Handfläche, mit der RH kleinen horizontalen Kreis einwärts, (erster Kreis), dabei zum Fersensitz senken (1)
- 3– 4 aufrichten zum Kniestand und großen horizontalen Kreis einwärts (zweiter Kreis) (2)

Takt II
- 5– 6 erster Kreis, LF aufstellen (3)
- 7– 8 zweiter Kreis, aufrichten zum Stand über LF, RF anstellen (4)

Takt III
- 9–10 erster Kreis, LF seitwärts, RF kreuzt vor dem LF, $^{1}/_{1}$-Drehung nach links (5)
- 11–12 zweiter Kreis, Stand, Beine geschlossen (6)

Takt IV
- 13–14 RA ist in der Seithalte, Ball rollt über die Innenkante des Armes zum Körper, dabei zum Kniestand senken (7)
- 15–16 mit der LH fangen und den Ball weiter über die Tief- zur Seithalte führen (8).

Wiederholen der 4 Takte gegengleich.

⑦ **Verbindung** von horizontalen Achtern auswärts (Abb. 140):

Takt I
- 1– 2 Fersensitz, Ball liegt auf der rechten Handfläche vor dem Körper, mit der RH großen horizontalen Kreis auswärts (erster Kreis), dabei zum Kniestand aufrichten (1, 2)
- 3– 4 senken zum Fersensitz und kleinen horizontalen Kreis auswärts (zweiter Kreis); (3, 4)

Takt II
- 5– 6 erster Kreis, LF aufstellen (5)
- 7– 8 zweiter Kreis, aufrichten zum Stand über LF, RF anstellen (6)

Takt III
- 9–10 erster Kreis, RF seitwärts, LF kreuzt vor dem RF, $^{1}/_{1}$-Drehung nach rechts (7)
- 11–12 zweiter Kreis, Stand, Beine geschlossen (8)

Takt IV
- 13–14 ersten Kreis nicht ganz ausführen, sondern Ball in den Nacken legen, dabei RF seitwärts und $^{1}/_{1}$-Drehung auf dem RF nach rechts, LB ist rückgespreizt und gebeugt (9, 10)
- 15–16 mit dem LF Ausfallschritt vorwärts, LA ist ausgedreht in der Schrägtiefhalte, der Ball rollt vom Nacken über die Innenkante des LA in die Handfläche, dabei zum Kniestand und weiter bis zum Fersensitz senken, die LH vor dem Körper zur neuen Ausholbewegung führen (11, 12).

Wiederholen der 4 Takte gegengleich.

⑧ Variante des horizontalen Achters ein- oder auswärts: den kleinen Kreis statt vor oder neben dem Körper um den Körper ausführen, d. h. Achter mit der RH auswärts, erster Kreis über dem Kopf, zweiter Kreis mit Übergabe hinter dem Körper in die LH und vor dem Körper in die RH; Achter mit der RH einwärts, erster Kreis mit Übergabe vor dem Körper in die LH und hinter dem Körper in die RH, zweiter Kreis über den Kopf. Die Übergabemöglichkeiten: siehe S. 62, 7 Band.

Ball: Variationen aller Techniken

MUSIK ❻

Takt I
1– 4 4 Laufschritte vorwärts, LF beginnt, mit der RH Ball hochwerfen, in der Hochhalte beidhändig fangen

Takt II
5– 8 Stand auf dem RF, linke Fußspitze ist hinter dem RF aufgestellt, Oberkörper ist leicht vorgebeugt, Ball in den Nakken legen, über den Rücken rollen lassen, beidhändig hinter dem Rücken fangen und mit der RH zur Seithalte führen

Takt III
9– 12 LB vorspreizen, mit der RH unter dem LB den Ball abwerfen, LF Schritt vorwärts, mit der LH fangen

Takt IV
13–16 RF Schritt seitwärts mit Gewichtsverlagerung über die Höhe, mit der LH einen frontalen Bogenwurf über dem Kopf ausführen, LF anstellen, mit der RH fangen

Takt V
17–20 Stand, mit der RH Ball hochwerfen, auf dem RB in den Kniestand senken, linke Fußspitze ist vorne aufgestellt, dabei den Ball mit beiden Handrücken fangen

Takt VI
21–24 im Kniestand mit der RH viermal prellen

Takt VII
25–28 Ball mit der RH einmal kräftig aufprellen und zum Stand auf dem RF aufrichten

Takt VIII
29–32 Wechselschritt mit dem LF links seitwärts, mit der RH einmal prellen, mit dem RB einen Bogenschwung auswärts vor dem Körper ausführen, dabei mit der RH einmal unter dem RB prellen (Abb. 141/1, 2)

Takt IX
33–36 Wiederholung Takt VIII gegengleich

Takt X
37–40 RF Schritt rückwärts mit Gewichtsverlagerung, Ball mit der RH auf den Boden legen

Takt XI
41–44 Ball mit der RH losrollen, neben dem rollenden Ball Hüpfer auf dem LF, RB rückgespreizt, 3 Schritte vorwärts RF, LF, RF

Takt XII
45–48 Pferdchensprung rechts seitwärts über den rollenden Ball, LF Absprung, mit 4 Laufschritten dem Ball vorauslaufen

Takt XIII
49–52 $^1/_2$-Drehung nach links, mit beiden Handrücken den Ball von vorne aufnehmen, sofort abwerfen und mit der RH fangen

Takt XIV
53–56 2 Pferdchensprünge vorwärts, LF Absprung, mit der RH zweimal prellen

Takt XV
57–60 1 Pferdchensprung, 1 Laufsprung, LF Absprung, mit der RH zweimal prellen

Takt XVI
61–64 LF Schritt vorwärts, RF anstellen, $^1/_1$-Drehung nach rechts, mit der RH Ball horizontal nach außen führen, hinter dem Rücken in die LH übergeben und zur Seithalte links führen

Takt XVII
65–68 Oberkörper rechts seitlich neigen, in den Knien nachgeben und den Ball über den ausgedrehten LA rollen lassen, mit der RH fangen

Takt XVIII
69–72 LF kreuzt vor dem RF, $^1/_1$-Drehung nach rechts, mit der RH Ball einmal kräftig aufprellen und fangen.

Band

Charakteristik

Das Band ist ein dynamisches Gerät, bei dem sich die Ganzkörperbewegung und isolierte Kleinbewegungen auf die Zeichnung des Bandes übertragen, wodurch eine ständige Selbstkontrolle der Gesamtbewegung gewährleistet wird. Ein häufiger Wechsel und das Zusammenspiel von großräumigen Bewegungen mit kleinen und schnellen Handbewegungen erfordern unterschiedlichen Krafteinsatz und fördern Koordination und Beweglichkeit.
Das »Zeichnen« mit dem Band macht viel Spaß, auch schon im Vorschulalter; in diesem Fall sind jedoch kurze Bänder von ca. 3 m zu verwenden.
An einem 50 bis 60 cm langen Stock aus Holz (zu starr) oder aus Bambus (besser, weil biegsamer) sowie neuere Kunststoffmaterialien wie Glasfiber und Laminat, wird das Band mittels eines Kugellagers oder eines auswechselbaren Klemmverschlusses befestigt.
Die Länge des Bandes, das aus Atlasseide besteht, beträgt 6 bis 7 m, wobei 1 m des Bandes an der Stockseite doppelt genäht ist, und die Gesamtlänge somit 5 bis 6 m beträgt. Es ist 4 bis 6 cm breit.

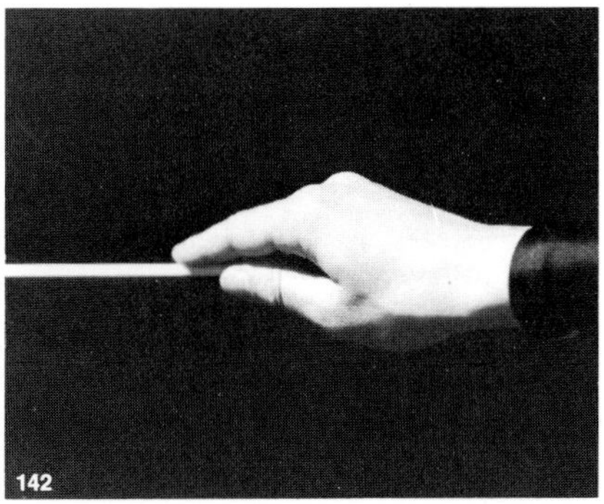

142

Handhabung

Das Stockende liegt so von den Fingern in der Handfläche umschlossen, daß das Ende immer verdeckt bleibt; ferner wird der Stock durch Zeigefinger und Daumen gestützt, so daß er sich etwa in Verlängerung des Armes befindet (Abb. 142).
Das Band muß stets in seiner ganzen Länge in Bewegung sein; dabei ist zu beachten, daß die Zeichnung klar und regelmäßig verläuft. Die Übergänge sowie die Übergabe von einer Hand in die andere sollen harmonisch und ohne Unterbrechung der Zeichnung erfolgen. Durch richtige Dosierung des Krafteinsatzes, der Schnelligkeit und Dynamik müssen Fehler wie Knallen, Knotenbildung oder »Absterben« des Bandes ausgeschlossen werden. Berührung und Umwicklung des Körpers sind zu vermeiden.
Zur leichteren Handhabung empfiehlt es sich, das Stockende bis zu einem Durchmesser von 1 cm zu umwickeln (z. B. mit Leukoplast).
Im einzelnen sind folgende Techniken für das Gerät spezifisch:

- Schwünge, Kreisschwünge, Achterschwünge.
- Schlangen.
- Spiralen.

Schwünge, Kreisschwünge, Achterschwünge

Alle Formen des Schwingens werden mit gleichmäßigem Krafteinsatz ausgeführt, um die obengenannten Fehler zu vermeiden; trotzdem müssen sie energisch und mit dem Impuls und der Bewegung des ganzen Körpers ausgeführt werden.
Diese zumeist großräumigen Bewegungen erfordern einen starken Rumpfeinsatz und Beweglichkeit des Schultergürtels. Das Schwingen wird mit fast gestrecktem Arm ausgeführt, wobei die Form und die Ebene klar zu erkennen sein müssen.
Der Stock bewegt sich etwa in Verlängerung des Armes, es besteht jedoch keine starre Verbindung.

Ausführungsmöglichkeiten der Schwünge, Kreisschwünge, Achterschwünge

Die Schwünge werden nur einhändig mit der linken oder rechten Hand ausgeführt (vgl. Tabelle I, S. 87).

Schwünge

Halbkreise, die oft nur die Form einer Ausholbewegung aufweisen.
Horizontale Ebene: auswärts, einwärts (Abb. 143).
Frontale Ebene: auswärts, einwärts.
- Über die Tiefhalte.
- Über die Hochhalte (Abb. 144).
- Vor und hinter dem Körper.

Sagittale Ebene: vorwärts, rückwärts.
- Über die Tiefhalte.
- Über die Hochhalte.
- Aufwärts (Abb. 145), abwärts.

143

144

145

146

Kreisschwünge

Horizontale Ebene: auswärts, einwärts.

- Über dem Kopf.
- Unter dem Arm, vor und neben dem Körper, meistens in Verbindung mit großem Kreis als Achterschwung (Kreismitte ist der Ellbogen oder das Handgelenk).
- Mit Übergabe um den Körper herum.

Frontale Ebene: auswärts, einwärts (Abb. 146).

- Vor und hinter dem Körper.

Sagittale Ebene: vorwärts, rückwärts. Beim Handwechsel kann die Übergabe vor dem Körper etwa in Kopfhöhe oder hinter dem Rücken stattfinden.

- Mühlkreise, mit gefaßtem Bandende.

Achterschwünge

Horizontale Ebene: hier erfolgt die Bewegung mit einer Körperspirale auswärts, einwärts.

- Großer Kreis über dem Kopf, kleiner Kreis unter dem Arm: vor dem Körper, neben dem Körper, hinter dem Körper (seltener).
- Mühlachterschwung: die eine Hand hält den Stock, mit der anderen Hand wird das Band ca. 1 m vor oder ganz am Ende gehalten (Abb. 147).

Frontale Ebene:

- Großer Kreis vor dem Körper, kleiner Kreis hinter dem Kopf, der kleine Kreis hinter dem Kopf erfordert eine starke Beuge des Ellbogens und Handgelenks. Dieser Achterschwung erfolgt meist auswärts, seltener einwärts (Abb. 148).
- Beide Kreise vor dem Körper zeichnen eine liegende oder stehende Acht (Abb. 149/1, 2).

Sagittale Ebene: vorwärts, rückwärts.

- Beide Kreise sind gleichmäßig groß.

147

148

149/1

2

150/1

2

151

- Ein Kreis ist groß, der andere klein.
- Mühlachterschwung: mit gehaltenem Ende (Abb. 150/1, 2).

Alle Schwungelemente können wie folgt ausgeführt werden:

- Am Ort: in verschiedenen Stellungen.
- In der Fortbewegung: in Verbindung mit Gehen, Laufen, Hüpfen, Drehungen und Sprüngen, die neben, über und durch das Band erfolgen können.

Alle Schwungelemente sind auch in schrägen bzw. Zwischenebenen möglich.
Aus diesen Schwungelementen kann auch eine **Wurftechnik** abgeleitet werden, die jedoch im Rahmen des Breitensports zu hohe Anforderungen stellt. Es handelt sich dabei um einen Bogenwurf, der aus Schwung, Kreisschwung und Achterschwung und zwar nur aus der Fortbewegung erfolgt (Abb. 151).

Übungsbeispiele: Schwünge, Kreisschwünge, Achterschwünge

Schwünge in der horizontalen Ebene

① Stand auf dem RF, linke Fußspitze seitwärts aufgestellt, RH mit dem Band in der Seithalte; RH schwingt weit einwärts, dabei Gewichtsverlagerung auf den LF, RH schwingt weit auswärts, dabei Gewichtsverlagerung auf den RF. Fortlaufend wiederholen (vgl. Abb. 143); mit LH; mit Handwechsel in der Vor- und Seithalte nach dem 4., 2., jedem Schwung.
② Stand, Beine geschlossen, Schwung einwärts, auswärts wie oben, nur doppelt so schnell (1 Takt 4 Schwünge) mit leichtem Nachfedern in den Knien, zuerst nur RH, dann LH, dann mit beliebigem Handwechsel.
③ Gleitendes Gehen vorwärts, LF beginnt, Band in der RH, Schwung einwärts, Schritt mit RF, Schwung auswärts (vgl. Abb. 154/1, 2).
Wichtig: Auf exakte Einhaltung der horizontalen Ebene in Schulterhöhe achten.
④ Gleitendes Gehen rückwärts, RF beginnt, Band mit RH Schwung einwärts (Gegenbein ist hier das vordere LB), Schritt mit LF, Schwung auswärts (vgl. Abb. 154/6, 7).
⑤ 7 Gehschritte vorwärts, LF beginnt,

152/1

2

3

4

153/1
2

Band in der RH beginnt mit Schwung einwärts, auf achte Zählzeit RF unbelastet anstellen, der achte Schwung endet auswärts;
7 Gehschritte rückwärts, RF beginnt, die RH schwingt weiter einwärts, auf achte Zählzeit LF unbelastet anstellen, der achte Schwung erfolgt auswärts; fortlaufend wiederholen.
Die Übungen 3, 4, 5, auch gegengleich mit der LH üben.

Kreisschwünge in der horizontalen Ebene

① Grundstellung; mit fast gestrecktem Arm mehrere, kleine schwungvolle, regelmäßige Kreise einwärts über dem Kopf ausführen. Die Mitte der Kreise ist das Schultergelenk.
② Grundstellung; Band in der RH, aus der Seithalte rechts mit fast gestrecktem Arm und großem Körpereinsatz einen großen Kreis einwärts über dem Kopf und zur Seithalte links ausschwingen; großen Kreis

154/1
2
3
4
5
6

7
8
9

auswärts und zur Seithalte rechts ausschwingen (Abb. 152/1–4).
③ Wie 2, nur in der Fortbewegung seitwärts, z. B.:

- beim Kreis einwärts LF seitwärts, RF anstellen (vor- oder rückkreuzen); beim Kreis auswärts Füße gegengleich;
- Galoppsprung links seitwärts und Gewichtsverlagerung auf LF und gegengleich;
- LF seitwärts, RF kreuzt vor LF, $^1/_1$-Drehung nach links und Gewicht auf LF seitwärts über die Tiefe verlagern und gegengleich;
- LF seitwärts mit Absprung, Pferdchensprung mit $^1/_1$-Drehung nach links, (auch Schluß- oder Drehsprung) und Gewichtsverlagerung auf LF und gegengleich (vgl. Abb. 154/8, 9).

④ Wie 2, nur Wechsel zwischen Stand und Bodenlagen, z. B.:

- mit dem Kreis einwärts zum Kniestand senken, mit dem Kreis auswärts wieder aufstehen;
- zur Hocke, zum Schneidersitz oder über Kniestand auf dem RB bis zum Sitz senken und wieder über Kniestand aufrichten usw.

⑤ Wie 2, nur das Ende des Bandes mit LH fassen und diese Hand auf die linke Hüfte stützen, RH führt die Kreise ein- und auswärts aus, zuerst in Grundstellung, dann in Verbindung mit Hüpfen. Hüpfen vorwärts auf dem LF, RB kreuzt nach einem horizontalen Schwung vorwärts vor dem LF, LB kurz gebeugt rückwärts anheben, Oberkörper in leichte Vor- und Seitbeuge, Blick über die rechte Schulter (Abb. 153/1, 2); Hüpfer rückwärts auf dem LF, RB kreuzt nach einem horizontalen Schwung rückwärts hinter dem LF, LB kurz gestreckt vorwärts anheben, Oberkörper ist aufgerichtet. Übungen 2 bis 5 fortlaufend und auch mit der LH wiederholen.

⑥ Wie 2, nur mit Handwechsel, der jeweils beim Ausschwingen stattfindet. Alle aufgeführten Möglichkeiten (siehe 3 und 4) erproben.

Wichtig: Rechtzeitig die Übergabe ansetzen, in der Seithalte soll sie ohne Unterbrechung der Zeichnung des Bandes beendet sein.

Verbindung von Schwüngen und Kreisschwüngen in der horizontalen Ebene

① Ballenstand, 2 kleine Kreise einwärts über dem Kopf, Fersen senken, Knie leicht beugen, Oberkörper bleibt aufrecht, Schwung einwärts und auswärts; freier Arm ist immer in der Seithalte.

② **Verbindung** Schwünge und Kreisschwünge in der Fortbewegung (Abb. 154):

MUSIK ㉚

Takt I

1– 4	4 Gehschritte vorwärts, LF, RF, LF, RF anstellen, dabei 4 Schwünge mit der RH, einwärts beginnend (1, 2)

Takt II

5– 8	wie oben (3–5)

Takt III

9–12	3 Gehschritte rückwärts, RF, LF, RF, LF unbelastet anstellen, dabei 4 Schwünge mit der RH, einwärts beginnend (6, 7)

Takt IV

13–16	LF Schritt seitwärts mit Absprung, Pferdchensprung mit 1/1-Drehung nach links, dabei mit der RH großen Kreis einwärts über dem Kopf, ausschwingen zur Seithalte links mit gleichzeitiger Übergabe in die LH, dabei Gewichtsverlagerung seitwärts auf den LF (8, 9).

Wiederholen der 4 Takte gegengleich.

③ **Improvisationsthema**
Beliebige Verbindungen von Schwüngen und Kreisschwüngen in verschiedenen Standstellungen und Bodenlagen (vgl. S. 49, 2, Ball, Führen), Drehungen und in der Fortbewegung.

Schwünge in der frontalen Ebene

① Stand auf dem RF, linke Fußspitze seitwärts aufgestellt, RH mit dem Band in der Seithalte, Schwung einwärts mit gestrecktem Arm über die Hochhalte zur Seithalte links, dabei Gewichtsverlagerung über die Höhe auf den LF, zurück mit Schwung auswärts; fortlaufend wiederholen.

② Wie 1, nur in verschiedenen Stellungen: z. B. Kniestand auf dem RB, LB seitwärts gestreckt (vgl. Abb. 144), Fersensitz, Hockstand usw.

③ Wie 1, nur mit Walzerschritten diagonal vorwärts nach links und nach rechts. Alle Übungen auch mit LH üben und mit beliebigem Handwechsel in der Seithalte.

④ Grundstellung, RH mit dem Band schwingt aus der Seithalte über die Tiefhalte zur Seithalte links, dabei Nachfedern in den Knien und zum Ballenstand heben, Oberkörper ist leicht rechts gebeugt, mit Schwung zur Seithalte rechts zurück; fortlaufend wiederholen, Blick immer zum Stockende. Üben mit LH, dann mit beliebigem Handwechsel in der Seit- oder Tiefhalte. Der Schwung und die Übergabe sind auch hinter dem Rücken möglich.

Kreisschwünge in der frontalen Ebene

① Grundstellung, RH mit dem Band schwingt aus der Seithalte rechts über die Tiefhalte, Seithalte links und Hochhalte wieder zur Seithalte rechts, also **Kreise auswärts,** fortlaufend wiederholen;
die RH schwingt aus der Seithalte links über die Tiefhalte, Seithalte rechts und Hochhalte wieder zur Seithalte links, also **Kreise einwärts,** fortlaufend wiederholen; Üben mit LH, dann mit beliebigem Handwechsel ohne Unterbrechung der Bewegungsrichtung, d. h. mit der RH Kreise auswärts, mit der LH einwärts usw. Die Übergabe ist wieder in der Tief- oder Seithalte möglich.

Wichtig: Die Kreise sind mit gestrecktem Arm auszuführen und mit ganzem Körpereinsatz, d. h. Nachfedern in den Knien, Ballenstand bei Hochhalte; exakte Armführung in der Ebene ist nur möglich bei ganz gestrecktem Körper und angespannter Bauch-, Becken- und Rückenmuskulatur, wobei die Schulterlinie parallel zum Becken verläuft.

② Kreisschwünge in Verbindung mit Galopp seitwärts: Galopp rechts seitwärts, mit der RH aus der Seithalte links über die Tiefhalte zur Seithalte rechts Kreise einwärts schwingen; oder mit der LH aus der Seithalte links über die Tiefhalte zur Seithalte rechts Kreise auswärts schwingen (Abb. 155/1, 2). Wiederholen mit Galopp links seitwärts.

Wichtig: Die Bewegungsrichtung des Bandes muß mit der Fortbewegungsrichtung identisch sein! In diesem Falle spricht man nicht von Kreisen ein- oder auswärts, sondern von Kreisen nach rechts bzw. bei Galopp links seitwärts von Kreisen nach links. Diese Bewegungsrichtung wird durch den Bandschwung noch betont.

③ Galopp seitwärts mit ½-Drehung: Dreimal Galopp rechts seitwärts, RF Schritt seitwärts mit ½-Drehung rechts, mit der RH aus der Seithalte links über die Tiefhalte 4 Kreise nach rechts schwingen, wenn der rechte Arm beim vierten Kreis in der Hochhalte ist, wird die ½-Drehung rechts ausgeführt; dreimal Galopp links seitwärts, LF seitwärts mit ½-Drehung links, die RH schwingt ohne Unterbrechung der Bewegungsrichtung aus der Seithalte rechts über die Tiefhalte 4 Kreise nach links, wenn der RA bei dem vierten Kreis in der Hochhalte ist, wird die ½-Drehung nach links ausgeführt; fortlaufend wiederholen; auch gegengleich mit Galopp nach links beginnen und mit LH üben.

④ Wie 3, nur einmal Galopp rechts seitwärts, RF Schritt seitwärts mit ½-Drehung rechts und nur 2 Kreise mit RH nach rechts schwingen, usw.

Wichtig: Exakte Einhaltung der frontalen Ebene!

⑤ Kreisschwünge in Verbindung mit Galopp vorwärts: dreimal Galopp vorwärts mit LF, dabei mit der RH aus der Seithalte rechts 3 frontale Kreise auswärts, mit dem Galopp durch die Kreise springen, mit LF Schritt vorwärts in den Ballenstand, RB rückgespreizt, dabei mit der RH weiter über die Tiefhalte in die Seithalte links ausschwingen, dabei das Band in die LH übergeben und gegengleich wiederholen.

Wichtig: Exakte Bandführung mit gestrecktem Arm und Betonung der Hochhalte.

2

155/1

Verbindung von Schwüngen und Kreisschwüngen in der frontalen Ebene

MUSIK ㉗ ⑰

Takt I
1– 4 Grundstellung, Band ist in der RH in der Seithalte rechts, 2 Kreise auswärts

Takt II
5– 8 2 Schwünge über die Tiefhalte zur Seithalte links und zurück.

Die 2 Takte fortlaufend wiederholen; auch mit der LH.

Varianten Takt I:

- Kreise auswärts mit verschiedenen Sprüngen am Ort, z. B. Schluß-, Spreiz-, Grätsch-, Hockspr. usw. (Abb. 156/1, 2);
- Kreise auswärts mit verschiedenen Sprüngen in der Fortbewegung, z. B. Pferdchen-, Laufspr. usw. (Abb. 157/1, 2).

Wichtig: Exakte Bandführung mit gestrecktem Arm, Kopf hochheben und Blick nicht zum Boden richten. Die Sprünge in der Fortbewegung erfolgen durch die Kreise. Das Absprungbein kann beliebig sein, günstiger ist es jedoch, das Gegenbein zum ausführenden Arm zu wählen. Die Sprünge durch das Band zuerst fortlaufend üben, dann die Verbindung wie vorher, mit Sprüngen in der Fortbewegung und Sprüngen am Ort, fortlaufend wiederholen. Üben auch gegengleich.

Schwünge in der sagittalen Ebene

① Grundstellung, Band schwingt aus der Rücktiefhalte aufwärts über die Tief-, Vor- in die Hochhalte, dabei Streckung zum Ballenstand; beim Abwärtsschwung Fersen senken, Knie leicht beugen, Oberkörper vorbeugen.

156/1

2

157/1

2

Variante:

- Schwung aufwärts mit Körperwelle vorwärts.

② Wie 1, nur mit Handwechsel: zweimal auf-abwärts schwingen mit der RH, dann das Band hinter dem Rücken ohne Unterbrechung in die LH übergeben und zweimal mit der LH schwingen usw. (Abb. 158/1, 2).
Wichtig: Die rasche Übergabe hinter dem Rücken einzeln üben, d. h. den Stock auch bei der Übergabe immer in Verlängerung zum Arm halten und den Zeigefinger sofort auf den Stock legen; nicht schräg übergeben! Weiterhin das Band nicht zu nah an den Füßen vorbeischwingen; zwischen dem schwingenden Oberarm und Körper soll immer ein kleiner Abstand sein, sonst bleibt das Band unter den Fußsohlen hängen.

③ Wie 2, nur in der Fortbewegung: jeweils beim Aufwärtsschwingen Laufschritte vorwärts, Gegenbein zum ausführenden Arm beginnt, beim Abwärtsschwingen Füße schließen und senken zur Ausgangsposition, Oberkörper vorbeugen.

④ **Verbindung** mit Sprüngen:

MUSIK ⑭ ⑰

Takt I

1– 4 4 Laufschritte vorwärts, LF, RF, LF, RF anstellen, dabei das Band mit der RH auf- und abwärtsschwingen

Takt II

5– 8 Strecksprung, zurück zur Beugstellung, dabei mit der RH auf- und abwärtsschwingen und das Band hinter dem Rücken in die LH übergeben.

Wiederholen der 2 Takte gegengleich.

158/1

2

159/1

2

160/1

2

3

Variante Takt II

- verschiedene Sprünge am Ort
- einbeiniger Ringsprung, Gegenbein zum Kopf (vgl. Abb. 145).

⑤ Band auf- und abwärtsschwingen, dabei Hüpfer vorwärts auf dem RF, LF rückspreizen, Hüpfer auf dem LF, RB ist gebeugt mit rechter Fußspitze am linken Knie, Oberkörper vorgebeugt. Üben zuerst nur mit RH (Abb. 159/1, 2), dann LH, dann mit Übergabe vor dem Körper etwa in Augenhöhe, jeweils

- beim zweiten Aufwärtsschwingen,
- bei jedem Aufwärtsschwingen vor dem Körper,
- bei jedem Abwärtsschwingen, auch hinter dem Körper.

Kreisschwünge in der sagittalen Ebene

① Grundstellung, Band aus der Vorhalte über Tief-, Rück- und Hochhalte fortlaufend schwingen, dabei in den Knien nachfedern und zum Ballenstand während der mit Band betonten Hochhalte heben; das sind
Kreise vorwärts;
bei den **Kreisen rückwärts** schwingt das Band aus der Rückhalte über die Tief-, Vor- und Hochhalte, auch hier mit ganzem Körpereinsatz.

Wichtig: Die Kreise sind mit **gestrecktem Arm** auszuführen, und der Stock muß immer in Verlängerung des Armes bleiben. Fehler wie Handgelenkwinkel, meistens in der Rückhochhalte, sind zu vermeiden, da sonst die Bandzeichnung gestört wird.

② Kreisschwünge rückwärts mit Handwechsel:
Grundstellung, 1 Kreis rückwärts mit der RH, beim zweiten Kreis findet in Augenhöhe die Übergabe in die LH statt, diese beendet den zweiten Kreis über die Hochhalte zur Rücktiefhalte, LH schwingt weiter ein Kreis rückwärts, beim zweiten Kreis wieder Übergabe in die RH, usw. (Abb. 160/1–3)
Wichtig: Die Übergabe rasch ausführen, d. h. bereits in der Vorhalte das Band in die andere Hand übergeben, dann ist sie in Augenhöhe beendet. Der Fehler, daß beide Hände bis zur Hochhalte geführt werden, ist zu vermeiden. Als Vorübung empfiehlt sich die »Übergabe« ohne Band und nur mit Klatschen der Hände.

③ Wie 1, nur Hüpfen vorwärts mit beliebigen Spielbeinhaltungen.

④ Wie 2, nur beim ersten Kreis 3 Laufschritte vorwärts, LF, RF, LF, beim zweiten Kreis mit Übergabe in die LH, RF Schritt vorwärts und LF anstellen zum Ballenstand. Wiederholen gegengleich.

⑤ Wie 2, nur beim ersten Kreis Schlußsprung oder verschiedene Sprünge am Ort; beim zweiten Kreis Übergabe und Heben zum Ballenstand.

⑥ Wie 2, nur beim ersten Kreis 2 Anlaufschritte vorwärts: LF, RF; beim zweiten Kreis mit der Übergabe Laufsprung, Absprung vom LF, Landung auf dem RF; denselben Bewegungsablauf mit der LH wiederholen. Dann Wechsel des Absprungbeines, beim ersten Kreis jeweils drei Anlaufschritte.

⑦ Wie 2, nur beliebige viertaktige Verbindung der unter Punkt 3–6 aufgeführten Bewegungsabläufe, z. B. 4, – 5, – 6, 3 usw.

161

⑧ Mühlkreisschwünge vorwärts mit gefaßtem Bandende (vgl. Tabelle II, S. 88). Band in der RH in der Vorhalte, Bandende in der LH in der Tiefhalte, Mühlkreise vorwärts, dabei mit einem seitlichen Pferdchensprung nach rechts durch den sagittalen Kreis springen; Absprung vom LF, Knie sind nach außen gedreht (Abb. 161).
Wichtig: Zuerst nur mit der RH Kreisschwünge vorwärts ausführen und mit dem RF rechts seitwärts jeweils über das Band steigen, dann springen, dann mit gefaßtem Ende Mühlkreisen.

Verbindung von Schwüngen und Kreisschwüngen in der sagittalen Ebene

MUSIK ⓮ ⓱

Takt I		
	1–4	Grundstellung, Band in der RH schwingt aus der Rücktiefhalte aufwärts zur Hochhalte und zurück
Takt II		
	5–8	mit der RH 1. Kreis rückwärts, beim 2. Kreis rückwärts in der Vorhalte in die LH übergeben
Wiederholen der 2 Takte gegengleich.		

Varianten in der Fortbewegung:
- Takt I 4 Laufschritte vorwärts,
  Takt II Strecksprung (vgl. S. 59, 4).
- Takt I Ringsprung, LB rückgespreizt,
  Takt II Laufschritte vorwärts.
- Takt I Laufschritte vorwärts,
  Takt II beim ersten Kreis Anlaufschritte, beim zweiten Kreis Schrittsprung mit Übergabe.
- Takt I 2 Hüpfer vorwärts,
  Takt II 2 Laufsprünge.

Achterschwünge in der horizontalen Ebene

① Achterschwung auswärts:
Grundstellung; Band schwingt mit der RH aus der Seithalte links über dem Kopf einen großen Kreis auswärts und weiter vor dem Körper einen kleinen Kreis unter dem ausführenden Arm auswärts (Abb. 162/1–3). Es kann auch mit dem kleinen Kreis auswärts begonnen werden.

162/1

2

3

② Achterschwung einwärts:
Grundstellung; Band schwingt mit der RH aus der Seithalte rechts vor dem Körper einen kleinen Kreis unter dem ausführenden Arm einwärts und weiter über dem Kopf einen großen Kreis einwärts (Abb. 163/1–3). Es kann auch mit dem großen Kreis einwärts begonnen werden.
Wichtig: Die Achterschwünge entstehen aus einer Körperspirale, wobei die großen Kreise ein- oder auswärts immer mit ge-

163/1

2

3

164

165

166/1

2

3

4

strecktem Arm, die kleinen Kreise jeweils unter dem Arm, mit dem Ellbogen oder Handgelenk als Kreismitte, ausgeführt werden; die Handfläche ist immer nach oben gedreht. Dieser Bewegungsablauf ist ausführlich beim Führen des Balles S. 48, 49 beschrieben, deswegen werden hier nur die weiteren Möglichkeiten speziell beim Band beschrieben.

③ Improvisationsthemen

- Achterschwünge auswärts – einwärts in verschiedenen Standstellungen und Bodenlagen (vgl. Ball, Führen S. 49, 2).
- Achterschwünge auswärts – einwärts in Verbindung mit verschiedenen Drehungen.

④ Achterschwung einwärts oder auswärts, RH beginnt jeweils mit dem kleinen Kreis unter dem vorgespreizten LB, LF Schritt vorwärts in den Kreis hinein, RF anstellen in den Ballenstand und mit der RH statt eines großen 2 kleine Kreise über dem Kopf schwingen; RF Schritt vorwärts, LB vorspreizen und fortlaufend wiederholen. Üben auch gegengleich (Abb. 164).

⑤ Achterschwung einwärts, RH beginnt mit einem kleinen Kreis neben dem Körper, dabei mit seitlichem Pferdchensprung nach rechts, LF Absprung, in den Kreis hineinspringen, die Knie sind nach auswärts gedreht, LF kreuzt vor dem RF, Ballenstand, dabei einen großen oder 2 kleine Kreise einwärts über dem Kopf schwingen; fortlaufend wiederholen. Den kleinen Kreis kann man auch vor dem Körper oder hinter dem Körper schwingen, dann wird der Pferdchensprung auch vorwärts oder rückwärts ausgeführt; dabei brauchen die Knie nicht ausgedreht zu sein.

⑥ Achterschwung auswärts-einwärts, dabei das Band jeweils beim kleinen Kreis von der einen in die andere Hand übergeben; es kann mit einem kleinen oder großen Kreis begonnen werden. Die Übergabe vor und hinter dem Körper kann stattfinden:

- um die Hüfte herum: im Stand, in der Hocke, im Kniestand, mit Drehung, in verschiedenen Sitzen;
- um die Knie herum: im Ballenstand mit vorgebeugtem Oberkörper, mit Drehung, in der Rückenlage bei senkrechter Beinhaltung, in der Kerze;
- unter dem vorgespreizten Bein: im Stand auf einem Bein (Abb. 165), im einbeinigen Kniestand, mit Drehung, in verschiedenen Sitzen;
- unter dem rückgespreizten Bein: in der Standwaage, auch mit gebeugtem Spielbein.

⑦ **Verbindung** von Achterschwüngen auswärts – einwärts (Abb. 166):

MUSIK ⓬

Takt I

1– 2 Grundstellung; Band in der RH, aus der Seithalte rechts kleinen Kreis vor dem Körper einwärts

3– 4 großen Kreis einwärts über dem Kopf, ausschwingen zur Seithalte links (1, 2)

Takt II

5– 6 mit der RH aus der Seithalte links großen Kreis auswärts über dem Kopf, dabei RF seitwärts, LF kreuzt vor dem RF und 1/1-Drehung nach rechts (3)

7– 8 Beugestand; Oberkörper vorgebeugt, RH schwingt weiter den kleinen Kreis auswärts mit Übergabe in die LH hinter dem Rücken (4).

Wiederholen der 2 Takte gegengleich.

Varianten Takt, I, II:

- Bei Takt I die unter Punkt 3–5 aufgeführten Möglichkeiten erproben.
- Bei Takt II die unter Punkt 6 aufgeführten Möglichkeiten erproben.
- Bei Takt I Achterschwung einwärts mit den verschiedenen Übergaben ausführen, bei Takt II Achterschwung auswärts ohne Übergabe mit den aufgeführten Möglichkeiten erproben.

⑧ **Improvisationsthema**

Beliebiger Wechsel von Achterschwüngen auswärts – einwärts mit den verschiedenen Möglichkeiten und beliebigem Handwechsel.

Wichtig: Auf große Bewegungsweite, guten Bewegungsfluß, Dynamik und harmonische Übergänge achten!

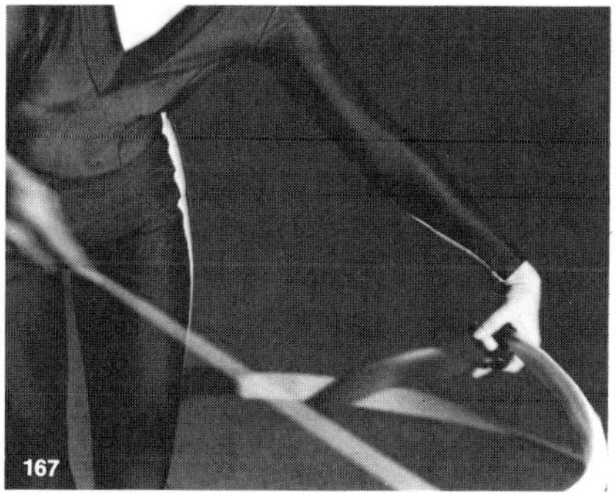

167

⑨ Mühlachterschwung: Das Ende des Bandes wird aus einem Schwung auswärts gefaßt, am leichtesten, wenn das Band in seiner gesamten Länge in der offenen Hand durchgezogen wird. Stock in der RH, Bandende in der LH (Abb. 167). Der Mühlachterschwung ergibt sich aus jeweils gegenläufigen Achterschwüngen, wobei der Schwungeinsatz nacheinander erfolgt.

Mühlachterschwung einwärts:

Die RH beginnt aus der Seithalte rechts mit dem großen Kreis einwärts über dem Kopf, die LH setzt aus der Seithalte links einen halben Kreis später zum kleinen Kreis auswärts vor dem Körper ein. Danach folgt mit der RH der kleine Kreis einwärts vor dem Körper, während die LH den großen Kreis auswärts über dem Kopf ausführt. Die RH schwingt also einen Achterschwung einwärts, die LH einen Achterschwung auswärts. Die Unterscheidung der Mühlachterschwünge einwärts oder auswärts erfolgt nach dem stockführenden Arm (Abb. 168/1, 2).

Wichtig: Üben der Achterschwünge zuerst ohne Band mit beiden Armen parallel, dann nacheinander. Auf gleichmäßigen Abstand der Hände achten.

Mühlachterschwung auswärts:

Die RH beginnt aus der Seithalte links mit dem kleinen Kreis auswärts vor dem Körper, die LH aus der Seithalte links setzt einen halben Kreis später zum großen Kreis einwärts über dem Kopf ein. Danach folgt mit der RH der große Kreis auswärts über dem Kopf, während die LH den kleinen Kreis einwärts vor dem Körper ausführt. Die RH schwingt also einen Achterschwung auswärts, die LH einen Achterschwung einwärts (Abb. 169).

168/1

2

169

Variation: Schwingen in der horizontalen Ebene (Abb. 170) MUSIK ⓬

Takt I

1– 4 4 Gehschritte vorwärts, LF, RF, LF, RF; dabei 4 Schwünge mit der RH, einwärts beginnend

Takt II

5– 8 LB vorspreizen, mit der RH einen kleinen Kreis einwärts unter dem LB, LF Schritt vorwärts, RF anstellen in den Ballenstand, 2 kleine Kreise einwärts über dem Kopf

Takt III

9–12 Stand, mit der RH Achterschwung einwärts, mit kleinem Kreis beginnend

Takt IV

13–16 LF Schritt seitwärts, RF kreuzt vor LF, 1/1-Drehung nach links, mit der RH Achterschwung einwärts (Drehung beim kleinen Kreis) (1) und ausschwingen bis zur linken Körperseite

Takt V

17–20 RF Schritt seitwärts, LB gebeugt rückgespreizt, 1/1-Drehung nach rechts, mit der RH Schwung auswärts, die LH faßt das Ende des Bandes (2)

Takt VI

21–24 Stand, Mühlachterschwung einwärts, beginnend mit großem Kreis über dem Kopf, RH schwingt aus bis zur leichten Seitrückhalte, LH mit dem Bandende an der linken Hüfte stützen (3, 4)

Takt VII

25–26 Hüpfer vorwärts auf dem LF, mit dem RB einen horizontalen Schwung vorwärts, dabei mit der RH Kreis einwärts über dem Kopf (5)

27–28 RF Schritt vorwärts, LB gebeugt rückwärts spreizen, mit der RH zur linken Körperseite ausschwingen (6)

Takt VIII

29–30 Hüpfer rückwärts auf dem LF, mit dem RB einen horizontalen Schwung rückwärts, dabei mit der RH Kreis auswärts über dem Kopf (7)

31–32 RF kreuzt hinter dem LF, 1/1-Drehung nach rechts, dabei das Band von der RH in die LH hinter dem Rücken übergeben (8).

Wiederholen der 8 Takte gegengleich.

Wichtig: Die ersten 4 Takte sind mittelschwer und lassen sich fortlaufend mit der RH und auch gegengleich mit der LH üben, d. h. am Ende des Taktes IV findet die Übergabe in die LH statt. Die nächsten 4 Takte sind anspruchsvoller.

Achterschwünge in der frontalen Ebene

① Das Band beschreibt eine liegende Acht vor dem Körper, mit der RH aus der Seithalte rechts beginnend zur linken Seite; dabei rückwärts gehen oder hüpfen, RF beginnt (vgl. Abb. 149/1).
② Das Band beschreibt eine stehende Acht mit einer Ab- und Aufwärtsbewegung; auch mit anderen Schwungelementen verbinden, nicht mehr als 2 Achterschwünge hintereinander ausführen (vgl. Abb. 149/2).
Wichtig: Bei der liegenden und der stehenden Acht keine starke Beuge im Handgelenk, sondern mit dem Stockende wie »an die Wand malen«.
③ Großer Kreis vor dem Körper, kleiner Kreis hinter dem Kopf; beim großen Kreis einen Galoppsprung, Pferdchensprung oder Schrittsprung seitwärts ausführen, beim kleinen Kreis kurzes Nachfedern in den Knien und Heben zum Ballenstand.
④ Wie 3, nur verschiedene Sprünge am Ort ausführen.
⑤ Wie 3, nur durch den großen Kreis Galoppsprung, Pferdchensprung oder Laufsprung vorwärts ausführen (Abb. 171).

171

Variation: Schwingen in der frontalen Ebene MUSIK ⑰ ㉙

Takt I
1– 2 Galopp rechts seitwärts, RF seitwärts mit $^{1}/_{2}$-Drehung nach rechts, dabei mit der RH aus der Seithalte links 2 Kreise nach rechts
3– 4 2 Galopp links, Füße schließen, dabei mit der RH 2 Kreise nach links

Takt II
5– 8 Stand, 2 Achterschwünge auswärts, mit kleinem Kreis hinter dem Kopf beginnend

Takt III
9–12 4 Galopp vorwärts, LF, RF, LF, RF durch die 4 Kreise auswärts

Takt IV
13–14 Laufsprung, mit LF abspringen, durch den Kreis auswärts
15–16 Schwung zur Seithalte links über die Tiefhalte und zurück zur Seithalte rechts in der Grundstellung

Takt V
17–20 4 Gehschritte rückwärts, RF, LF, RF, LF anstellen, dabei zweimal liegende Acht

Takt VI
21–24 2 Pferdchensprünge links seitwärts, mit LF abspringen und jeweils in Kreuzstellung zum Ballenstand kommen, dabei 2 Achterschwünge auswärts, mit großem Kreis vor dem Körper während des Sprunges beginnend

Takt VII
25–28 4 Hüpfer rückwärts, mit RF beginnend, dabei zweimal liegende Acht

Takt VIII
29–32 Grätschsprung, dabei Kreis auswärts, Unterschwung zur Seithalte links und zurück mit Übergabe in die LH.

Wiederholen der 8 Takte gegengleich.

Wichtig: Die Wiederholung gegengleich ist bereits nach 4 Takten möglich, die nächsten 4 Takte sind etwas schwieriger.

Achterschwünge in der sagittalen Ebene

① Achterschwünge vorwärts, mit der RH aus der Vorhalte über die Tiefhalte zur linken Körperseite beginnend, nach 2 Achterschwüngen das Band in der Vorhalte in die LH übergeben und die Kreise fortlaufend wiederholen. Die Kreise können entweder klein, d. h. aus dem Handgelenk und Ellbogen schwingend, oder groß, d. h. mit fast gestrecktem Arm und betonter Hochhalte, ausgeführt werden.
② Wie 1, nur rückwärts, d. h. mit der RH aus der Vorhalte über die Hochhalte zur linken Körperseite beginnend.
③ Kleine Achterschwünge vorwärts wie 1, nur in der Fortbewegung. 8 langsame flache Gehschritte vorwärts, 8 Gehschritte rückwärts jeweils mit dem LF beginnend.
④ Große Achterschwünge vorwärts, dabei Schleuderhüpfer vorwärts. Das Band

schwingt immer am Spielbein vorbei, d. h. RH beginnt aus der Vorhalte zur linken Körperseite, Schleuderhüpfer auf dem RF, LB ist Spielbein, Der freie LA liegt entweder am Körper oder befindet sich in der Vorhalte.
Wiederholung auch gegengleich mit der LH. Üben mit Übergabe des Bandes wie bei 1.

⑤ **Verbindung** von Achterschwüngen in der sagittalen Ebene:

MUSIK ⓮

Takt I
1– 2 mit der RH aus der Vorhalte großen Kreis vorwärts an der rechten Körperseite, dabei Pferdchensprung seitwärts durch den sagittalen Kreis mit LF abspringen, Knie auswärts
3– 4 Füße in Kreuzstellung, LF vor dem RF, mit der RH den Achterschwung vorwärts mit kleinem Kreis an der linken Körperseite beenden

Takt II
5– 6 wie Takt I, 1–2
7– 8 Füße schließen, Band von der RH in der Vorhalte in die LH übergeben und einen kleinen Achterschwung vorwärts, zur linken Körperseite beginnen.

Wiederholen der 2 Takte gegengleich.

Bandbewegung:

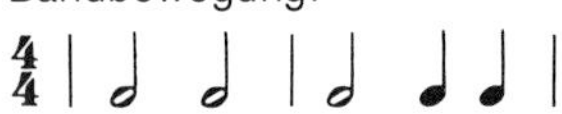

⑥ **Verbindung** von Kreisen und Achterschwüngen in der sagittalen Ebene:

MUSIK ⓮

Takt I
1– 2 RF Schritt vorwärts, LB vorspreizen, mit der RH aus der Vorhalte großen Kreisschwung vorwärts an der linken Körperseite
3– 4 2 flache Gehschritte vorwärts, LF, RF, dabei mit der RH einen kleinen Achterschwung, vorwärts zur rechten Körperseite beginnend

Takt II
5– 6 LF Schritt vorwärts, RB vorspreizen, mit der RH großen Kreisschwung vorwärts an der rechten Körperseite
7– 8 2 flache Gehschritte vorwärts, RF, LF, dabei mit der RH einen kleinen Achterschwung, zur linken Körperseite beginnend

Die 2 Takte fortlaufend entweder mit der RH oder mit der LH wiederholen. Üben auch mit Übergabe des Bandes nach Takt II oder nach jedem Takt.

172

173/1

2

3

⑦ **Mühlachterschwung vorwärts:** Band in der RH, mit der LH wird aus einem vorausgegangenen Schwung das Ende des Bandes gefaßt (ähnlich wie beim Mühlachterschwung in der horizontalen Ebene), RH führt den Achterschwung vorwärts an der linken Körperseite beginnend aus, die LH mit dem Ende des Bandes setzt den Achterschwung vorwärts einen halben Kreis später an der rechten Körperseite ein (vgl. Abb. 173/1–3).

Wichtig: Üben der Achterschwünge zuerst mit der RH und LH gleichzeitig, dann erst nacheinander. Auf gleichmäßige Armführung achten.

⑧ Bewegungsablauf der Beine und der Arme wie bei der Verbindung auf S. 66, 6, nur mit gefaßtem Bandende in der LH, d. h. jeweils ein Kreisschwung und Mühlachterschwung vorwärts.

Variation: Schwingen in der sagittalen Ebene

MUSIK ❼ ⓱

Takt I

1– 4 4 Laufschritte vorwärts, LF, RF, LF, RF anstellen, mit der RH das Band auf- und abwärtsschwingen

Takt II

5– 8 Einbeiniger Ringsprung mit dem LB zum Kopf, mit der RH auf- und abwärts schwingen (Abb. 172)

Takt III

9–12 2 langsame Gehschritte vorwärts, LF, RF, mit der RH Achterschwung vorwärts, zur linken Körperseite beginnend

Takt IV

13–16 Wiederholung Takt III

Takt V

17–18 mit kleiner Körperwelle heben zum Ballenstand, mit der RH Kreisschwung vorwärts an der linken Körperseite, das Band durch die LH laufen lassen und am Ende fassen

19–20 LF Schritt vorwärts, RB vorspreizen, Kreisschwung vorwärts an der rechten Körperseite (Abb. 173/1)

Takt VI

21–22 2 flache Schritte vorwärts, RF, LF, Mühlachterschwung vorwärts, zur linken Körperseite beginnend (Abb. 173/2, 3)

23–24 RF Schritt vorwärts, LB vorspreizen, Kreisschwung vorwärts an der linken Körperseite

Takt VII

25–26 Ende des Bandes loslassen, Pferdchensprung vorwärts, mit dem LF abspringen, dabei mit der RH Kreisschwung vorwärts an der rechten Körperseite

27–28 Laufsprung, mit dem LF abspringen und wieder mit der RH einen Kreisschwung vorwärts an der rechten Körperseite

Takt VIII

29–32 LF Schritt vorwärts, RF anstellen, Oberkörper vorbeugen, gleichzeitig Impuls zum Ballenstand, dabei aus dem Schwung vorwärts über die Tief- und Rückhalte das Band aus der Hochhalte mit eingedrehtem Arm abwerfen (Abb. 174), ein paar Laufschritte vorwärts, mit der RH den Stock fangen, Füße schließen, Oberkörper vorbeugen und das Band mit der RH abwärts schwingen

Wiederholen der 8 Takte gegengleich.

174

175/1

2

3

4

Improvisationsthema
Schwingen in allen 3 Ebenen am Ort und in der Fortbewegung. **Wichtig:** Harmonische Übergänge und Dynamik der Bewegungen.

① **Variation:** Schwingen in allen drei Ebenen

MUSIK ❼ ㉗

Takt I
1– 4 2 Galopp rechts seitwärts, mit der RH aus der Seithalte links über die Tiefhalte 2 frontale Kreise nach rechts schwingen

Takt II
5– 6 1 Galopp rechts seitwärts, mit der RH noch einen Kreis nach rechts schwingen
7– 8 RF Schritt seitwärts in den Ballenstand, LB ist seitgespreizt, mit der RH Band bis zur Seithochhalte rechts ausschwingen

Takt III
9–12 ¼-Drehung nach links, 4 Laufschritte vorwärts LF, RF, LF, RF anstellen, mit der RH einen sagittalen Schwung auf- und abwärts ausführen

Takt IV
13–16 aus dem leichten Beugestand Heben zum Ballenstand, mit der RH einen sagittalen Kreis rückwärts an der rechten Körperseite ausführen

Takt V
17–20 2 langsame Schritte rückwärts, LF, RF, mit der RH einen sagittalen Achterschwung rückwärts, zur linken Körperseite beginnend

Takt VI
21–22 LF Schritt rückwärts, mit der RH einen sagittalen Kreis rückwärts an der linken Körperseite
23–24 RF anstellen und heben zum Ballenstand, mit der RH einen horizontalen Kreis einwärts über dem Kopf

Takt VII
25–28 beliebige 1/1-Drehung nach links, mit der RH einen horizontalen Kreis einwärts über dem Kopf, ausschwingen zur Seithalte links und dabei Gewichtsverlagerung seitwärts auf den LF

Takt VIII
29–32 beliebige 1/1-Drehung nach rechts, mit der RH einen horizontalen Kreis auswärts um den Körper herum, mit Übergabe hinter dem Rücken in die LH; diese schwingt bis zur Seithalte rechts, dabei Gewichtsverlagerung seitwärts auf den RF

Wiederholen der 8 Takte gegengleich.

② Wie oben, gleiche Bandbewegung, nur teilweise erschwerte Körperbewegung (Abb. 175).

Takt I
1– 4 2 Schrittsprünge seitwärts, Absprung LF (1)

Takt II
5– 6 Grätschsprung
7– 8 RF Schritt seitwärts in den Ballenstand, LB ist seitgespreizt

Takt III
9–12 ¼-Drehung nach links, vier Laufschritte vorwärts

Takt IV
13–16 Ringsprung

Takt V
17–20 2 Schritte rückwärts, LF, RF

Takt VI
21–24 LF Schritt rückwärts, RF anstellen zum Ballenstand

Takt VII
25–28 über die Hocke auf den Rücken und zur Kerze abrollen, den horizontalen Kreis während des Abrollens, das Ausschwingen bei der Kerze vor dem Rücken ausführen (2, 3)

Takt VIII
29–32 RB beugen und über den RF zur Schrittstellung aufrichten, dabei einen horizontalen Kreis um den Körper herum mit Übergabe in die LH und Ausschwingen zur Seithalte rechts, dabei Gewichtsverlagerung auf den RF (4).

Schlangen

Schlangen, auch Wellen genannt, entstehen durch regelmäßiges senkrechtes oder waagrechtes Hin- und Herbewegen des Handgelenks; dieses überträgt sich mittels des Stocks auf das Band in seiner gesamten Länge.
Alle Schlangen werden in ihrem Verlauf bestimmt durch Armbewegungen (von oben nach unten und umgekehrt, bzw. von rechts nach links und umgekehrt) oder durch Fortbewegung der Übenden. Die Schlangen müssen gleichmäßig verlaufen und sollen jeweils ca. 50 cm groß sein. Sie sind ohne Abweichung in senkrechter oder waagrechter Richtung auszuführen.

Ausführungsmöglichkeiten der Schlangen (Abb. 176)

- Bei den senkrechten Schlangen liegt der Zeigefinger auf dem Stock, gewöhnlich wird die Abwärtsbewegung betont.
- Bei den waagrechten Schlangen ist der Zeigefinger seitlich am Stock, die Betonung liegt gewöhnlich auf der Bewegung nach innen.

176

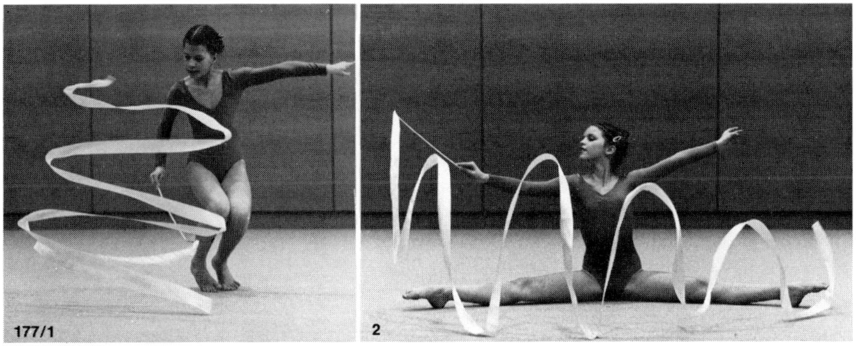
177/1 2

Verlauf der Schlangen (Abb. 177)

- Stehende Schlange, d. h. die Achse durch die Schlangen verläuft vertikal (1).
- Liegende Schlange, d. h. die Achse durch die Schlangen verläuft horizontal (2).

In der Fortbewegung

Vorwärts, rückwärts, seitwärts. Es kann nur eine liegende Schlange ausgeführt werden, in Verbindung mit Laufen, Hüpfen, Springen und verschiedenen Schrittkombinationen.

- Senkrechte Schlange: vor dem Körper bei einer Rückwärtsbewegung, seitlich des Körpers bei einer Seitwärts- und Vorwärtsbewegung.
- Waagrechte Schlange: vor dem Körper bei einer Rückwärtsbewegung, seitlich des Körpers bei einer Seitwärts- und Vorwärtsbewegung, hinter dem Körper bei einer Vorwärtsbewegung am Boden, hinter dem Kopf.

Am Ort

Schlangen sind nur möglich in Verbindung mit einer Drehung oder durch weiträumige Armbewegungen in allen Ebenen.

- Die senkrechte Schlange kann nur liegend ausgeführt werden.
  In der horizontalen Ebene: auswärts, einwärts,
  in Brusthöhe, am Boden.
  In der frontalen Ebene selten.
  In der sagittalen Ebene vorwärts, rückwärts.
- Die waagrechten Schlangen können sowohl stehend als auch liegend ausgeführt werden. (In der horizontalen Ebene nicht ausführbar.)
  In der frontalen Ebene: liegend, einwärts, auswärts, vor dem Körper am Boden.
  Stehend, von oben nach unten (abwärts) und umgekehrt (aufwärts) vor dem Körper, meist mit der Körperwelle.
  In der sagittalen Ebene: liegend, vorwärts, rückwärts.
  Stehend, von oben nach unten (abwärts) und umgekehrt (aufwärts), meist mit einer Körperwelle.

Übungsbeispiele: Schlangen

Bei senkrechten Schlangen, da sie nur liegend ausführbar sind, wird der Verlauf nicht mehr angegeben; bei waagrechten Schlangen wird der Verlauf immer angegeben.

178

Schlangen in der Fortbewegung

Wichtig: Die Ausführung der Schlangen ist in der Fortbewegung einfacher als am Ort, weil der Verlauf der Schlangen durch die Fortbewegung der Übenden entsteht, der Arm in gleicher Halte bleibt und nur das Handgelenk sich bewegt. Am Ort dagegen entsteht der Verlauf der Schlangen durch weiträumige Armbewegungen, wobei diese mit der Handgelenksbewegung koordiniert werden müssen.

① Senkrechte Schlange, dabei langsames Laufen rückwärts – pro Laufschritt 2 Handgelenksbetonungen; trippelndes Laufen rückwärts – pro Laufschritt 1 Handgelenksbetonung. Zuerst mit der RH, dann mit der LH über, dann nach 8 Laufschritten von der RH in die LH ohne Unterbrechung übergeben. Arm mit dem Band ist gestreckt in der Vortiefhalte, der freie Arm in der Seithalte.

② Wie 1, nur waagrechte liegende Schlange ausführen.

③ 4 Laufschritte rückwärts, senkrechte Schlange (achtmal Betonung) mit der RH; 4 Laufschritte rückwärts, waagrechte Schlange (achtmal Betonung) mit der RH, Band übergeben in die LH und wiederholen usw.

④ Wie 1, 2, 3, nur statt Laufen Hüpfen rückwärts, pro Hüpfer Schlangen mit je 4 Betonungen.

Wichtig: Armhaltung in gleicher Höhe und regelmäßige Handgelenksbewegung. Von der Schulter bis zum Ende des Bandes am Boden verläuft eine schräge Linie.

⑤ Galopp seitwärts nach links, mit der RH in der Seittiefhalte rechts senkrechte Schlange. Üben gegengleich (Abb. 178).

⑥ Waagrechte Schlange hinter dem Kopf, dabei Laufen vorwärts (Abb. 179).

Wichtig: Auf richtige Armhaltung achten, d. h. aus der Hochhalte des gestreckten Armes leichte Beugung im Ellbogen und Handgelenk so, daß der Stock sich in der Rückhochhalte befindet. Der Zeigefinger liegt unter dem Stock, die Hand muß sich exakt waagrecht hin- und herbewegen. Fehler, wie das Anschauen der Hand, führen unweigerlich zu einer falschen Haltung des Armes, d. h. vor dem Körper anstatt neben dem Kopf; außerdem ist eine zu lokkere Haltung des Stockes zu vermeiden.

⑦ Wie 6, nur während des Laufens ein paar Laufsprünge ausführen.

Wichtig: Konzentration auf die regelmäßige Handgelenksbewegung.

⑧ Wie 6, nur freie Verbindung von verschiedenen Schrittkombinationen und Sprüngen in der Vorwärtsbewegung.

Wichtig: Die regelmäßige Handgelenksbewegung darf nicht von der Beinarbeit beeinflußt werden.

⑨ Die Übungen 6, 7, 8, jeweils mit einer abwärts geführten, waagrechten Schlange und einem weiten Ausfallschritt vorwärts beenden, d. h. aus der Vorwärtsbewegung einen Ausfallschritt ausführen, dabei wird der Arm aus der gebeugten Hochhalte rasch zur Vorhochhalte gestreckt und weiträumig bis zur Vortiefhalte geführt. Das Handgelenk bewegt sich ohne Unterbrechung weiter waagrecht (Abb. 180/1, 2).

⑩ Das Band ist in der RH in der Vorhalte, Gehen, Hüpfen oder Laufen mit gleichzeitigem Drehen nach rechts und dabei senkrechte, in Brusthöhe liegende Schlange ausführen; in Armrichtung blicken. Üben gegengleich.

⑪ **Verbindung:** Senkrechte und waagrechte Schlange

179

180/1 2

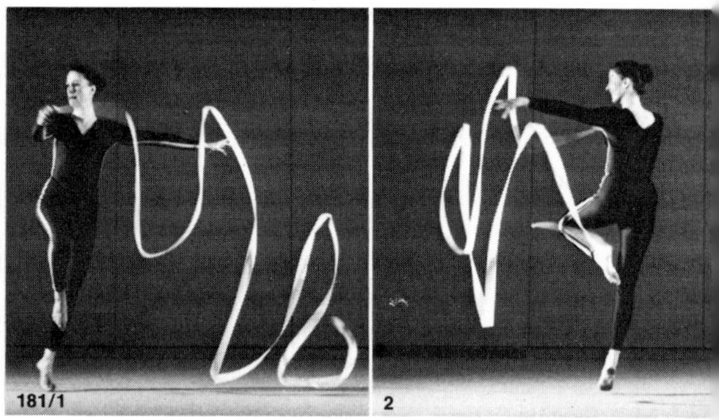

181/1 2

MUSIK ❼ ⓳

Takt I

1– 4 Band ist in der RH in der Vortiefhalte, 4 Laufschritte rückwärts, LF beginnt, dabei senkrechte Schlange

Takt II

5– 8 2 Hüpfer, auf dem LF, RF, mit gleichzeitiger $^1/_1$-Drehung nach rechts, mit der RH senkrechte Schlange in Brusthöhe (Abb. 181/1, 2)

Takt III

9–12 Wiederholen Takt II mit $^3/_4$-Drehung nach rechts

Takt IV

13–16 2 Galopp links seitwärts weiter in die Bewegungsrichtung, mit der RH senkrechte Schlange neben dem Körper

Takt V

17–20 $^1/_4$-Drehung nach links in die Bewegungsrichtung, 4 Laufschritte vorwärts, mit der RH waagrechte Schlange hinter dem Kopf

Takt VI

21–24 Wiederholen Takt V, oder statt Laufen einen Laufsprung, Absprung mit LF, ausführen

Takt VII

25–28 Ausfallschritt vorwärts mit dem LF, mit der RH eine abwärts geführte waagrechte Schlange

Takt VIII

29–32 4 Laufschritte rückwärts, RF beginnt, dabei waagrechte Schlange, Band von der RH in die LH übergeben.

Die 8 Takte gegengleich wiederholen.

⑫ Improvisationsthema

Schlangen in der Fortbewegung, räumlich variiert.

Verbindung: Schlangen und Schwingen in der Fortbewegung (Abb. 182)

MUSIK ⓱

Takt I

1– 4 3 Galopp rechts seitwärts, dabei mit der RH aus der Seithalte links 3 frontale Kreise nach rechts schwingen, RF Schritt seitwärts, LB leicht anheben, Band bis zur Seithochhalte rechts ausschwingen (1, 2)

Takt II

5– 8 3 Galopp links seitwärts, LF Schritt seitwärts, dabei mit der RH senkrechte Schlange rechts neben dem Körper (3)

Takt III

9–12 4 Schleuderhüpfer vorwärts, RF, LF, RF, LF, dabei mit der RH 2 Achterschwünge vorwärts in der sagittalen Ebene, zur linken Körperseite beginnend (4, 5)

Takt IV

13–16 6 schnelle Laufschritte rückwärts, RF beginnt, dabei mit der RH senkrechte Schlange vor dem Körper (6), RF Schritt seitwärts, das Band zur Seithalte rechts ausschwingen und übergeben in die LH.

Wiederholen der 4 Takte gegengleich.

183/1, 2, 3, 4

Senkrechte Schlange am Ort in Verbindung mit Schwingen in der horizontalen Ebene

① Stand auf dem RF, linke Fußspitze ist seitlich aufgestellt, Band ist in der RH in der Seithalte rechts. Mit einer Gewichtsverlagerung auf dem LF einen horizontalen Schwung einwärts, mit Gewichtsverlagerung zurück auf den RF eine senkrechte Schlange auswärts. Fortlaufend wiederholen, auch gegengleich (vgl. Abb. 183/1, 2).

Wichtig: Achten auf gleichmäßigen Verlauf der Schlangen von der Seithalte links zur Seithalte rechts. Der Arm bewegt sich bei der Schlange in gleicher Höhe wie beim Schwung, also in Brusthöhe.

② Kniestand auf dem RB, linke Fußspitze ist vorne aufgestellt, Band ist in der RH, aus der Seithalte rechts einen horizontalen Schwung einwärts und eine senkrechte Schlange auswärts. Fortlaufend wiederholen, auch gegengleich.

Wichtig: Die Schlangen sollen den Boden berühren.

③ **Verbindung** von senkrechter Schlange in Brusthöhe und senkrechter Schlange am Boden (Abb. 183):

MUSIK: ⑯ ⑭

Takt I

1– 4 RH Schwung einwärts, dabei frontale Gewichtsverlagerung auf den LF, mit Gewichtsverlagerung zurück auf den RF eine senkrechte Schlange auswärts (1, 2)

Takt II

5– 8 wie Takt I

Takt III

9–12 mit dem Schwung einwärts zum Kniestand auf dem RB senken und eine senkrechte Schlange auswärts am Boden (3, 4)

Takt IV

13–16 wie Takt III.

Die 4 Takte fortlaufend wiederholen, auch gegengleich. Bei der Wiederholung während Takt I mit dem Schwung einwärts aufstehen.

④ **Verbindung:** Wie 3, nur bis zum Sitz senken (Abb. 184)

Takt I, Takt II

1– 8 wie 3, Takt I und II

Takt III

9–10 mit dem Schwung einwärts wieder Gewichtsverlagerung auf den LF, das RB zuerst gestreckt weit hinter dem LF kreuzen, dann beugen und sich harmonisch, ohne Hilfe der Hände, zum Sitz auf RB senken (1)

11–12 während der Schlange auswärts das gebeugte LB nach hinten führen, Hüftsitz, mit vorgebeugtem RB (2)

Takt IV

13–16 einen Schwung einwärts und eine senkrechte Schlange auswärts im Hüftsitz.

Diese 4 Takte fortlaufend wiederholen, auch gegengleich.

Bei der Wiederholung während Takt I aufstehen, d. h.

1–2 mit dem Schwung einwärts das LB vorne aufstellen und gleichzeitig zum Kniestand auf dem RB (3)

3–4 mit der Schlange auswärts aufstehen (4).

Wichtig: Es empfiehlt sich, diese Verbindung über 8 Takte zu üben, d. h. 3 Takte Schlangen in der Brusthöhe, mit dem vierten Takt zum Sitz senken; 3 Takte im Sitz, Schlangen am Boden, mit dem vierten Takt aufstehen.

⑤ Schlußstellung: Band ist in der RH in der Seithalte rechts, LH in der Seithalte links,

184/1, 2, 3, 4

beide Arme führen jeweils einen horizontalen Schwung einwärts aus, dabei in die Hocke senken, durch starkes Vorbeugen des Oberkörpers (sich rund und klein machen), hinsetzen, Beine zum Grätschsitz strecken, Oberkörper aufrichten, beide Arme wieder zur Seithalte öffnen, dabei mit der RH eine senkrechte Schlange auswärts (Abb. 185/1, 2). Es ist schwierig, aber möglich, mit umgekehrtem Bewegungsablauf wieder zum Stand zu kommen.
Es ist leichter und als Übergang zum Stand empfehlenswert, beim Schwung einwärts beide Arme und die Beine zu beugen, eine kleine Körperschaukel rückwärts auszuführen und dann über die Hocke wieder zum Stand zu kommen, dabei senkrechte Schlange auswärts.

⑥ Weitere Möglichkeiten von verschiedenen Bodenlagen in Verbindung mit Schwung einwärts und senkrechter Schlange auswärts:
Im Grätschsitz oder Schneidersitz weiträumige Bewegungen, beim Schwung einwärts Oberkörper gerade vorbeugen, bei der Schlange auswärts aufrichten.
Aus dem Grätschsitz mit dem Schwung einwärts beider Arme zum Hocksitz mit rundem Rücken kommen, dabei Fußspitze über dem Boden, mit der Schlange auswärts Beine zum Grätschsitz strecken, Oberkörper aufrichten (Abb. 186/1, 2).
Grätschsitz mit abgebeugtem LB, Knie auswärts, mit dem Schwung einwärts auf dem linken Unterarm stützen und das gestreckte RB zur Senkrechten schwingen, mit der Schlange wieder zur Ausgangsposition senken (187/1, 2).
Langsitz, den Schwung einwärts abwechselnd unter einem hochgespreizten Bein ausführen, während der Schlange auswärts Bein senken. Wichtig: Auf gestreckte Beine und geraden Oberkörper achten!
Hocksitz, Fußspitzen berühren leicht den Boden, beim Schwung einwärts Beine zum Schwebesitz strecken (der Schwung erfolgt unter den Beinen), während der Schlange auswärts Beine zum Hocksitz beugen.
In der einarmig gestützten Bauchlage Schwung einwärts, Schlange auswärts,

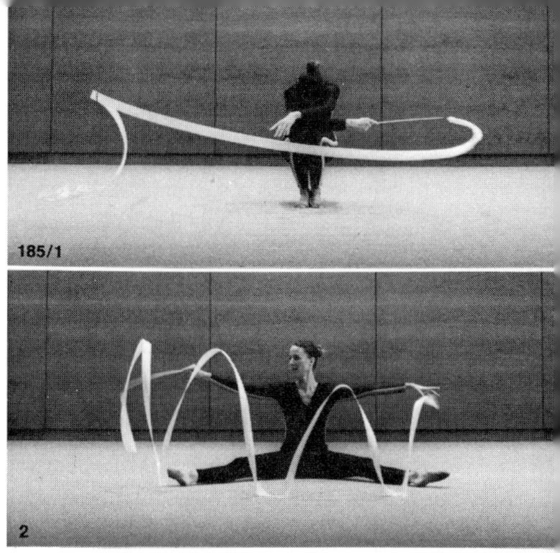

185/1, 2

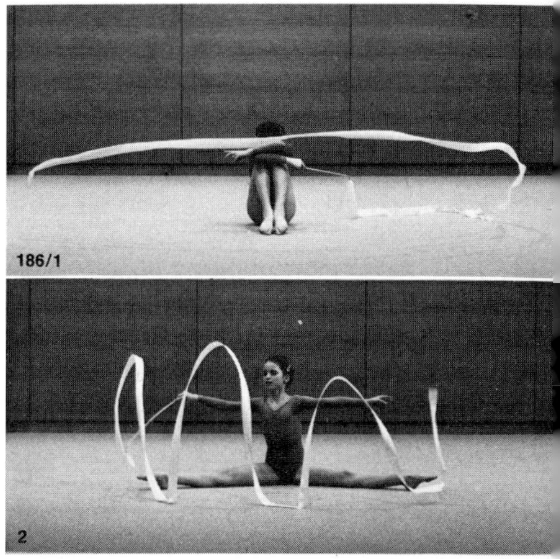

186/1, 2

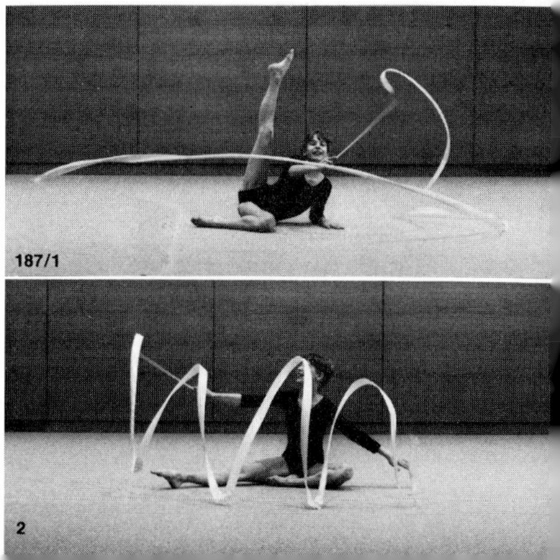

187/1, 2

Oberkörper ist dabei ständig aufgerichtet. Wichtig: Die Schulter des stützenden Armes nach unten drücken.
Üben dieser Variationen jeweils dreimal mit der RH, auf den vierten Takt Schwung einwärts und Kreisschwung auswärts um den Körper herum mit Übergabe hinter dem Rücken in die LH; mit der LH ohne Unterbrechung gleich Schwung einwärts, Schlange auswärts jeweils dreimal und auf den vierten Takt wieder in die RH übergeben. Auf eine schnelle Übergabe achten, damit das Band nicht »abstirbt«. Bei der Übung im Grätschsitz mit abgebeugtem Bein auch schnell die Beine wechseln. Bei der Übung in der Bauchlage während der Übergabe gute Spannung im Körper halten, damit sich der Oberkörper nicht zu tief senkt.
⑦ Wechsel zwischen Langsitz und Bauchlage. Band ist in der RH in der Vorhalte, aus

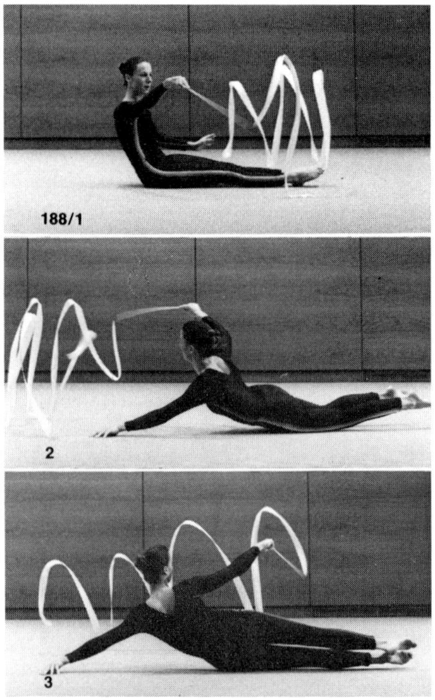

188/1, 2, 3

189/1, 2

dem Langsitz nach rechts in die Bauchlage wälzen, dabei sich mit dem gestreckten LA abstützen, Oberkörper soll aufgerichtet bleiben, über die linke Seite weiter nach rechts wieder in den Langsitz wälzen usw., dabei mit der RH senkrechte Schlangen am Boden. Üben gegengleich (Abb. 188/1–3).
⑧ Wechsel zwischen Sitz und Kerze. Langsitz, RB ist gebeugt und RF aufgestellt, Band ist in der RH, über den Rücken abrollen und zur Kerze durchstrecken, das RB kann gebeugt bleiben, dabei mit der RH Schwung einwärts, senkrechte Schlange auswärts vor dem Rücken, zurück zum Sitz rollen und mit der RH 2 kleine horizontale Kreise einwärts über dem Kopf.
Während der 2 horizontalen Kreise auch über die Schrittstellung zum Stand kommen.
Wichtig: In der Kerze gute Hüftstreckung.

Senkrechte Schlange am Ort in Verbindung mit Schwingen in anderen Ebenen

① Rückenlage, Beine sind gegrätscht, Band ist in der RH, aus der Seithalte rechts über die Tiefhalte flach über dem Boden einen frontalen Kreis auswärts, schnell zum Hocksitz aufrichten, Fußspitzen berühren den Boden, dabei mit der RH horizontalen Schwung einwärts und aus der Seithalte links zur Seithalte rechts senkrechte Schlange am Boden; mit dem Anfang des Kreisschwungs wieder zur Rückenlage abrollen, Beine zur Grätsche strecken (Abb. 189/1, 2).
② Seitenlage auf der linken Körperseite und auf dem gestreckten LA, die Beine sind gebeugt und zum Körper gezogen, Band in der RH, aus der Tiefhalte einen sagittalen Schwung zur Hochhalte, dabei die Beine strecken, Schwung zurück zur Tiefhalte und Beine wieder anziehen, eine senkrechte Schlange am Boden einwärts, dabei RB seitlich strecken und Oberkörper aufrichten, Schwung zurück zur Tiefhalte, Oberkörper wieder senken zur Ausgangsposition, Beine anziehen. Fortlaufend wiederholen, auch gegengleich (Abb. 190/1–3).

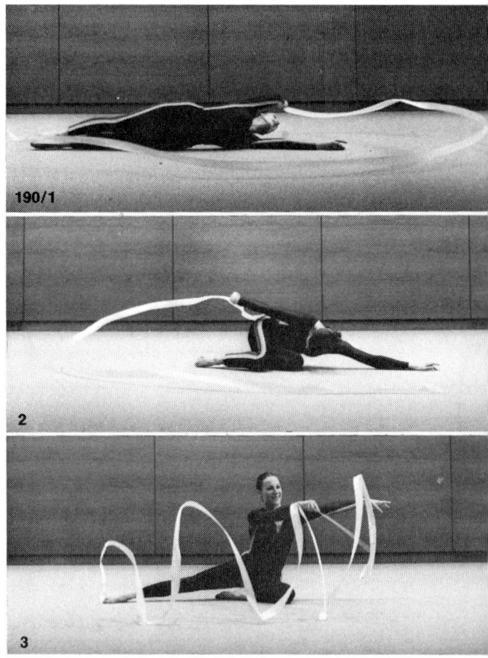

190/1, 2, 3

③ Improvisationsthema
Bewegungsverwandtschaft zwischen Ball und Band: Die Bewegungsabläufe des Ballführens (S. 49, Übung 2 und 4) auch mit dem Band erproben, d. h. großer horizontaler Kreis einwärts über dem Kopf (evtl. Kreis in der Zwischenebene, je nach Bodenlage), statt dem kleinen Kreis vor dem Körper eine senkrechte Schlange einwärts; großer Kreis auswärts über dem Kopf, eine senkrechte Schlange einwärts; großer Kreis auswärts über dem Kopf, eine senkrechte Schlange auswärts, usw.

Improvisationsthema
Senkrechte Schlange am Ort in Verbindung mit Schwingen in allen Ebenen.

Wichtig: Häufiger harmonischer Wechsel zwischen Stand und Bodenlagen; das Schwingen auch in der Fortbewegung. Erproben auch in verschiedenen einhändigen Stützlagen und -schwüngen.

Waagrechte Schlange am Ort in Verbindung mit Schwingen

① Stand auf dem RF, linke Fußspitze ist seitlich aufgestellt, während einer Gewichtsverlagerung auf den LF mit der RH aus der Seithalte rechts einen frontalen Schwung einwärts über den Kopf bis zur Seittiefhalte links, während der Gewichtsverlagerung auf den RF eine waagrecht liegende Schlange auswärts am Boden, Üben gegengleich.
② Grundstellung, mit der RH Schwung aufwärts an der rechten Körperseite, eine waagrecht stehende Schlange abwärts vor dem Körper bis zur Tiefhalte, Schwung und Schlange mit der RH wiederholen und hinter dem Rücken in die LH übergeben. Wiederholen gegengleich.

191/1, 2, 3

③ **Verbindung** von waagrecht liegenden und waagrecht stehenden Schlangen mit Schwingen (Abb. 191):

MUSIK ⓬

Takt I

1– 4	Kniestand auf dem RB, Band ist in der RH, aus der Rücktiefhalte bis zur Vortiefhalte eine waagrecht liegende Schlange vorwärts am Boden an der rechten Körperseite, dabei Gewichtsverlagerung auf den LF vorwärts zum Ausfallschritt (1)

Takt II

5– 8	3 Schritte vorwärts RF, LF, RF anstellen zum Ballenstand, dabei mit der RH 2 sagittale Kreise rückwärts an der rechten Körperseite (2)

Takt III

9–12	mit einer Körperwelle vorwärts aus der Tiefhalte zur Hochhalte eine waagrecht stehende Schlange (3)

Takt IV

13–16	Hüpfer auf dem RF und zum Kniestand auf dem LB senken, dabei mit der RH aus der Hochhalte einen sagittalen Kreis vorwärts mit Ausschwingen, dabei das Band hinter dem Rücken von der RH in die LH übergeben

Wiederholen der 4 Takte gegengleich.

④ **Verbindung:** Thema und Musik wie bei 3

Takt I	
1– 4	während eines Ausfallschritts links seitwärts mit der RH aus der Seittiefhalte rechts eine waagrecht liegende Schlange einwärts vor dem Körper zur Seittiefhalte links
Takt II	
5– 8	½-Drehung nach links mit einem Schritt RF rechts seitwärts, LF anstellen, Oberkörper leichte Seitbeuge links, dabei mit der RH aus der Tiefhalte zur Hochhalte an der rechten Körperseite eine waagrecht stehende Schlange aufwärts
Takt III	
9–12	frontaler Schwung einwärts hinter dem Körper mit Übergabe des Bandes in der Tiefhalte von der RH in die LH und Schwung zurück
Takt IV	
13–16	¼-Drehung nach links, LF Schritt vorwärts, RF anstellen, dabei mit der RH einen sagittalen Schwung aufwärts und eine waagrecht stehende Schlange abwärts bis zur Vortiefhalte, Übergabe des Bandes in die LH, ¼-Drehung nach rechts.

Wiederholen der 4 Takte gegengleich.

192

193

Waagrecht liegende Schlangen in Verbindung mit Laufen vorwärts zwischen den Schlangenlinien

① Band ist in der RH, aus der Seittiefhalte rechts zur linken Körperseite und zurückführen; bei der Rückführung Schritt mit dem RF vorwärts zwischen die Schlangenlinien, Band wieder nach links führen, Schritt mit dem LF vorwärts zwischen die Schlangenlinien, Band wieder nach rechts führen, Schritt mit dem RF vorwärts usw. Tempo steigern vom Gehen zum Laufen (Abb. 192).
② Wie 1, nur waagrecht liegende Schlangen hinter dem Körper ausführen in Verbindung mit Rückwärtsgehen und -laufen zwischen den Schlangenlinien (Abb. 193).

Improvisationsthema
Schlangen am Ort und in der Fortbewegung in Verbindung mit Schwingen.

Spiralen

Spiralen entstehen durch wiederholte kreisförmige Windungen des Bandes, die durch das regelmäßige Kreisen des Handgelenks ausgelöst werden. Sie sollen bis zum Ende des Bandes gleichmäßig verlaufen und ca. 50 cm groß sein. Die Bewegungsverwandtschaft zwischen Schlangen und Spiralen besteht in der isolierten Handgelenksarbeit, die eine große Beweglichkeit des Handgelenks erforderlich macht; auch alle Spiralen werden in ihrem Verlauf bestimmt durch Armbewegungen oder durch Fortbewegung der Übenden.

Ausführungsmöglichkeiten der Spiralen

Die Spiralen können **senkrecht** und **waagrecht,** auswärts und einwärts – immer von der Handgelenksbewegung ausgehend – ausgeführt werden.

Verlauf der Spiralen (vgl. Abb. 177, S. 69)

- Stehende Spirale, d. h. Achse durch die Windungen verläuft vertikal.
- Liegende Spirale, d. h. Achse durch die Windungen verläuft horizontal.

In der Fortbewegung

Vorwärts, rückwärts, seitwärts; wie bei den Schlangen kann auch hier nur die liegende Spirale ausgeführt werden.

- Senkrechte Spirale: auswärts, einwärts, vor dem Körper bei einer Rückwärtsbewegung,

194

195

196

seitlich des Körpers bei Seitwärts- und Vorwärtsbewegung (Abb. 194), hinter dem Körper am Boden bei einer Vorwärtsbewegung.

- Waagrechte Spirale: auswärts, einwärts, seitlich des Körpers bei einer Vorwärts- und Rückwärtsbewegung, vor dem Körper bei einer Seitwärtsbewegung.

Am Ort

Wie bei den Schlangen durch Drehungen oder weiträumige Armbewegungen, in allen Ebenen, gerade oder bogenförmig.
Eine Ausnahme bildet die in einer waagrecht stehenden Form verlaufende Spirale; bei ihr ist eine zusätzliche Armbewegung nicht erforderlich, da sich der Arm in Hochhalte befindet und die Spirale somit zwischen Arm und Boden ausgeführt werden kann (Abb. 195).

- Senkrechte Spirale: auswärts, einwärts, kann nur liegend ausgeführt werden.
  In der horizontalen Ebene: in Brusthöhe, am Boden (Abb. 196).
  In der frontalen Ebene: nur auswärts, mit einem Halbkreis über dem Kopf möglich.
  In der sagittalen Ebene: vorwärts, an der entgegengesetzten Körperseite wie der ausführende Arm, am Boden; rückwärts, an der gleichen Körperseite wie der ausführende Arm am Boden.
- Waagrechte Spirale: auswärts, einwärts, kann sowohl stehend als auch liegend ausgeführt werden.

In der horizontalen Ebene: liegend auswärts nach außen (Abb. 197), einwärts nach innen, am Boden, mit Übergabe um den Körper herum.
In der frontalen Ebene: liegend, auswärts nach außen, einwärts nach innen, vor dem Körper am Boden,
stehend, von oben nach unten (abwärts) und umgekehrt (aufwärts) (Abb. 198).
Ausnahme: stehend, der Arm ist in der Vorhochhalte, ohne zusätzliche Armbewegung.
In der sagittalen Ebene: liegend, vorwärts, rückwärts am Boden,
stehend, von oben nach unten (abwärts) und umgekehrt (aufwärts). Ausnahme: stehend, ohne zusätzliche Armbewegung, meist im Ballenstand, Arm in einer Seithochhalte.

197

198

199

Übungsbeispiele: Spiralen

Bei senkrechten Spiralen, da sie nur liegend ausführbar sind, wird der Verlauf nicht mehr angegeben; bei waagrechten Spiralen wird der Verlauf immer angegeben. Wenn bei Übungen auswärts-einwärts nicht gesondert angegeben ist, ist beides möglich.

Senkrechte Spiralen in der Fortbewegung

Siehe »Wichtig« bei den Schlangen S. 70.
Vorübung: rückwärts Gehen, dabei senkrechte Spirale auswärts vor dem Körper, die Größe der Kreise steigern bis zum frontalen Kreisen auswärts.
① Senkrechte Spirale auswärts; einwärts, mit der RH, dann LH

200/1

2

201/1

2

- dabei langsames Laufen rückwärts – je Laufschritt 2 Handkreise (Abb. 199);
- dabei trippelndes Laufen rückwärts – je Laufschritt 1 Handkreis, Haltung der Arme wie bei den Schlangen.

② 8 Laufschritte rückwärts, senkrechte Spirale auswärts (16 Handkreise) mit der RH, Band in der Vortiefhalte in die LH übergeben und 8 Laufschritte rückwärts, senkrechte Spirale einwärts (16 Handkreise) mit der LH usw. Wiederholen gegengleich.
③ Senkrechte Spirale auswärts mit der RH an der linken Körperseite, dabei Laufen vorwärts. LA ist in der Seithalte, Blick zum Band. Wiederholen gegengleich.
④ Wie 1, 2, 3, nur statt Laufen Hüpfen, pro Hüpfer 4 Handkreise.
⑤ 8 Laufschritte oder 4 Hüpfer rückwärts, RF beginnt, dabei mit der RH senkrechte Spirale auswärts, ½-Drehung nach rechts; durch die Drehung wechselt der RA aus der Vortiefhalte zur linken Körperseite; 8 Laufschritte oder 4 Hüpfer vorwärts, RF beginnt, und senkrechte Spirale auswärts an der linken Körperseite, ½-Drehung nach links und fortlaufend wiederholen, auch gegengleich (Abb. 200/1, 2).

Wichtig: Üben zuerst nur im Laufen, nur im Hüpfen, dann im beliebigen Wechsel; auch 4 Laufschritte, 2 Hüpfer; auch mit Übergabe des Bandes nach der Rück- und Vorwärtsbewegung.

⑥ **Verbindung:** Mit Schwingen

MUSIK ⓮

Takt I, II
1– 8 8 Laufschritte rückwärts, RF beginnt, mit der RH Spiralen

Takt III, IV
9–16 4 verschiedene Sprünge am Ort, dabei mit der RH 4 frontale Kreise auswärts, ½-Drehung nach rechts

Takt V, VI
17–24 8 Laufschritte vorwärts, LF beginnt, mit der RH an der linken Körperseite Spiralen

Takt VII, VIII
25–32 4 Laufsprünge vorwärts, durch 4 frontale Kreise einwärts Absprung jeweils LF.

Wiederholen der 8 Takte gegengleich.

Senkrechte Spirale am Ort in Verbindung mit Schwingen in der horizontalen Ebene

① Alle Übungen, wie unter Schlangen S. 72–74, 1–8 beschrieben, genauso ausführen, nur mit Spiralen. Etwas langsamere Musik wählen, z. B. ㉑
② Kniestand auf dem RB, LF ist aufgestellt, mit der RH einen weiträumigen horizontalen Schwung einwärts zur Vorhalte, senkrechte Spirale auswärts fast bis zur Rückhalte, Rückbeuge im Oberkörper, Blick zum

Band. Wiederholen, danach das Band in der Rückbeuge in die LH übergeben und wiederholen mit der LH (Abb. 201/1, 2).
③ RF Schritt vorwärts, LB vorspreizen, dabei mit der RH einen horizontalen Schwung einwärts, auswärts unter dem LB, mit dem LF weiten Ausfallschritt vorwärts, mit der RH einen horizontalen Schwung einwärts zur Vorhalte, Verlagerung rückwärts auf den RF, dabei senkrechte Spirale auswärts, leichte Rückbeuge des Oberkörpers, Blick zum Band, Stand auf dem RF, linke Fußspitze ist aufgestellt, Oberkörper aufrichten und das Band hinter dem Rücken in die LH übergeben. Wiederholen gegengleich.

Senkrechte Spiralen am Ort in Verbindung mit Schwingen in anderen Ebenen

① Siehe S. 74, 75, 1–3 Band-Schlangen, nur statt Schlangen Spiralen ausführen.

Improvisationsthema
Senkrechte Spiralen am Ort und in der Fortbewegung in Verbindung mit Schwingen.

Waagrechte Spiralen mit liegendem Verlauf

Der Stock zeigt senkrecht zum Boden, die Spirale soll fast in der Gesamtlänge am Boden liegen.
① Stand auf dem LF, rechte Fußspitze ist seitlich aufgestellt, Band ist in der RH in der Tiefhalte an der linken Körperseite. Mit einer Gewichtsverlagerung auf den RF eine waagrecht liegende Spirale auswärts im Bogen nach rechts bis zur Rücktiefhalte; Gewichtsverlagerung auf den LF, eine waagrecht liegende Spirale einwärts bis zur Seittiefhalte links. Wiederholen gegengleich.
② Wie oben, nur in verschiedenen Stellungen: Ausfallschritt, Hocke, Kniestand usw.
③ Langsame $^1/_1$-Drehung nach rechts, dabei mit der RH eine waagrechte Spirale auswärts aus der Vortiefhalte bis zur Rücktiefhalte, Band hinter dem Rücken in die LH übergeben und ohne Unterbrechung weiter mit der LH eine waagrechte Spirale einwärts (Abb. 202/1–3). Wiederholen gegengleich. Erproben von verschiedenen beid- und einbeinigen Drehungen, siehe S. 47, Ball-Führen Übung 1–5, mit evtl. Übergabe in der Vortiefhalte unter dem vorgespreizten Bein von der LH in die RH.

202/1

2

3

④ **Improvisationsthema**
Waagrecht liegende Spiralen; geradlinig vor oder neben dem Körper, kombiniert mit sagittaler Gewichtsverlagerung in der Schrittstellung vorwärts-rückwärts und gleitendem geradlinigem Gehen vorwärts-rückwärts sowie frontaler Gewichtsverlagerung in der Grätschstellung rechts-links und gleitendem geradlinigem Gehen seitwärts; beliebiger Handwechsel.
Musikvorschlag ㉒
Wichtig: Dynamisches, gleitendes Gehen, weiträumig und rhythmisch variiert.
Zusatzaufgabe: einen vorgegebenen Rhythmus (aufgeschrieben, vorgeklatscht) in die Bewegung umsetzen, jeweils in neue Raumrichtung.

⑤ **Improvisationsthema**
Waagrecht liegende Spiralen in Verbindung mit Drehungen, daraus in verschiedene Stellungen senken und zum kurvigen Gehen übergehen; beliebiger Handwechsel.
⑥ Drehsprünge über die waagrecht liegende Spirale auswärts.
Kreisaufstellung mit der rechten Schulter zur Kreismitte, Band in der RH in der Vortiefhalte liegt vor dem Körper; einen kleinen Drehsprung, Absprung RF, Unterschenkel anheben, über das liegende Band, 2 Schritte vorwärts RF, LF, in den Kreis nach rechts. Wiederholen, Schritt vorwärts mit dem RF und Absprung, kleiner Drehsprung usw. (Abb. 203/1–3).
Wichtig: Der RA bleibt unverändert in der Vortiefhalte, nicht seitlich führen. Das liegende Band befindet sich somit immer vor

dem Körper, Sprung über das Band. Erst wenn der Bewegungsablauf mit dem »schleppenden« Band richtig beherrscht wird, mit der Handgelenksbewegung für die Spirale einsetzen. Wiederholen gegengleich; und auch andere Sprünge erproben; Hocksprünge, Schrittsprünge usw.

⑦ **Improvisationsthema**
Waagrecht liegende Spiralen am Ort und in der Fortbewegung in Verbindung mit geradem und kurvigem Gehen, Drehungen, verschiedenen Stellungen und Sprüngen über die Spiralen.

Waagrechte Spirale mit stehendem Verlauf

① Grundstellung, mit der RH Schwung aufwärts an der rechten Körperseite, eine waagrecht stehende Spirale abwärts vor dem Körper bis zur Tiefhalte, dabei etwas tiefer senken, z. B. in die Hocke, in den Kniestand usw.; Schwung und Spirale mit der RH wiederholen und hinter dem Rükken in die LH übergehen; wiederholen gegengleich.

② Verbindung von waagrecht stehender Spirale mit Kreisschwüngen in der frontalen Ebene.
Mit dem RF Schritt seitwärts in den Ballenstand, LB ist ausgedreht und gebeugt, linke Fußspitze am rechten Knie, dabei mit der RH aus der Seithalte links einen frontalen Kreis nach rechts, wiederholen, Kreuzstellung im Ballenstand, LF vor RF, dabei RA in der Hochhalte, gebeugt über dem Kopf, Oberkörper leichte Seitbeuge links, mit der RH an der linken Körperseite eine waagrecht stehende Spirale (vgl. Abb. 195). Fortlaufend und auch gegengleich wiederholen.

③ Verbindung wie 2, nur mit Kreisschwüngen in der sagittalen Ebene. Mit der RH aus

203/1, 2, 3

der Vorhalte über die Tiefhalte sagittalen Kreis vorwärts, dabei mit einem seitlichen Pferdchensprung nach rechts, Absprung LF, Knie auswärts, durch den Kreis springen, wiederholen (vgl. Band, Schwingen S. 61, 8); Kreuzstellung und waagrecht stehende Spirale an der linken Körperseite. Fortlaufend und gegengleich wiederholen.

Waagrechte Spiralen mit stehendem und liegendem Verlauf

① **Verbindung:**

MUSIK ⑳

Takt I, II	
1– 8	siehe Übung 2, 2 frontale Kreise nach rechts und eine waagrecht stehende Spirale
Takt III, IV	
9–16	siehe Übung 3, 2 sagittale Kreise vorwärts und eine waagrecht stehende Spirale
Takt V, VI	
17–24	wie Takt I, II nach der Spirale beim Schwingen in die Vorhalte das Bandende fassen
Takt VII	
25–28	2 Pferdchensprünge seitwärts und 2 Mühlkreise vorwärts
Takt VIII	
29–33	in der Kreuzstellung, LF vor RF, in die Hocke senken, dabei ¹/₁-Drehung nach rechts, mit der RH aus der Vortiefhalte eine waagrecht liegende Spirale auswärts nach rechts bis zur Rückhalte, hinter dem Rücken Übergabe des Bandes in die LH und weiter mit der LH eine waagrecht liegende Spirale einwärts bis zur rechten Körperseite.

Wiederholen der 8 Takte gegengleich.

② **Verbindung:** Wie Band, Schlangen, S. 70, 3 und 4. Nur statt Schlangen Spiralen.

Senkrechte und waagrechte Spiralen mit Schwingen

① **Verbindung:**

MUSIK ⓮

② **Improvisationsthema**
Senkrechte und waagrechte Spiralen am Ort und in der Fortbewegung in Verbindung mit Schwingen.

Takt I
1– 4 4 Laufschritte rückwärts, LF beginnt, dabei mit der RH in der Vortiefhalte eine senkrechte Spirale auswärts

Takt II
5– 8 2 Hüpfer am Ort auf dem LF, RF, dabei mit der RH 2 frontale Kreise auswärts

Takt III
9–12 mit der RH aus der Vorhalte, 2 sagittale Kreise vorwärts, und Absprung vom LF, 2 seitliche Pferdchensprünge nach rechts durch die Kreise, dabei kreuzt LF vor dem RF

Takt IV
13–16 Kreuzstellung im Ballenstand, LF vor dem RF, dabei mit der RH an der linken Körperseite eine waagrecht stehende Spirale

Takt V
17–20 RF Schritt seitwärts in den Ballenstand, linke Fußspitze an rechtes Knie, wiederholen, dabei mit der RH aus der Seithalte links 2 frontale Kreise nach rechts

Takt VI
21–24 LF kreuzt vor dem RF und 1/1-Drehung nach rechts, dabei mit der RH in der Vorhalte eine senkrechte Spirale auswärts (Arm nicht gestreckt, sondern rund)
Variante: gleiche Spirale, nur den Arm in einem frontalen Halbkreis aus der Seithalte links über den Kopf führen (Abb. 204/1, 2)

Takt VII
25–28 RF Schritt vorwärts mit Absprung, Drehsprung, Unterschenkel anheben, 2 Schritte vorwärts RF, LF, dabei mit der RH in der Vortiefhalte eine waagrecht liegende Spirale auswärts

Takt VIII
29–32 RF Schritt seitwärts, LF anstellen und in die Hocke senken, dabei 1/1-Drehung nach rechts und mit der RH aus der Vortiefhalte eine waagrecht liegende Spirale auswärts bis zur Rückhalte, Übergabe des Bandes in die LH hinter dem Körper und einen horizontalen Schwung einwärts bis zur Vorhalte.

Wiederholen der 8 Takte gegengleich.

204/1

2

3

Takt I
1– 4 Stand, Band ist in der RH in der Tiefhalte, mit Körperwelle vorwärts einen sagittalen Schwung aufwärts und eine waagrecht stehende Schlange abwärts

Takt II
5– 8 2 langsame Schritte rückwärts LF, RF, mit der RH einen sagittalen Achter vorwärts, an der linken Körperseite beginnend; 1/4-Drehung nach links

Takt III
9–12 2 Galopp seitwärts nach links, mit RH senkrechte Schlange neben dem Körper

Takt IV
13–16 LF Schritt seitwärts mit Absprung, Pferdchensprung mit 1/1-Drehung nach links und Landung auf dem RF, dabei zum Kniestand auf dem RB senken, LF ist aufgestellt, mit der RH einen horizontalen Kreis einwärts über dem Kopf und zur Seithalte links ausschwingen

Takt V
17–20 Senken in den Fersensitz auf dem RB, LB ist vorwärts gestreckt, mit der RH eine senkrechte Spirale auswärts bis zur Seitrückhalte

Takt VI
21–24 im Fersensitz mit der RH einen horizontalen Schwung einwärts und senkrechte Schlange auswärts

Takt VII
25–28 über den Kniestand zum Stand aufrichten, dabei mit der RH 2 horizontale Kreise einwärts über dem Kopf und zur Seithalte links ausschwingen

Takt VIII
29–32 RF Schritt seitwärts, mit 1/1-Piqué-Drehung nach rechts, mit der RH und gefaßtem Band in der LH, eine senkrechte Schlange in Brusthöhe, den RA bis zur Seithalte rechts führen (Abb. 205)

Takt IX
33–34 LF Schritt seitwärts, mit der RH frontalen Schwung zur Tiefhalte hinter dem Körper, Übergabe in die LH, Schwung zur Seithalte links

35–36 1 Galopp seitwärts nach rechts, mit der LH frontalen Kreis auswärts

Takt X
37–40 RF Schritt seitwärts, mit der LH frontalen Schwung einwärts, Gewichtsverlagerung auf den LF, mit der LH frontalen Schwung auswärts

Takt XI
41–44 1/4-Drehung nach rechts, 4 Laufschritte vorwärts, RF, LF, RF, LF anstellen, mit der LH einen sagittalen Schwung auf- und abwärts

Takt XII
46–48 RF Schritt vorwärts zum Ballenstand, mit der LH sagittalen Schwung aufwärts, in der Schrittstellung die Knie etwas beugen, mit der LH eine waagrecht stehende Spirale auswärts, das Band hinter dem Rücken in die RH übergeben

Takt XIII
49–52 4 Laufschritte vorwärts, LF beginnt, mit der RH eine waagrechte Schlange hinter dem Kopf

Takt XIV
53–56 mit dem LF Ausfallschritt vorwärts, mit der RH eine waagrecht stehende Schlange bis zur Vortiefhalte

Takt XV
57–60 Gewichtsverlagerung rückwärts auf den RF, mit der RH eine waagrecht liegende Spirale auswärts bis zur Rücktiefhalte

Takt XVI
61–64 LB vorspreizen, mit der RH einen horizontalen Schwung ein- und auswärts unter dem vorgespreizten Bein, 3 Schritte vorwärts, LF, RF, LF anstellen, mit der RH in der Rücktiefhalte senkrechte Spirale auswärts, Übergabe des Bandes hinter dem Rücken in die LH.

Wiederholen der 16 Takte gegengleich.

Lilia Ignatova, die junge Bulgarin, die besonders viel Ausdruck und spielerische Eleganz besitzt

Keule

Charakteristik

Die Keule ist ein altbekanntes Schwunggerät von großem körperbildenden Wert, da durch die Kreisschwünge, die mit ihr ausgeführt werden können, die Beweglichkeit des Schultergürtels und des Rumpfes verbessert und somit auch die Bewegungsweite gesteigert wird.
Im Sinne der heutigen rhythmischen Sportgymnastik werden die Schwungbewegungen durch verschiedene Handkreistechniken, Abwerfen und Schlagen der Keulen bereichert.

Die Übungen werden meistens mit 2 Keulen ausgeführt, wobei sich unterschiedliche Bewegungen innerhalb einer Zeiteinheit ergeben können. Die verschiedenen Kreisbewegungen der Arme und Hände müssen in harmonischem Einklang zu den Bewegungen des ganzen Körpers stehen; damit tragen sie zur Schulung des Bewegungsgefühls und der räumlichen Vorstellung bei. Da zur Beherrschung dieses Gerätes ein großes Feinkoordinationsvermögen notwendig ist, wird die Keule in der rhythmischen Sportgymnastik erst in den höheren Leistungsklassen vorgeschrieben.
Die Technik des Handkreisens, die stets mit Schwungelementen verbunden ist, ist unter anderem wegen der Länge der Keule für Kinder schwierig.

Für den Breitensport sind vor allem das Schwingen, Schlagen und einige Würfe geeignet; diese lassen sich von anderen Handgeräten ableiten ebenso wie die anspruchsvollere Technik des Handkreisens vom Seilkreisen oder Rotieren des Reifens. Aus diesen Gründen ist die Keule hier nur kurz unter jeweiligem Hinweis auf Bewegungsverwandtschaften mit anderen Handgeräten beschrieben.
Die Keulen sind aus Holz gefertigt. Sie bestehen aus einem kugelförmigen Kopf, einem Hals und einem Rumpf.
Die neue Form der Keule ist gegenüber der herkömmlichen Form etwas länger, hat einen schmäleren Hals, einen kleineren Rumpf und weniger Gewicht.
Länge: 45–48 cm
Gewicht: 130–150 g

Handhabung

Beim Halten der Keule gibt es 2 Möglichkeiten:

Feste Haltung

Ebenso wie beim Stock des Bandes befindet sich die Keule in Verlängerung des Armes. Der Keulenkopf liegt in der Handfläche, wobei er von den letzten drei Fingern umschlossen und mit gestrecktem Zeigefinger und Daumen am Hals gestützt wird (Abb. 206).
Die feste Haltung wird bei allen führenden und schwingenden Bewegungen des großen oder mittleren Bogens, Kreises und Achterkreises angewendet.

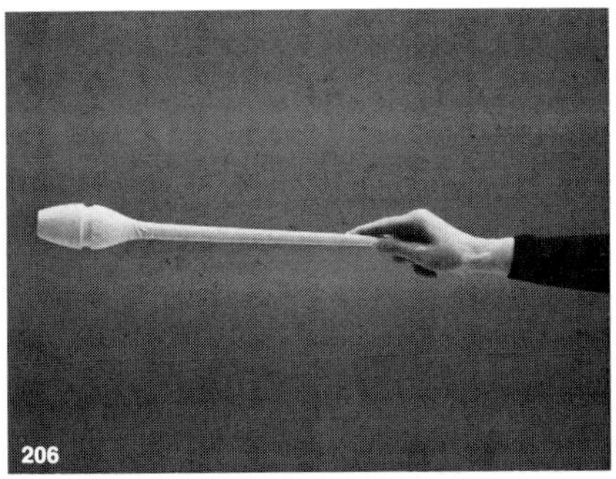
206

Lockere Haltung

Die Keule bewegt sich frei in der geschlossenen Handfläche, die Finger sind wie bei einem Kugelgelenk um den Kopf geschlossen. Diese Fassung wird bei allen Ausführungen der kleinen Kreise und Achterkreise angewandt (Abb. 207). Es gibt 2 Möglichkeiten:

- Werden die kleinen Kreise an der **Innenseite** des Armes ausgeführt, so wird

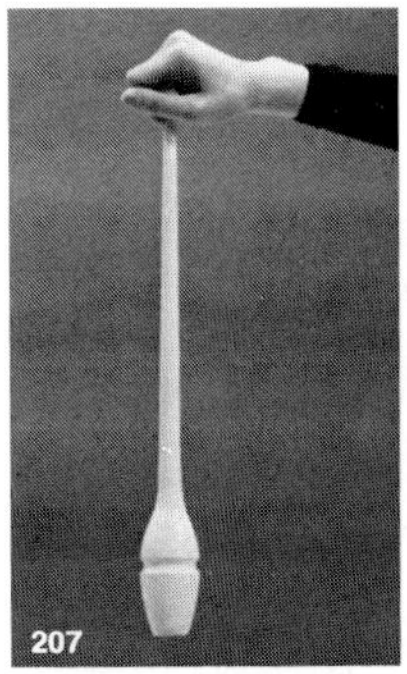
207

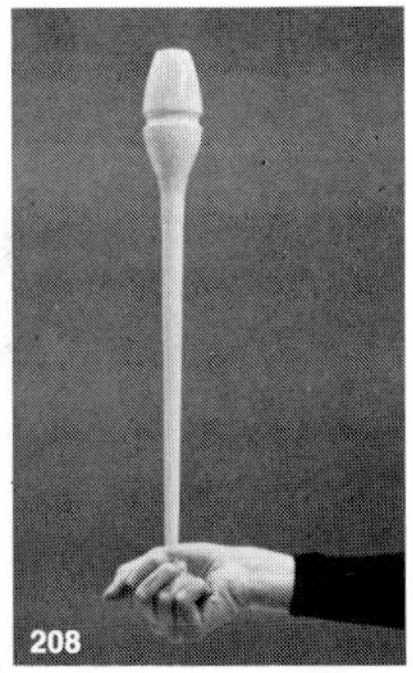
208

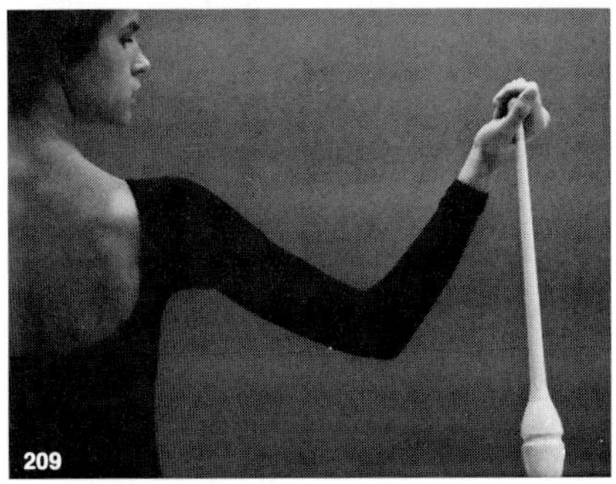
209

210

211

212

der Keulenkopf von Daumen und Mittelfinger umschlossen, und der Keulenhals streift am Daumen vorbei (Abb. 208).

- Werden die kleinen Kreise an der **Außenseite** des Armes ausgeführt, so fällt die Keule und bewegt sich zwischen Daumen und Zeigefinger (Abb. 209).

Andere Haltemöglichkeiten

- Kippen der Keule: die Keule ist zum Arm abgewinkelt (Abb. 210).
- Keulen werden wie ein Stab gehalten: beide Keulen werden in gegengleicher Richtung zusammengehalten (Abb. 211).
- Beide Keulen in einer Hand: beide Köpfe liegen mit fester Haltung in einer Hand (Abb. 212).
- Keulen werden fest am Rumpf oder Hals gehalten.

Im einzelnen sind folgende Techniken für das Gerät spezifisch:

- Schwingen (Pendeln, Kreisschwünge, Achterschwünge).
- Handkreisen.
- Werfen und Fangen.
- Schlagen.

Schwingen

Beim Schwingen ist der Rumpfeinsatz unerläßlich, da eine möglichst große Bewegungsweite erreicht werden soll. Alle Schwungformen werden nur mit lockeren Armen durchgeführt. Die Keule liegt in fester Haltung in der Hand und darf an den Umkehrpunkten nicht kippen. Alle diese Formen des Schwingens können zunächst nur mit einer Keule geübt werden; die Übergabe erfolgt dann am günstigsten an den Umkehrpunkten, da so eine Unterbrechung des Bewegungsflusses vermieden wird. Das Schwingen mit der Keule läßt sich mit dem Schwingen des Bandes oder Reifens vergleichen.

213/1

2

214

215

Ausführungsmöglichkeiten des Schwingens

Je nach dem Zentrum des Kreises und der damit gegebenen Größe des Radius sind folgende Schwünge möglich:

- Große Schwünge, Kreisschwünge: Kreismitte ist das Schultergelenk.
- Mittlere Schwünge, Kreisschwünge: Kreismitte ist der Ellbogen.
- Kleine Schwünge, Kreisschwünge: Kreismitte ist das Handgelenk (Handkreisen).

Das Schwingen kann am Ort und in der Fortbewegung wie folgt ausgeführt werden:

Schwingen mit 1 oder 2 Keulen in einer Hand (siehe Tabelle I)

Schwingen mit 2 Keulen, 1 Keule in jeder Hand (siehe Tabelle II)

Die Arme bewegen sich:

- Parallel, gleichzeitig: d. h. beide Arme bewegen sich in gleicher Richtung nach rechts oder links (Abb. 213/1, 2) oder vorwärts bzw. rückwärts.
- Parallel, nacheinander: d. h. beide Arme bewegen sich in gleicher Richtung um einen Halbkreis zeitlich versetzt. Dieses Nacheinander-Einsetzen der Arme wird als Mühlbewegung bezeichnet (Mühlschwünge, Mühlkreisschwünge [Abb. 214] Mühlachterschwünge).
- Gegengleich, gleichzeitig: d. h. in der frontalen (Abb. 215) und horizontalen Ebene ist die Bewegung beider Arme entweder aus- oder einwärts; in der sagittalen Ebene bewegt sich ein Arm vor-, der andere rückwärts (Abb. 216).

Tabelle I: Armbewegung mit einem Handgerät bei einhändiger Fassung

	Schwünge	**Kreisschwünge**	**Achterschwünge**	**Übergaben** (meist an den Umkehrpunkten)
Frontale Ebene auswärts, einwärts	über die Tiefhalte vor oder hinter dem Körper; über die Hochhalte	vor oder hinter dem Körper	großer Kreis vor dem Körper, kleiner Kreis hinter dem Kopf	über dem Kopf; vor oder hinter dem Körper in der Tiefhalte; unter dem vor- oder rückwärts gespreizten Bein; in den Seithalten
Sagittale Ebene vorwärts, rückwärts	über die Tiefhalte; über die Hochhalte; aufwärts, abwärts; an derselben oder der anderen Seite wie der ausführende Arm	an derselben oder der anderen Seite wie der ausführende Arm	die Kreise an beiden Körperseiten können unterschiedlich groß sein	vor oder hinter dem Körper
Horizontale Ebene auswärts, einwärts	vor oder hinter dem Körper	über den Kopf; unter dem Arm vor oder neben dem Körper, seltener hinter dem Körper	großer Kreis über dem Kopf, kleiner Kreis unter dem Arm, vor oder neben dem Körper, seltener hinter dem Körper	in den Seithalten oder Vorhalte; um den Körper herum in der Höhe der Taille, Hüfte, Knie, Fußgelenke unter dem vor-, rück- oder seitgespreizten Bein

(Vgl. Ausführungsmöglichkeiten des Schwingens beim Band, S. 53–55 und Reifen, S. 101, 102).

216

217

- Gegengleich, nacheinander: d. h. in der frontalen und horizontalen Ebene ist die Bewegung beider Arme entweder auswärts oder einwärts um einen Halbkreis zeitlich versetzt; in der sagittalen Ebene bewegt sich ein Arm vorwärts, der andere rückwärts um einen Halbkreis zeitlich versetzt. Der Schwungeinsatz erfolgt nacheinander (Gegenmühlschwünge, Gegenmühlkreisschwünge [Abb. 217], Gegenmühlachterschwünge).

Alle Schwungformen lassen sich auch als führende Bewegungen in allen Ebenen, auch in der schrägen Ebene, ausführen.

Tabelle II: Armbewegungen mit zwei Handgeräten oder mit einem Handgerät bei beidhändiger Fassung

		Schwünge				**Kreisschwünge**				**Achterschwünge**			
		parallel		gegengleich		parallel		gegengleich		parallel		gegengleich	
		gleichzeitig	nacheinander	gleichzeitig	nacheinander	gleichzeitig	nacheinander	gleichzeitig	nacheinander	gleichzeitig	nacheinander	gleichzeitig	nacheinander
Frontale Ebene	nach rechts nach links	X	X			X	X*			X	X*		
	auswärts einwärts			X	X			X	X			X	X
Sagittale Ebene	vorwärts rückwärts	X	X	X		X	X	X		X	X		
	aufwärts abwärts	X	X	X	X								
Horizontale Ebene	nach rechts nach links	X	X			X	X*			X	X*		
	auswärts einwärts			X	X			X	X			X	X

* nach rechts beginnt der LA und umgekehrt

Übungsbeispiele: Schwingen

Schwingen in der frontalen Ebene

① Gleiche Übungen wie bei Band, Schwingen in der frontalen Ebene, Schwünge S. 57, 4., Kreisschwünge S. 57, 58, 1–5, Achterschwünge S. 65, 3–5 und auch bei Reifen, Schwingen in der frontalen Ebene S. 102, 108, 1–6, zuerst mit einer, dann mit zwei Keulen in einer Hand ausführen.
② Erproben der Übungen mit einer Keule in jeder Hand mit Parallel-, Gegengleich- und Mühlschwingen.
③ Variieren mit 2 Keulen in einer und je einer Keule in jeder Hand, in den verschiedenen Möglichkeiten.

Z. B. **Verbindung** (Abb. 218):

Takt I

1– 4 2 Keulen in der RH in der Seithalte rechts, 2 Kreise auswärts, dabei 2 Laufsprünge vorwärts (1)

Takt II

5– 8 1 Schwung über die Tiefhalte zur Seithalte links, Übergabe einer Keule in die LH, Schwung zurück mit der RH mit einer Keule (2–4)

Takt III = I

9–12 2 Kreise auswärts gegengleich, dabei 1 Grätsch- und 1 Schlußsprung (5, 6)

Takt IV = II

13–16 mit der RH Schwung über die Tiefhalte zur Seithalte links, zurück Mühlschwung, RH beginnt, dann LH und in der Seithalte rechts Übergabe einer Keule in die RH (7, 8)

Schwingen in der sagittalen Ebene

① Gleiche Übungen wie bei Band, Schwingen in der sagittalen Ebene, Schwünge S. 58–60, 1–5, Kreisschwünge S. 60, 61, 1–8, einschließlich Verbindung S. 61, Achterschwünge S. 65–67, 1–8, einschließlich Variation S. 67 und wie bei Reifen, Schwingen S. 103–105, 1–8, zuerst mit 1 Keule, dann mit 2 Keulen in einer Hand ausführen.

② Beim Erproben der Übungen mit 1 Keule in jeder Hand zuerst parallel schwingen und anstatt der Übergaben vor dem Körper jeweils mit kurzem Loslassen die Keulen wechseln; dann auch mit Gegengleich- und Mühlschwingen.

③ Variieren der verschiedenen Möglichkeiten;
z. B. **Verbindung** Reifen S. 105, 8 (Abb. 219):

Takt I

1– 4 1 Keule in jeder Hand, 2 Hüpfer vorwärts auf dem LF, RF, dabei aus der Vorhalte 1 Achterschwung vorwärts überkreuzt beginnen (1, 2)

Takt II

5– 8 kleiner Sprung vorwärts in die Schlußstellung, dabei beide Arme bis zur Rückhalte parallel ausschwingen, 1 Mühlkreisschwung rückwärts, LA beginnt, Oberkörper aufrichten (3, 4)

Takt III

9–12 Stand, Schwung vorwärts parallel in die Vorhochhalte, Keulen wechseln, Hüpfer vorwärts auf dem LF, RB gebeugt anheben und Oberkörper vorneigen, dabei Schwung rückwärts parallel in die Rückhalte (5, 6)

Takt IV

13–14 Hüpfer vorwärts auf dem RF, LB rückgespreizt, Oberkörper aufrecht, dabei Schwung vorwärts parallel in die Vorhochhalte (7)

15–16 LF Schritt vorwärts, RF anstellen, mit ½-Drehung nach rechts Mühlschwung rückwärts, RA beginnt, beide Arme enden in der Vorhalte (8)

220/1
2
3
4
5
6
7
8
9
10
11
12
13
14
15
16

Schwingen in der horizontalen Ebene

① Gleiche Übungen wie bei Band, Schwingen in der horizontalen Ebene, Schwünge S. 55, 1, Kreisschwünge S. 56, 57, 1–6, Achterschwünge S. 61–63, 1–10; und wie bei Reifen, Schwingen in der horizontalen Ebene 1–9, zuerst mit 1 Keule, dann mit 2 Keulen in einer Hand ausführen.

② Erproben der Übungen mit 1 Keule in jeder Hand mit Parallel-, Gegengleich- und Mühlschwingen. Übungen mit Kreisschwüngen um den Körper herum sind nicht möglich.

③ Variieren der verschiedenen Möglichkeiten; die kleinen Kreise sind als Handkreise auszuführen;
z. B. **Variation** Band, S. 64 (Abb. 220):

Takt I
1– 4 Schlußstellung, 2 Keulen in der RH, aus der Seithalte rechts Schwung einwärts, in der Seithalte links Übergabe 1 Keule in die LH, mit der RH Schwung zurück zur Seithalte rechts (1, 2)

Takt II
5– 8 LA bleibt in der Seithalte links, mit der RH kleinen Kreis einwärts unter dem vorgespreizten LB (als Handkreis), LF Schritt vorwärts, RF anstellen in den Ballenstand, einen großen Kreis einwärts über dem Kopf mit der RH, wenn diese sich in der Seithalte links befindet, setzt die LH mit dem parallelen Kreisschwung ein (3, 4)

Takt III
9–12 Stand, Achterschwung nach links parallel (5, 6)

Takt IV
13–16 Achterschwung nach links parallel mit 1/1-Drehung nach links beim kleinen Kreis (7, 8)

Takt V
17–20 RF Schritt seitwärts, LB gebeugt rückspreizen, 1/1-Drehung nach rechts, mit der RH Schwung auswärts (9)

Takt VI
21–24 Stand, Mühlachterschwung einwärts, RH beginnt mit großem Kreis, dann die LH mit dem Handrücken an der linken Hüfte stützen, Keule kippt rückwärts (10, 11)

Takt VII
25–26 Hüpfer vorwärts auf dem LF, mit dem RB einen horizontalen Schwung vorwärts, dabei mit der RH Kreis einwärts über den Kopf (12)
27–28 RF Schritt vorwärts, LB gebeugt rückspreizen, mit der RH zur linken Körperseite ausschwingen (13)

Takt VIII
29–30 Hüpfer rückwärts auf dem LF, mit dem RB einen horizontalen Schwung rückwärts, dabei mit der RH Kreis auswärts über den Kopf (14)
31–32 RF kreuzt hinter dem LF, 1/1-Drehung nach rechts, dabei hinter dem Rücken die Keule von der RH in die LH (15, 16)
Wiederholen der 8 Takte gegengleich.

Schwingen in allen Ebenen

Variation Band S. 68, zuerst mit 1 Keule, dann mit 2 Keulen in einer Hand, oder mit 1 Keule in jeder Hand parallelschwingen; Variieren der verschiedenen Möglichkeiten gegengleich und nacheinander, z. B. (Abb. 221):

Takt I
1– 4 2 Galopp rechts seitwärts, dabei 2 frontale Kreise nach rechts schwingen, den ersten Kreis mit 2 Keulen in der RH (1), in der Seithalte links 1 Keule in die LH übergeben und den zweiten Kreis parallel mit beiden Armen ausführen

Takt II
5– 6 1 Galopp rechts seitwärts, 1 Kreis nach rechts parallel
7– 8 RF Schritt seitwärts in den Ballenstand, LB ist seitgespreizt, dabei zur Seithochhalte rechts parallel ausschwingen (2)

Takt III
9–12 1/4-Drehung nach links, 4 Laufschritte vw. LF, RF, LF, RF anstellen, dabei sagittalen Schwung auf- und abw. parallel (3, 4)

Takt IV
13–16 Heben zum Ballenstand, sagittalen Mühlkreis rückwärts, LH beginnt (5)

Takt V
17–20 2 langsame Schritte rw., LF, RF, dabei sagittalen Achterschwung rw., parallel zur li. Körperseite beginnend (6, 7)

Improvisationsthemen:

- Schwingen in allen Ebenen am Ort und in der Fortbewegung.
- Schwingen mit Aufeinanderschlagen, vorwiegend an den Umkehrpunkten.
- Schwingen variieren mit führenden Bewegungen, die rhythmisch durch Aufeinanderschlagen der Keulen unterstützt werden.

Takt VI

21–22 LF Schritt rückwärts und sagittalen Kreis rückwärts parallel an der linken Körperseite

23–24 RF anstellen und zum Ballenstand heben, horizontalen Kreis einwärts nur mit der RH, LA ist am Körper angelegt (8)

Takt VII

25–28 $^{1}/_{1}$-Drehung nach links, dabei horizontalen Kreis einwärts über den Kopf und ausschwingen zur Seithalte links mit beiden Armen parallel, dabei Gewichtsverlagerung auf den LF (9, 10)

Takt VIII

29–32 $^{1}/_{1}$-Drehung nach rechts, mit der RH horizontalen Kreis um den Körper herum mit Übergabe der Keule hinter dem Rücken in die LH, diese schwingt mit beiden Keulen zur Seithalte rechts, dabei Gewichtsverlagerung auf den RF (11, 12)

Wiederholen der 8 Takte gegengleich.

Handkreisen

Handkreise erfordern bewegliche Handgelenke und eine lockere Haltung der Keule. Sie werden in Verbindung mit allen Schwungformen ausgeführt. Die Arme sind hier nicht ganz gestreckt, die Handkreise verlaufen parallel zum Arm, und die Keulen dürfen den Körper nicht berühren.
Das Handkreisen fördert die Geschicklichkeit und Feinkoordination und läßt sich mit dem Seilkreisen oder dem Rotieren des Reifens vergleichen.

Ausführungsmöglichkeiten der Handkreise

In allen Armhaltungen an der Innen- bzw. Außenseite des Armes, am Ort und in der Fortbewegung.

222

223

224

225/1

2

Mit einer Keule
Siehe Tabelle I, S. 87
Mit zwei Keulen
Siehe Tabelle II, S. 88

In der frontalen Ebene
Die Keulen kreisen von der Tiefhalte über die Seit- zur Hochhalte;
- an der Innenseite: vor den Armen (Abb. 222),
- an der Außenseite: hinter den Armen (Abb. 223),
- eine Keule vor, die andere hinter dem Arm (vgl. Abb. 229).

In der sagittalen Ebene
Die Keulen kreisen von der Tiefhalte über die Vor- zur Hochhalte;
- an der Innenseite: innen neben den Armen,
- an der Außenseite: außen neben den Armen (Abb. 224),
- rechts oder links neben den Armen.

In der horizontalen Ebene
Die Keulen kreisen von der Vortief- oder Seittiefhalte bis zur Hochhalte;
- an der Innenseite: unter den Armen (Abb. 225/1),
- an der Außenseite: über den Armen (Abb. 225/2)
- eine Keule über, die andere unter dem Arm.

Die Bezeichnung der Handkreise bzw. der Achterhandkreise ist:
- bei parallel gleichzeitiger Bewegung – Gleichhandkreise (Abb. 226, 227),
- bei parallel nacheinander Bewegung – Gleichmühlhandkreise (Abb. 228),
- bei gegengleich gleichzeitiger Bewegung – Gegenhandkreise (vgl. Abb. 222),
- bei gegengleich nacheinander Bewegung – Gegenmühlhandkreise (Abb. 229).

Ein Gleichmühlachterhandkreis in der sagittalen Ebene wird als Mühle bezeichnet. Die Mühle wird meist in der Vorhalte ausgeführt, wobei die Hände zunächst gekreuzt sind und die Kreise an der Innenseite der Arme schwingen. Nach anschließendem Öffnen der Hände werden die Kreise an den Außenseiten der Arme ausgeführt (Abb. 230/1, 2). Ähnlich wird auch die Mühle in der frontalen Ebene in der Hochhalte ausgeführt.
In der sagittalen Ebene ist zusätzlich die Gegenbewegung der Keulen sowohl gleichzeitig wie nacheinander möglich (vgl. Tabelle II, S. 88), d. h. Gegenhand- und Gegenachterhandkreise (Abb. 231), Gegenmühlhand- und Gegenmühlachterhandkreise.
Es ist auch möglich, daß beim Handkreisen die Armbewegungen und das Kreisen der Keulen in unterschiedlichen Ebenen liegen.

226/1

2

227/1

2

228

Übungsbeispiele: Handkreisen

Handkreisen in der frontalen Ebene

① Erproben der Handkreise und Achterhandkreise von der Tief- über die Seit- bis zur Hochhalte, zuerst mit einer Keule, dann mit 2 Keulen in den verschiedenen Ausführungen (parallel, gegengleich, nacheinander) in verschiedenen Standstellungen.
② Wie 1, nur in der Fortbewegung (vgl. Seilkreisen, Kreise S. 147, 148, 1–8, Achterkreise S. 148, 9, S. 12, S. 149, 16).
③ Erproben der Handkreise und Achterhandkreise am Ort und in der Fortbewegung mit unterschiedlichen Armhaltungen oder Führungen in der frontalen Ebene.

Verbindung Schwingen mit Handkreisen in der frontalen Ebene

① Übungen wie bei Keulen, Schwingen mit Handkreisen und Achterhandkreisen variieren; statt eines Schwungs oder Kreisschwungs beliebig Handkreise ausführen.
② **Variation:** Wie bei Seil, Schwingen und Kreisen S. 153, zuerst mit 1 Keule, dann mit 2 Keulen ausführen; verschieden variieren.

Handkreisen in der sagittalen Ebene

① Erproben der Handkreise und Achterhandkreise von der Tief- über die Vor- bis zur Hochhalte und zurück bis zur Rückhalte, zuerst mit 1 Keule, dann mit 2 Keulen, in den verschiedenen Ausführungen; am Ort in Verbindung mit Rück- und Vorbeugen in verschiedenen Standstellungen und mit Gleichgewichtselementen, auch mit unterschiedlichen Armhaltungen oder Führungen.
② Hand- und Achterhandkreise mit 1 Keule wie bei Übungen Seilkreisen S. 149, 150,

229

230/1

2

231/1

2

1–6, und Rotieren des Reifens S. 115, 1, S. 116, 5; mit 2 Keulen nur begrenzt ausführbar, z. B. statt der Übergaben die Keulen schlagen.

Verbindung von Schwingen und Handkreisen in der sagittalen Ebene

① Übungen wie bei Keulen, Schwingen mit Handkreisen und Achterhandkreisen variieren; statt eines Schwunges oder Kreisschwunges beliebig Handkreise ausführen. Während des Schwingens zusätzlich, am besten in der Tiefhalte oder an den Umkehrpunkten, Handkreise ausführen.
② **Variation:** Wie bei Seil, Schwingen und Kreisen S. 154, zuerst mit 1 Keule ausführen, dann mit 1 Keule in jeder Hand oder auch 2 Keulen in einer Hand mit Schwingen kombinieren.

Handkreise in der horizontalen Ebene

① Erproben der Handkreise und Achterhandkreise von der Seithalte über die Vor- zur anderen Seithalte, oder von der Vortiefhalte über die Vor- zur Hochhalte, zuerst mit 1 Keule, dann mit 2 Keulen, in den verschiedenen Ausführungen; am Ort in unterschiedlichen Standstellungen und Bodenlagen in Verbindung mit Gleichgewichtselementen und Drehungen. Hand- und Achterhandkreise ausführen, auch mit unterschiedlichen Armhaltungen oder Führungen, auch in der Fortbewegung.
② Handkreise und Achterhandkreise mit 1 Keule wie bei Übungen Seil, Kreisen S. 150–152, 1–11, und Rotieren des Reifens S. 116, 1–4 auch in der Vor- und Seithalte ausführen; mit 2 Keulen begrenzt ausführbar, statt der Übergaben werden die Keulen vor und hinter dem Körper gegeneinander geschlagen.

Verbindung von Schwingen und Handkreisen in der horizontalen Ebene

Übungen wie bei Keulen, Schwingen variieren mit Handkreisen und Achterhandkreisen, statt eines Schwunges oder Kreisschwunges beliebig Handkreise ausführen oder während der Achterkreisschwünge zusätzlich alle kleinen Kreise als Handkreise, alle großen Kreise als Kreisschwünge ausführen.

Werfen und Fangen

Das Abwerfen einer oder beider Keulen erfolgt aus einer Schwungbewegung heraus; der Körper und der Arm sind im Moment des Abwurfes gestreckt.
Beim Keulenwerfen handelt es sich vorwiegend um Bogenwürfe, die mit Drehungen der Keule um ihre Querachse ausgeführt werden.
Die Technik des Werfens und Fangens und die dazugehörige Körperbewegung lassen sich aus der Technik des Ballwerfens ableiten. Die Keulentechnik ist schwieriger und erfordert im Moment des Abwurfs differenzierte Handbewegungen.

Ausführungsmöglichkeiten des Werfens und Fangens

Das Werfen erfolgt aus einem Schwung, Kreisschwung, Achterschwung oder Handkreisen als

- Hochwurf, Bogenwurf,
- mit Griff am Kopf, am Rumpf,
- mit $^1/_2$-, $^1/_1$- oder mehreren Drehungen.

Mit einer Keule

Fangen mit der abwerfenden oder der anderen Hand.

Mit zwei Keulen

Gleichzeitig oder nacheinander werfen, fangen mit der abwerfenden oder der anderen Hand, wobei sich die Keulen dann kreuzen, am Ort und in der Fortbewegung.

Abwurf in der sagittalen Ebene

- Abwurf vor oder hinter dem Körper, Fangen auf der gleichen Seite.
- Vor- oder Rückbogenwurf über den Kopf (Abb. 232).

Abwurf in der frontalen Ebene

- Der Wurf erfolgt auf der gleichen Körperseite wie das Fangen.
- Der Wurf erfolgt auf der anderen Körperseite wie das Fangen.
- Abwurf hinter dem Rücken, Fangen vor dem Körper (Abb. 233).

Übungsbeispiele: Werfen und Fangen

Werfen und Fangen in der sagittalen Ebene

① Vgl. Übungen Ball, Werfen und Fangen in der sagittalen Ebene S. 24, 1, 3–9, oder Übungen Reifen, Werfen und Fangen in der sagittalen Ebene S. 110, 1–5, mit 1 Keule ausführen.
② Wie oben, nur Erproben der Übungen mit 1 Keule in jeder Hand:

- 1 Keule abwerfen und die zweite während des Wurfes übergeben,

- beide Keulen gleichzeitig abwerfen und mit der Abwurfhand fangen,
- beide Keulen gleichzeitig abwerfen und mit der Gegenhand fangen, wobei sich die Keulen kreuzen,
- beide Keulen nacheinander abwerfen, beliebig fangen.

Werfen und Fangen in der frontalen Ebene

① Vgl. Übungen Ball, Werfen und Fangen in der frontalen Ebene S. 24, 1–3, mit 1 Keule ausführen.
② Wie oben, nur mit 1 Keule in jeder Hand. Erproben der Übungen von S. 96, 2.

Werfen und Fangen aus dem Handkreisen

Erproben der Übungen mit 1 oder 2 Keulen, mit den auf S. 25, 2 aufgeführten Möglichkeiten.
① Vgl. Übungen Seil, Werfen und Fangen aus dem Kreisen S. 161, 162, 1–5, S. 163, 1–4, oder Reifen, Werfen und Fangen aus der Rotation S. 118–123.

Werfen und Fangen mit Anpassung an Partner und Gruppe

Erproben der Übungen wie Ball, S. 27, 1–3

232

233

Schlagen

Das Schlagen der Keulen sorgt für eine abwechslungsreiche Gestaltung der Übung. Damit wird die vorangehende schwunghafte Bewegung betont.
Oft erfolgt auch das Schlagen aus geführten Bewegungen heraus, wobei es durch Strecken und Beugen des ganzen Körpers begleitet wird. Die Körperbewegungen haben meistens Wellencharakter.

Ausführungsmöglichkeiten des Schlagens

- Am Boden: Bodenschlag: gleichzeitig, nacheinander.
- Keule gegen Keule: Keulenschlag.
- Schlagen mit dem Rumpf (Abb. 234); seltener mit dem Hals oder Kopf.
- Am Ort und in der Fortbewegung.

Das Schlagen der Keulen kann in allen möglichen Lagen, Bewegungen und Ebenen in unterschiedlichen Rhythmen ausgeführt werden.

Schlagen der Keulen am Ort

① Am Boden oder Keule gegen Keule in den verschiedenen Haltungen (Vor-, Hoch-, Seithalte usw.).
② Am Boden in verschiedenen Stellungen, zum Stand heben und mit schlagenden Keulen die Arme entweder über die Vor- oder die Seithalte zur Hochhalte führen. Verschiedene selbstgewählte oder vorgegebene Rhythmen erproben.
③ Am Boden oder Keule gegen Keule in verschiedene Standstellungen und Bodenlagen, z. B. Standwaage, Kniestand, Schwebesitz usw., Bauchlage, Rückenla-

234

ge, Kerze; auch Bauchschaukel, Rollen vorwärts, seitwärts usw., vor und hinter dem Körper, unter dem vor-, seit- oder rückgespreizten Bein. (Vgl. Übung Band, Schwingen S. 62, 7, Band, Schlangen S. 72–74, 5–8, Seil, Schwingen S. 151, 3).

Schlagen der Keulen in der Fortbewegung, in Verbindung mit Schwingen

① Übungen wie bei Keulen, Schwingen, die Schwünge durch das Schlagen der Keulen an den Umkehrpunkten sowie in der Tief-, Vor-, Seit- und Hochhalte betonen.
- Statt der Übergabe der Keulen diese schlagen.
- Bewegungsabläufe des Schwingens mit führenden Bewegungen variieren, währenddessen die Keulen schlagen.

② Wie oben, nur in Verbindung mit Handkreisen.
③ Schlagen der Keulen in Verbindung mit Springen: Erproben der Übungen wie bei Springen über den Reifen S. 127, 128) statt der Übergaben die Keulen schlagen.

Andere Bewegungsmöglichkeiten der Keule

Rollen und Schieben auf dem Boden und Rollen über verschiedene Körperteile.

Hier wird eine für den Reifen typische Technik gezeigt: das Rotieren mit dem Reifen

Reifen

Charakteristik

Der Reifen ist schon allein durch seine Größe, Form und Eigenschaften ein vielseitiges Gerät. Insbesondere kann man mit ihm die Bewegungsweite schulen und das räumliche Vorstellungsvermögen, Koordination und Geschicklichkeit fördern.
Dieses dynamische Gerät verlangt großes Anpassungsvermögen, um die genaue Bewegungsrichtung, -ebene und -lage zu gewährleisten sowie den Krafteinsatz für sein Verhalten richtig zu dosieren.
Das Berühren des Bodens oder des Körpers beim Schwingen oder Durchspringen ist, ebenso wie beim Seil, unzulässig.
Der Reifen besteht aus Holz oder Plastik, der Innendurchmesser beträgt 80–90 cm, die Kanten des Reifens können rund, flach oder einseitig abgerundet sein.
Für Kinder sind auch runde, hohle Plastikreifen (sog. Hula-Hopp-Reifen) geeignet.

Lage des Reifens

Der Reifen kann auf die Unterlage (Boden) bezogen senkrecht, waagrecht, oder schräg sein.

Im Bezug zum Körper befindet sich der Reifen im:

- Seitverhalten: der waagrecht liegende Durchmesser des Reifens verläuft parallel zur Breitenachse des Körpers (Abb. 235).
- Querverhalten: der waagrecht liegende Durchmesser des Reifens verläuft rechtwinklig zur Breitenachse des Körpers (Abb. 236).

Handhabung

Der Reifen wird locker oder fest mit verschiedenen Griffen gehalten:

- Einhändig.
- Beidhändig: an zwei gegenüberliegenden Punkten (Mitte des Reifens), schulterbreit, eng, gekreuzt.

235

236

Verschiedene Griffarten

Der Reifen wird in Ausgangsstellung in der Tiefhalte gehalten.

Im Seitverhalten

- Griff von oben (Handrücken oben, Daumen unten; Ristgriff) (vgl. Abb. 237/1).
- Griff von unten (Handrücken unten, Daumen oben; Kammgriff) (vgl. Abb. 237/2).

Im Querverhalten

- Griff von außen (Handrücken außen, Daumen innen; Speichgriff) (vgl. Abb. 237/5).
- Griff von innen (Handrücken innen, Daumen außen; Ellgriff) (vgl. Abb. 237/7).
- Doppelgriff: eine Hand greift von innen, die andere von außen, eine Hand greift von oben, die andere von unten.

Im einzelnen sind folgende Techniken für das Gerät spezifisch:

- Schwingen.
- Werfen und Fangen.
- Rotieren (Handumkreisen).
- Springen durch und über den Reifen.
- Rollen.
- Zwirbeln und Drehen.

Schwingen

Beim Schwingen ist die Bewegung des ganzen Körpers mit maximaler Bewegungsweite notwendig. Der Reifen wird dabei meist ganz locker mit den Fingern gehalten und berührt nur leicht die Handfläche.

237/1
Seitverhalten: Griff von oben

2
Griff von innen

3
Seitverhalten: Griff von unten

4
Griff von außen

5
Querverhalten: Griff von außen

6
Griff von oben

7
Querverhalten: Griff von innen

8
Griff von innen

Unterschiedliche Bezeichnungen der Griffarten vor und neben dem Körper

Es muß darauf geachtet werden, daß jede verkrampfte Haltung, jede zusätzliche Bewegung des Handgelenks vermieden wird, da sonst Richtung, Lage und Ebene des Reifens verändert werden und somit der Bewegungsfluß gestört würde.
Alle Formen des Schwingens werden überwiegend einhändig ausgeführt, wobei die Übergabe des Reifens von der einen in die andere Hand meist an den Umkehrpunkten mit fast gestrecktem Arm erfolgt.
Alle Schwungelemente können auch als führende Bewegungen mit festerem Griff und vorwiegend beidhändig ausgeführt werden. Schwingen und Führen werden in Kürübungen hauptsächlich als Verbindungen zwischen verschiedenen Techniken verwendet. Im Training ist das fortlaufende Schwingen nur als Anpassung ans Gerät und seine Lage im Raum sowie als Vorbereitung zum Werfen und Fangen sinnvoll.

Ausführungsmöglichkeiten des Schwingens

Die folgenden Schwungformen sind mit dem Reifen möglich: Schwung, Kreisschwung, Achterschwung in allen Ebenen vorwiegend ein- aber auch beidhändig, am Ort und in der Fortbewegung; (vgl. Tabelle I, S. 87).
Die **Übergabe** des Reifens kann folgendermaßen ausgeführt werden:
- mit festem Halt bei dynamischen Übungen (z. B. Hüpfer, Sprünge usw.),

238

239

240/1

2

- mit lockerem Halt (z. B. Pendeln und aus der Rotation),
- in der frontalen Ebene: über dem Kopf, vor und hinter dem Körper, unter dem vor- (Abb. 238) oder rückgespreizten Bein (Abb. 239),
- in der sagittalen Ebene: vor und hinter dem Körper (Abb. 240/1, 2),
- in der horizontalen Ebene: um den Körper herum, in der Höhe der Taille, Hüfte, Knie, Fußgelenke; unter dem vor- (Abb. 241), rück- (Abb. 242), oder seitgespreizten Bein; über dem Kopf.

Bei allen Schwungformen in der frontalen und sagittalen Ebene muß der Arm bei der senkrechten Durchgangsphase gebeugt sein, um ein Aufschlagen des Reifens auf dem Boden zu vermeiden.

Halbkreise (Pendeln)

Frontale Ebene: auswärts, einwärts.
- Über die Tiefhalte.
- Über die Hochhalte.
- Im Seit- oder Querverhalten.
- Vor oder hinter dem Körper.

Sagittale Ebene: vorwärts, rückwärts.
- Über die Tiefhalte.
- Über die Hochhalte.
- Aufwärts, abwärts.
- im Seit- oder Querverhalten.
- An derselben oder der anderen Seite wie der ausführende Arm.

Horizontale Ebene: auswärts, einwärts.
- Im Seitverhalten (Reifen waagrecht).
- Im Querverhalten (Reifen senkrecht).

Kreise

Frontale Ebene: auswärts, einwärts.
- Im Seitverhalten.
- Mit Übergaben von der einen in die andere Hand, auch hinter dem Körper.

241

242

Sagittale Ebene: vorwärts, rückwärts.
- Im Seit- und Querverhalten.

Horizontale Ebene: auswärts, einwärts (der Reifen ist etwas geneigt).
- Im Seitverhalten: über dem Kopf.
- Vor dem Körper unter dem Arm (Ansatz aus dem Ellbogen).
- Mit der Übergabe von der einen in die andere Hand um den Körper herum.

Achterkreise

Frontale Ebene: auswärts (Abb. 243), einwärts.
- Der Kreis vor dem Körper kann unterschiedlich groß sein.
- Der Kreis hinter dem Kopf wird jeweils aus dem Handgelenk und Ellbogen ausgeführt.

Sagittale Ebene: vorwärts, rückwärts.
- Die Kreise an beiden Körperseiten können unterschiedlich groß sein.

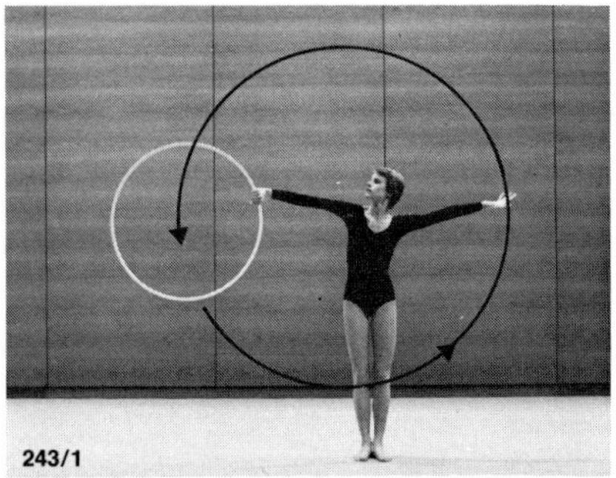
243/1

2

Horizontale Ebene: auswärts, einwärts.

- Großer Kreis über dem Kopf, kann mit Handumkreisen kombiniert werden.
- Kleiner Kreis jeweils aus dem Handgelenk und Ellbogen unter dem Arm vor dem Körper, neben dem Körper, mit Übergaben um den Körper.

Übungsbeispiele: Schwingen

Schwingen in der frontalen Ebene

① Mit frontaler Gewichtsverlagerung nach rechts auf den RF und links auf den LF, den Reifen im Seitverhalten einhändig nach rechts und links über die Tiefhalte schwingen; dabei beliebiger Handwechsel jeweils in der Tiefhalte:

- vor oder hinter dem Körper,
- mit Griff von unten oder oben,

z. B. aus der Tiefhalte mit der RH, Griff von oben, Schwung nach rechts, nach links, nach rechts (auswärts – einwärts – auswärts) vor dem Körper, nach links mit Übergabe in die LH mit Griff von oben hinter dem Körper, mit der LH zur Seithalte links ausschwingen;
mit der LH nach rechts – links vor dem Körper, nach rechts – links hinter dem Körper schwingen;
mit dem Schwung nach rechts in der Tiefhalte vor dem Körper den Reifen in die RH mit Griff von unten übergeben und mit diesem Griff die Übung wiederholen.
Wichtig: Exakte Einhaltung der Ebene, jeweils in den Seithalten gestreckter Arm, der Daumen liegt zum Fixieren der Lage des Reifens an dessen Außenkante.

② **Verbindung:** Schwung und Kreisschwung.

MUSIK ㉓

Takt I

1– 4 Gewichtsverlagerung auf den RF, LF, dabei mit der RH im Seitverhalten mit Griff von unten nach rechts und links schwingen

Takt II

5– 8 mit Schwung nach rechts einen ganzen Kreis mit Übergabe des Reifens in der Hochhalte von der RH in die LH ausführen, dabei in der Grätsche Ballenstand mit Streckung des Körpers und der Arme und mit Gewichtsverlagerung auf den RF mit der LH den Reifen nach rechts ausschwingen (vgl. Abb. 245/3, 4).

Wiederholen der 2 Takte gegengleich.

244/1

2

3

4

Der zweite Schwung (Takt I) einwärts kann auch hinter dem Körper ausgeführt werden.

③ Kreisschwünge vor dem Körper im Seitverhalten mit Übergaben:
Arme gebeugt in Vorhalte, schulterbreit, Reifen mit Griff von unten locker in der RH, mit Schwung nach links, Übergabe in die LH, weiter Schwung über oben nach rechts, Übergabe in die RH, Kreisschwung damit beenden; bei den Übergaben sind die Hände nebeneinander; fortlaufend wiederholen.

④ Wie 3, nur jeweils um das vorgespreizte Bein herum, d. h. LB vorspreizen, mit dem Schwung nach links den Reifen von der RH in die LH unter dem LB übergeben, LF Schritt vorwärts; weiter Schwung über oben nach rechts, Übergabe in die RH; RB vorspreizen, wieder Übergabe unter dem RB in die LH usw. (Abb. 244/1–4).
Wichtig: Die Arme bleiben in gleicher Höhe, die Übergaben erfolgen eng um das Bein.

⑤ Achterschwünge auswärts:
Schlußstellung, mit der RH Griff von innen (Arm eingedreht), aus der Seithalte rechts Kreisschwung nach links über die Tiefhalte vor dem Körper, dann hinter dem Kopf, dabei in den Knien nachfedern; fortlaufend und gegengleich wiederholen (vgl. Abb. 245/1, 2).

⑥ Wie 5, nur in der Fortbewegung seitwärts:
Beim Kreis vor dem Körper RF Schritt seitwärts in den Ballenstand, LB ist seitgespreizt; beim Kreis hinter dem Kopf kreuzt der LF mit Schritt seitwärts vor dem RF; oder Schrittsprung seitwärts, entweder beim Kreis vor oder hinter dem Körper.

⑦ **Verbindung:** Schwünge, Kreisschwünge und Achterschwünge in der frontalen Ebene (Abb. 245)

MUSIK ㉓ ㉚

Takt I, II
1– 8 2 Achterschwünge auswärts mit der RH wie 5 (1, 2)

Takt III
9–12 LF Schritt seitwärts mit Gewichtsverlagerung nach links und rechts, dabei mit der RH Schwung nach links und rechts, Griff von oben

Takt IV
13–16 Gewichtsverlagerung nach links, mit der RH Schwung nach links, Übergabe in die LH mit Griff von unten, über die Grätsche zum Ballenstand heben, dabei mit der LH weiter über die Seit- in die Hochhalte schwingen, Übergabe in die RH, mit Gewichtsverlagerung auf den LF den Kreis vor dem Körper beenden und in der Tiefhalte Übergabe in die LH mit Griff von oben, zur Seithalte links ausschwingen (3, 4).

Wiederholen der 4 Takte gegengleich.

Variante: die Verbindung in beliebiger Fortbewegung

- Achterschwünge wie 6,
- Schwünge mit Wechselschritt, Walzerschritt, Hüpfer seitwärts,
- Kreisschwünge mit Galopp seitwärts, Sprung am Ort.

Schwingen in der sagittalen Ebene

① Im Stand mit Nachfedern in den Knien Pendelschwung einhändig vorwärts – rückwärts – vorwärts, in der Streckung des Körpers und der Arme Übergabe des Reifens in Augenhöhe in die andere Hand und rückwärts ausschwingen, wiederholen gegengleich (vgl. Abb. 246/1–3).

② Wie oben, nur nach rückwärts beginnen, Übergabe des Reifens hinter dem leicht vorgebeugten Körper in die andere Hand und vorwärts ausschwingen, wiederholen gegengleich (vgl. Abb. 246/5, 6).
Wichtig: Streckung des Armes in der Vor- bzw. Rückhochhalte (lockerer Griff) und exakte Einhaltung der Ebene.

③ Wie oben, nur in der Fortbewegung mit Walzerschritten, Hüpfern oder Geh- und Laufschritten; Nach jedem Schwung vor- bzw. rückwärts Übergabe.

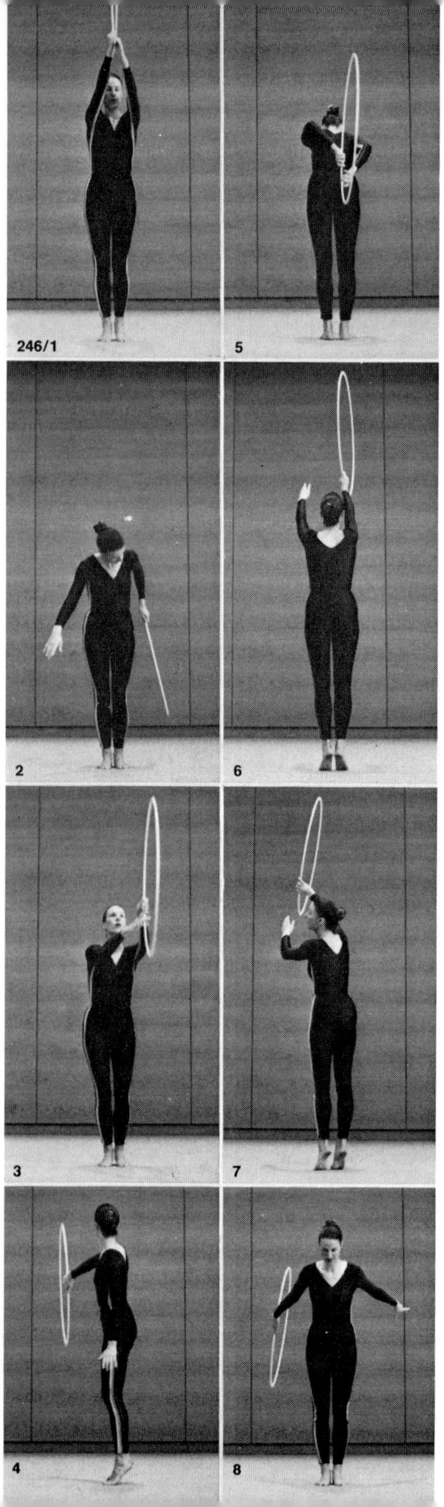

④ **Verbindung:** Übergabe mit ½-Drehung (Abb. 246/1–8).
MUSIK ⑮
Im Stand mit der RH Schwung vorwärts, Übergabe in die LH und Schwung rückwärts, wiederholen gegengleich, beim Schwung rückwärts mit der RH ½-Drehung nach rechts;
Übergabe in die LH und Schwung rückwärts, Übergabe hinter dem Körper in die RH und Schwung vorwärts, wiederholen gegengleich, nach dem Schwung vorwärts mit der LH Übergabe in die RH und ½-Drehung nach links; die Verbindung wiederholen.
Variante in der Fortbewegung:

- Mit schnellem Walzerschritt vorwärts laufen, pro Schwung 2 Walzerschritte vorwärts, LF beginnt, die ½-Drehung nach rechts auf dem LF im Ballenstand ausführen; beim Rückschwung mit der LH die schnellen Walzerschritte vorwärts mit dem RF beginnen, beim letzten Schwung die ½-Drehung nach links auf dem RF im Ballenstand ausführen und von vorne wiederholen.

⑤ Übergabe vor bzw. hinter dem Körper nach jedem Schwung:
Im Stand mit der RH Schwung vorwärts, Übergabe vor dem Körper in die LH und Schwung rückwärts, Übergabe hinter dem Körper in die RH; fortlaufend wiederholen, auch gegengleich.
Variante in der Fortbewegung:

- Z. B. Gehschritte vorwärts, Ballenstand; Hüpfer auf dem RF, LB rückspreizen, Streckung des Körpers, Hüpfer auf dem LF, RB gebeugt anheben, Oberkörper leicht vorbeugen usw.

⑥ Achterschwünge vorwärts:
Schlußstellung, mit der RH Griff von innen, aus der Vorhalte Kreisschwung an der linken Körperseite beginnen, dann an der rechten Körperseite, den Achterschwung wiederholen, vor dem Körper in die LH übergeben, linke Handfläche nach oben; die Achterschwünge fortlaufend wiederholen, dabei jeweils an der linken Körperseite beginnen (vgl. Abb. 247/1–3).
Variante in der Fortbewegung:

- Mit Hüpfer vorwärts – rückwärts; Gehen vorwärts
- Rückwärts, jeweils mit dem LF beginnen.

Die Übung auch mit beliebigem Handwechsel ausführen.

⑦ **Verbindung:** Kreis- und Achterschwung: Wie bei Band, Schwingen in der sagittalen Ebene S. 66, 6, Kreisschwung am vorgespreizten Bein vorbei; Arm jeweils in der Hochhalte strecken. Den Achterschwung nur aus dem Handgelenk ausführen.

⑧ **Verbindung:** Schwünge, Kreisschwünge und Achterschwünge in der sagittalen Ebene (Abb. 247).

MUSIK ⑰ ㉗

Takt I

1– 4 2 Hüpfer vorwärts auf dem LF, RF, dabei mit der RH Griff von innen, aus der Vorhalte 1 Achterschwung vorwärts, an der linken Körperseite beginnen (1–3)

Takt II

5– 6 kleinen Sprung vorwärts in die Schlußstellung, dabei mit der RH den Reifen an der rechten Körperseite bis zur Rückhalte ausschwingen, Oberkörper ist vorgeneigt, Arm eingedreht (4)

7– 8 1 Kreisschwung rückwärts an der rechten Körperseite, Oberkörper aufrecht (5)

Takt III

9–10 1 Schwung mit der RH in die Vorhochhalte, Arm ist ausgedreht (6)

11–12 Übergabe in die LH und mit einem Hüpfer vorwärts auf dem LF, RB gebeugt anheben, Oberkörper vorgeneigt, einen Schwung rückwärts, hinter dem Rücken in die RH übergeben (7)

Takt IV

13–14 Hüpfer vorwärts auf dem RF, LB rückgespreizt, Oberkörper aufrecht, dabei mit der RH Schwung vorwärts in die Vorhochhalte (8)

15–16 mit LF Schritt vorwärts, RF anstellen, 1/2-Drehung nach rechts, dabei mit der RH Schwung rückwärts; durch die Drehung ist die RH in der Vorhalte (9).

Entweder die 4 Takte fortlaufend oder mit Übergabe in die LH gegengleich wiederholen.

Schwingen in der horizontalen Ebene

① LF Schritt seitwärts und Gewichtsverlagerung auf den LF, dann RF, den Reifen einhändig nach links und rechts schwingen, dabei beliebiger Handwechsel in der Vor- oder Seithalte (vgl. Abb. 248/1, 2).
Wichtig: Die Schwünge müssen weiträumig sein, der Reifen wird ganz locker mit Griff von oben gehalten.

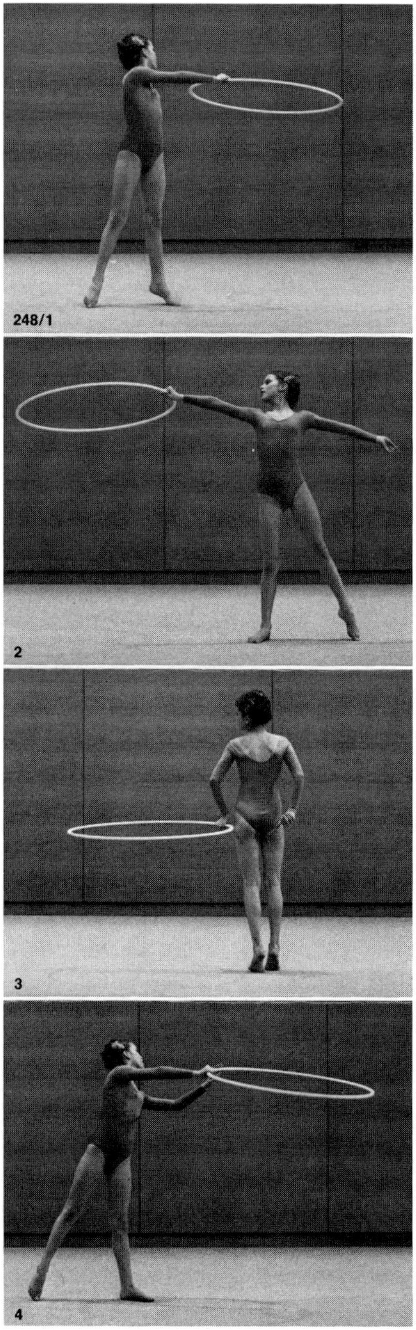

248/1, 2, 3, 4

② Kreisschwünge eng um den Körper herum mit Übergaben von der RH in die LH und umgekehrt, jeweils mit lockerem Griff von oben. Die Übergaben können vor und hinter dem Körper stattfinden, genau wie beim Seil um die Hüfte, Knie, unter dem vor-, seit- oder rückgespreizten Bein; siehe Seil, Schwingen S. 151, 3.

③ **Verbindung:** Schwünge und Kreisschwünge (Abb. 248).

MUSIK ㉚

Takt I

1– 4 Gewichtsverlagerung seitwärts auf den LF, RF, dabei mit der RH aus der Seithalte rechts Schwung nach links, nach rechts (1, 2)

Takt II

5– 8 LF Schritt seitwärts, RF kreuzt vor dem LF, $^{1}/_{1}$-Drehung nach links, dabei 1 Kreisschwung um die Hüfte herum mit Übergabe vor dem Körper in die LH und hinter dem Körper in die RH, Gewichtsverlagerung auf den LF, dabei Übergabe vor dem Körper in die LH und den Reifen zur Seithalte links ausschwingen (3, 4).

Die 2 Takte gegengleich wiederholen.

Varianten:

- Takt I in verschiedenen Standstellungen und Bodenlagen ausführen;
- bei Takt II die verschiedenen Übergaben erproben.

④ Achterschwünge einwärts:
Stand, mit der RH aus der Seithalte rechts mit Griff von unten einen kleinen Kreis nach links vor dem Körper und einen großen Kreis nach links über dem Kopf, dabei

249/1, 2

Körperspirale; auch gegengleich üben (Abb. 249/1, 2)
Wichtig: Handfläche zeigt immer nach oben, den Kreis über dem Kopf mit gestrecktem Arm und großem Körpereinsatz ausführen.

⑤ Wie 4, nur Varianten beim kleinen Kreis:

- LF Schritt seitwärts, RF anstellen.
- $^{1}/_{1}$-Drehung nach links ausführen.
- Ausfallschritt mit dem LF vorwärts.
- Kniestand oder Fersensitz auf dem RB usw.
- Mit Übergaben um den Körper herum.

⑥ Achterschwünge auswärts:
Stand: mit der RH aus der Seithalte links mit Griff von unten einen Kreis nach rechts über dem Kopf und einen kleinen Kreis nach rechts vor dem Körper, dabei Körperspirale; auch gegengleich üben (siehe »Wichtig« bei 4)

⑦ Wie 6, nur Varianten beim großen Kreis:

- RF Schritt seitwärts, LF anstellen.
- Verschiedene beid- und einbeinige 1/1-Drehungen nach rechts ausführen.
- Kniestand oder Fersensitz usw.
- Statt der großen Kreise Handumkreisen nach rechts.
- Hüpfer und Sprünge mit Drehungen (Pferdchensprung, Drehsprung).

⑧ Achterschwünge einwärts oder auswärts, mit verschiedenen Varianten beim kleinen und großen Kreis, beim großen Kreis einwärts auch Handstützauf- und Überschwünge probieren.

⑨ **Verbindung** von Achterschwüngen einwärts und auswärts (Abb. 250):

MUSIK ㉘ ㉚

Takt I
1– 4 Kniestand auf dem RB, LF ist vorne aufgestellt, mit der RH aus der Seithalte rechts mit Griff von unten einen Achterschwung einwärts, mit kleinem Kreis beginnen (1)

Takt II
5– 8 zum Stand auf dem LF kommen, RF anstellen, dabei Achterschwung einwärts und bis zur Seithalte links ausschwingen (2)

Takt III
9–12 RF Schritt seitwärts, LF kreuzt vor dem RF, 1/1-Drehung nach rechts, dabei mit der RH Achterschwung auswärts, mit langsamem großem Kreis über dem Kopf beginnen (3)

Takt IV
13–16 und mit kleinem Kreis um die Hüfte herum, mit Übergabe von der RH hinter dem Körper in die LH beenden (Griff von oben) (4)

Takt V
17–20 RF Schritt seitwärts, LF anstellen, dabei mit der LH Achterschwung einwärts, mit großem Kreis über dem Kopf beginnen (aus dem Griff von oben mit Eindrehen des LA und Führung zur Seithochhalte rechts über den Daumen zum Griff von unten wechseln) (5)

Takt VI
21–24 RF Schritt seitwärts, LF kreuzt vor dem RF, 1/1-Drehung nach rechts, dabei mit der LH Achterschwung einwärts, mit großem Kreis beginnen, den kleinen Kreis um die Hüfte herum mit Übergabe in die RH und in die LH (Griff von oben) (6)

Takt VII
25–28 Stand, Übergabe vor dem Körper in die RH mit Griff von unten, einen Achterschwung auswärts, mit Kreis über dem Kopf beginnen (7)

Takt VIII
29–32 RF Schritt vorwärts, zum Kniestand auf dem LB senken, dabei den Reifen mit eingedrehtem LA mit Griff von unten über die RH kreuzend fassen und in der beidhändigen Fassung mit einem Kreis nach rechts über dem Kopf bis zur Seithalte links führen, mit der RH Reifen loslassen (8, 9).

Die 8 Takte gegengleich wiederholen.

⑩ **Improvisationsthema**

Verbindung von Schwüngen, Kreisschwüngen um den Körper herum und Achterschwüngen einwärts, auswärts, auch mit führenden Bewegungen.

Variation: Schwingen in allen drei Ebenen:

MUSIK ㉚

Takt I
1– 4 Hüpfer vorwärts auf dem RF, LB rückspreizen, dabei mit der RH einen sagittalen Schwung vorwärts, in der Vorhochhalte Übergabe in die LH; Hüpfer auf dem LF, RB gebeugt anheben, Oberkörper leicht vorgeneigt, dabei mit der LH einen sagittalen Schwung rückwärts und Übergabe hinter dem Körper in die RH

Takt II
5– 8 wie Takt I, auf die Zählzeit 8 RF Schritt vorwärts und mit der RH zur Seithalte rechts mit Griff von außen bereits in die frontale Ebene ausschwingen

Takt III
9–12 LB vorspreizen, einen frontalen Kreisschwung um das LB herum mit Übergabe von der RH in die LH, LF Schritt vorwärts und Übergabe in die RH; RB vorspreizen, einen frontalen Kreisschwung um das RB herum

Takt IV
13–16 wie Takt III, auf die Zählzeit 16 RF Schritt seitwärts und mit der RH in die Seithalte rechts

mit Griff von oben bereits in die horizontale Ebene ausschwingen

Takt V

17–20 Gewichtsverlagerung seitwärts auf den LF, RF, dabei mit der RH einen horizontalen Schwung nach links, nach rechts

Takt VI

21–22 LF Schritt seitwärts, RF kreuzt vor dem LF, $^{1}/_{1}$-Drehung nach links, dabei einen horizontalen Kreisschwung nach links um die Hüfte herum mit Übergaben in die LH, RH, LH

23–24 LF Schritt seitwärts und zur Seithalte links ausschwingen

Takt VII

25–28 wie Takt V, nur gegengleich

Takt VIII

29–30 wie Takt VI 21–22, nur gegengleich

31–32 2 Schritte rückwärts, RF, LF, dabei den Reifen in der RH und mit einem sagittalen Schwung rückwärts bis zur Rücktiefhalte ausschwingen.

Wiederholen der 8 Takte fortlaufend.

Werfen und Fangen

Das Werfen und Fangen des Reifens gleicht dem Bewegungsablauf beim Ball. Die Würfe sind als Fortsetzung eines Schwungs, Kreis- oder Achterschwungs anzusehen, dabei geht die Bewegung von der Körpermitte aus und erfolgt über die Streckung des Körpers und der Arme. Damit der Reifen in seiner vorbestimmten Flugbahn ruhig und ohne »Flattern« fliegt, muß im Moment des Abwurfes das Handgelenk exakt die Verlängerung des Armes bilden. Jede kleinste waagrechte oder senkrechte Abweichung des Handgelenks wirkt sich auf die Lage des Reifens während seines Flugs negativ aus.
Beim Fangen darf der Reifen im Fall nicht abgestoppt, sondern soll weich mit dem Griff aufgefangen werden, mit dem die nächste Übung beginnt.

251

252

Ausführungsmöglichkeiten des Werfens

- Geradlinig = Hochwurf.
- Bogenförmig = Bogenwurf.
- Beidhändig, einhändig, aus allen Griffarten, auch mit dem Fuß.
- In der sagittalen Ebene (am häufigsten).
- In der frontalen Ebene.
- Aus der horizontalen Ebene meist beidhändig, auch mit Drehen des Reifens um seine Querachse (Abb. 251).
- In der schrägen Ebene (Abb. 252).
- Aus dem Schwung, Kreisschwung oder Achterschwung.
- Aus den führenden Bewegungen.
- Aus der Rotation.
- Am Ort und in der Fortbewegung.

Ausführungsmöglichkeiten des Fangens

- Beidhändig, einhändig, alle Griffarten.
- Am Ort und in der Fortbewegung.

Eine **Sonderform des Werfens und Fangens** (vergleichbar mit dem Loslassen und Fangen eines Seilknotens) ist der schnelle geradlinige Wechsel der Richtung des Reifens oder des Griffes (Abb. 253/1, 2). Sie wird überwiegend mit Ausfallschritten, Kniestand, Gleichgewichtselementen sowie Vor-, Rück- oder Seitbeugen verbunden.

Das Werfen

- Geradlinig, jeweils durch Impuls des Armes in Richtung zum Körper.
- Beidhändig, einhändig, aus allen Griffarten.
- In allen Ebenen.

Das Fangen

- Beidhändig, einhändig, alle Griffarten.
- Am gegenüberliegenden Punkt des Abwurfgriffes.

2

253/1

Übungsbeispiele: Werfen und Fangen

Werfen und Fangen in der sagittalen Ebene

Vgl. Ball, Werfen und Fangen S. 24, 5–8; S. 25, 26, 1–4)

① Mit einem Schwung vorwärts bis in die Vorhochhalte Reifen einhändig werfen und fangen und zurück zur Rückhalte ausschwingen; jeweils

- fangen mit der gleichen Hand,
- fangen mit der anderen Hand,
- die Höhe des Wurfes steigern.

Wichtig: Anpassen der Körperbewegung: beim Abwurf Ballenstand, Streckung des Körpers und des Armes, beim Ausschwingen in den Knien nachgeben.

② Reifen mit der RH in der Vorhochhalte werfen und fangen; die RH schwingt über die Tiefhalte mit ½-Drehung nach rechts weiter in die Vorhochhalte, wieder werfen und fangen und fortlaufend, gegengleich, wiederholen (vgl. Abb. 268/2–5, S. 119).

③ Einige Schritte vorwärts, LF beginnt, dabei mit der RH werfen, mit der LH fangen und über die Tiefhalte mit ½-Drehung nach links weiter in die Vorhochhalte schwingen, abwerfen, mit der RH fangen und zur Rückhalte ausschwingen; fortlaufend, auch gegengleich, wiederholen.

④ Reifen im Laufen in weitem und hohem Bogen abwerfen, nachlaufen, mit der gleichen oder der anderen Hand fangen und im Stand zur Rückhalte ausschwingen.

⑤ Reifen im Schrittsprung abwerfen, nachlaufen und fangen; während der Anlaufschritte ist der Abwurfarm in der Rückhalte, beim Absprung schwingt der Arm in die Vorhalte, im höchsten Punkt der Sprungphase erfolgt der Abwurf (Abb. 254):

- verschiedene Sprünge erproben
- im Laufen werfen, im Sprung fangen

254/1 2 3

- im Sprung werfen, im Sprung fangen.

Übungen wie bei Ball, Werfen und Fangen S. 26, 3, 4 mit dem Reifen ausführen.

Sonderform des Werfens in der sagittalen Ebene

① Ausfallschritt mit dem LF vorwärts, Reifen in der RH im Querverhalten, Griff von außen, aus der Vorhalte geradlinig rückwärts werfen, mit der RH am gegenüberliegenden Punkt fangen und in die Rückhalte führen (vgl. Abb. 253); umgekehrt den Reifen vorwärts werfen, wieder mit der RH am gegenüberliegenden Punkt fangen und in die Vorhalte führen; fortlaufend und gegengleich wiederholen;
auch mit Handwechsel, d. h. nach dem Werfen vorwärts mit der LH fangen.

② Wie oben, nur nach dem Werfen mit der RH ½-Drehung nach rechts, dadurch Ausfallschritt mit dem RF vorwärts, mit der LH fangen und in die Vorhalte führen; gegengleich wiederholen, d. h. mit der LH rückwärts werfen, ½-Drehung nach links, Ausfallschritt mit dem LF vorwärts und mit der RH fangen usw. Die Übung auch beliebig mit und ohne Handwechsel und in der Fortbewegung ausführen.

Bogenwurf in der frontalen Ebene

① Gewichtsverlagerung auf den RF, LF, dabei mit der RH im Seitverhalten mit Griff von unten Schwung nach rechts, links und rechts, in der Seithochhalte rechts den Reifen über den Kopf werfen und mit der LH in der Seithochhalte links fangen, dabei in der Grätsche zum Ballenstand heben (Abb. 255), mit Gewichtsverlagerung auf dem RF den Reifen mit der LH nach rechts ausschwingen. Wiederholen gegengleich (vgl. Verbindung Schwingen S. 102, 2, statt Kreisschwung Abwurf).

Varianten:

- Während des Werfens einige Schritte seitwärts; Galopp oder Schrittsprung seitwärts usw.

Übungen wie bei Ball, Werfen und Fangen S. 27, 4, 5 ohne Aufprellen mit dem Reifen ausführen.

Hochwurf in der frontalen Ebene, leicht schräg

① Stand, Reifen beidhändig und mit schulterbreitem Griff von unten aus der Brusthöhe schräg in die Vorhochhalte führen (als Vorübung ohne Abwurf), dabei in den Bal-

lenstand heben, Körper und Arme strekken, Reifen abwerfen, fangen und zum leichten Beugestand senken, den Reifen wieder zum Brustkorb führen.
② Wie oben, nur in der Fortbewegung. Hüpfer auf dem RF, LB rückspreizen, dabei werfen und fangen, 2 Schritte vorwärts LF, RF, dabei den Reifen zum Brustkorb führen; gegengleich wiederholen (Abb. 256).
Wichtig: Beim Werfen gleichmäßigen Krafteinsatz der beiden Hände, der Reifen muß exakt in Verlängerung der Arme sein.
③ Wie oben, nur beim Abwurf verschiedene Sprünge am Ort oder Pferdchensprung, Schlußsprung vorwärts mit Rückspreizen eines Beines oder andere kleine Sprünge in der Fortbewegung erproben; anschließend mit Griff von unten fangen und danach Sprung durch den Reifen mit RD rückwärts (siehe Springen durch den Reifen, S. 125, 5).

255/1 2

256

Sonderform des Werfens in der frontalen Ebene

Aus dem Ausfallschritt links seitwärts Gewichtsverlagerung auf den RF, dabei mit der RH Griff von außen, aus der Seithalte links geradlinig nach rechts werfen, in der Seithalte rechts mit der RH am gegenüberliegenden Punkt fangen; Gewichtsverlagerung auf den LF, dabei mit der RH nach links werfen und in der Seithalte links mit der RH fangen. Üben gegengleich, auch mit Handwechsel, dabei mit ½-Drehung.

Werfen und Fangen aus der horizontalen Ebene über dem Kopf

① Stand, Reifen über dem Kopf in der Hochhalte, beidhändige Fassung von außen an zwei genau gegenüberliegenden Punkten, Knie beugen, strecken und in den Ballenstand heben, dabei den Reifen zuerst in Schulterhöhe führen, dann Arme strekken und zurück in die Hochhalte bringen (als Vorübung ohne Abwurf) und den Reifen genau waagrecht hochwerfen und fangen.
② Wie oben, nur mit Griff von innen (vgl. Abb. 257/4); beliebiger Wechsel der Griffe von außen und innen.
Wichtig: Gleichmäßiger Krafteinsatz beider Arme beim Werfen.

257/1 2 3 4 5 6

③ **Verbindung** mit Führen (Abb. 257):

MUSIK ㉗

Takt I
1– 4 mit dem LF Ausfallschritt vorwärts, dabei mit der RH aus der Vorhochhalte, Griff von oben, den Reifen auf den Boden legen (1)

Takt II
5– 8 zum Hockstand in den Reifen hineinspringen, mit beidhändigem Griff von außen den Reifen aufnehmen, aufrichten und in den Ballenstand heben, dabei den Reifen in die Hochhalte führen, wobei zum Griff von innen übergegangen wird (2, 3)

Takt III
9–12 Knie beugen, strecken und in den Ballenstand heben, dabei den Reifen zur Schulterhöhe und zurück in die Hochhalte führen, werfen und fangen (4)

Takt IV
13–16 LF kreuzt vor dem RF, 1/1-Drehung nach rechts, dabei den Reifen zur Hüfthöhe und zurück in die Hochhalte, weiter mit der RH mit Griff von oben in die Vorhochhalte führen (5, 6).

Die 4 Takte fortlaufend oder gegengleich wiederholen, d. h. im Takt IV weiter mit der LH führen.

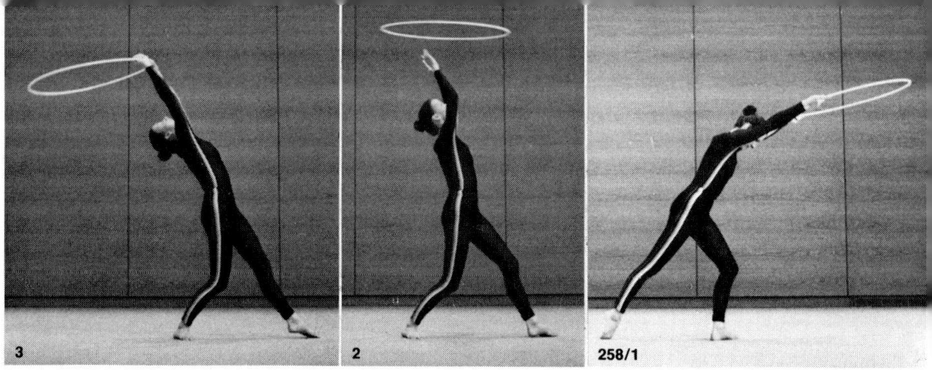
3 2 258/1

Werfen und Fangen aus der horizontalen Ebene aus der Vorhalte

① Schrittstellung, Knie beugen, strecken, in den Ballenstand heben, dabei den Reifen in beidhändiger Fassung, Griff von außen, an 2 genau gegenüberliegenden Punkten aus der Vorhalte zur Vorhochhalte führen und in der waagrechten Lage werfen und fangen.
② Wie oben, nur jeweils mit kleinem Hüpfer vorwärts, Spielbein rückspreizen.
③ Wie oben, jedoch den Griff etwa schulterbreit, aus der Vorhochhalte werfen, nach 1/2-Drehung des Reifens in der Luft auf der gegenüberliegenden Seite fangen.
Durch stärkeren Impuls der Handgelenke dreht sich der Reifen ein-, zwei- und mehrmals in der Luft; beidhändig oder einhändig mit Griff von unten oder oben fangen (vgl. Abb. 251).
Wichtig: Beim Abwurf Streckung des Körpers und der Arme bis zur Vorhochhalte, damit die Würfe hoch genug sind.
④ Wie 3, nur beim Abwurf Hüpfer vorwärts, Schlußsprung oder andere Sprünge am Ort erproben;
Fangen in verschiedenen Stellungen und Bodenlagen, z. B. Kniestand, Hocke, Halbspagat usw. und zu schwingenden oder führenden Bewegungen überleiten.
⑤ Wie 3, jedoch den Wurf als Bogenwurf nach hinten ausführen, d. h. die Arme schwungvoll bis zur Hochhalte führen, während der Flugphase Rolle rückwärts und im Kniestand, Fersensitz, Hocke usw. fangen.

Sonderform des Werfens in der horizontalen Ebene

① Aus dem Ausfallschritt vorwärts einige Schritte rückwärts, dabei den waagrechten Reifen aus der Vorhalte in beidhändiger schulterbreiter Fassung geradlinig rückwärts über den Kopf werfen, auf der gegenüberliegenden Seite den Reifen beidhändig fangen (Abb. 258), zum RD rückwärts führen, mit einem Schritt rückwärts durchsteigen, Spielbein vorwärts anheben, dadurch heraussteigen und in die Ausgangsposition, d. h. in den Ausfallschritt senken.

Werfen und Fangen in den schrägen Ebenen

① Stand, Reifen beidhändig mit Griff von unten aus der Seittiefhalte rechts über vorne zur Seithochhalte links schwingen, in der schrägen Lage werfen, nachlaufen und sich zum Reifen drehen, beid- oder einhändig mit Griff von oben fangen, anschließend Pferdchensprung durch den Reifen mit RD vorwärts (siehe S. 125, 2, Springen durch den Reifen); oder Drehungen nach links ausführen, dabei den Reifen mit Kreisschwüngen nach links um die Hüfte mit Übergaben schwingen.

② **Verbindung** mit Schwingen:
1/1-Drehung nach links, dabei mit der RH aus der Seithalte rechts einen horizontalen Kreisschwung einwärts über dem Kopf, die RH schwingt weiter einen Schwung einwärts bis zur Seithochhalte links, den Reifen in der schrägen Lage nach links abwerfen, nachlaufen (vgl. Abb. 252), 1/2-Drehung nach links, Reifen mit der RH frontal in der Seithalte rechts fangen und in der senkrechten Lage einen Kreis um den Körper herum ausführen, dabei mit dem LB mit 1/2-Drehung nach links hineinsteigen, mit dem RB mit 1/2-Drehung nach links heraussteigen (vgl. Abb. 267, S. 118), 1/1-Drehung nach links, und den Reifen zweimal mit horizontalem Kreisschwung (waagrechte Lage) um die Hüfte herum übergeben.

Improvisationsthema

Werfen und Fangen in allen Ebenen, Hochwürfe, Bogenwürfe, auch die Sonderformen des geradlinigen Werfens in Verbindung mit Schwingen und Führen.
Übungen zum **Werfen aus der Rotation** sind erst nach der Beschreibung dieser Technik angeführt, siehe Rotieren.

Anpassung an Partner und Gruppe

Aufstellung: Paarweise Gegenüberstellung in der Gasse; jedes Paar hat einen Reifen und soll die verschiedenen Möglichkeiten der obengenannten Würfe in der sagittalen, frontalen und aus der horizontalen Ebene am Ort und in der Fortbewegung erproben. Der Reifen wird jeweils von der Partnerin gefangen.
Die Würfe sollen aus verschiedenen Gegenüberstellungen erfolgen: z. B. in Stirnreihe, in Flankenreihe.

Rotieren (Handumkreisen)

Bei der Rotation dreht der Reifen mit seiner Innenkante um die geöffnete Hand an den Fingeransätzen, der Daumen ist abgespreizt. Durch leichte Bewegung der lockeren Finger und der Hand wird die Geschwindigkeit der Rotation reguliert. Die Rotation am Unterarm ist falsch, erfolgt sie über den Handrücken, ist sie bei längerem Üben auch schmerzhaft. Zwischen dem rotierenden Reifen und der Hand entsteht ein rechter Winkel, wodurch die Hand während der Rotation exakt senkrecht, oder in den vertikalen Ebenen auch waagrecht gehalten werden muß, damit der Reifen nicht aus seiner Ebene abweicht. Der Arm bleibt ähnlich wie beim Seilkreisen ruhig. Der Reifen wird aus anderen Bewegungen durch kurzen, festen Griff (um die Lage des Reifens zu fixieren) und durch schwunghafte Bewegung des Handgelenks in die Bewegungsrichtung zur Rotation gebracht. Die Rotation kann gleichmäßig oder rhythmisch variiert verlaufen.

Ausführungsmöglichkeiten des Rotierens

- Einhändig, selten beidhändig.
- Am Ort und in der Fortbewegung.

In der frontalen Ebene: Außen- oder Innenhandumkreisen (vom Handgelenkkreisen ausgehend), vor oder hinter dem Körper (Abb. 259).
In der sagittalen Ebene: Vor- oder Rückhandumkreisen an beiden Körperseiten (Abb. 260).
In der horizontalen Ebene: Außen (vom Körper weg) – oder Innenhandumkreisen (zum Körper), über dem Kopf (Abb. 261).

259

260

261

Rotieren auch um andere Körperteile: um die Taille (Hula-Hoop), Fußspitzen.

Übungsbeispiele: Rotieren

Rotieren in der frontalen Ebene

① Stand, in den Knien nachfedern, Reifen in der RH in gebeugter Vorhalte, mit einem Schwung des Handgelenks sechsmal Au-

ßenhandumkreisen, auf die Zählzeit 7, 8 zur Seithalte links ausschwingen, mit Schwung zurück sechsmal Innenhandumkreisen und zur Seithalte rechts ausschwingen; fortlaufend und gegengleich wiederholen.

② Wie oben, nur mit Handwechsel: mit der RH achtmal Außenhandumkreisen, dann die LH nahe der RH mit dem Handrücken gegen die Innenkante des Reifens drücken und mit der LH achtmal Innenhandumkreisen, dann die RH nahe der LH mit der Handfläche gegen die Innenkante des Reifens drücken und fortlaufend, auch gegengleich, wiederholen.

Wichtig: Regelmäßige Rotation ohne Unterbrechung beim Handwechsel, die Arme bleiben unverändert in der Vorhalte; nicht mit dem Unterarm kreisen.

③ Wie 2, nur im Grätschstand, mit Gewichtsverlagerung auf den LF und zurück auf den RF beschreibt der RA zusätzlich zu der Rotation einen langsamen Kreis auswärts vor dem Körper, Übergabe in die LH und mit der Gewichtsverlagerung auf den LF und RF beschreibt die LH einen langsamen Kreis einwärts; fortlaufend, auch gegengleich, wiederholen.

④ Wie 2, nur viermal mit der RH, viermal mit der LH Handumkreisen, dabei 8 Hüpfer vorwärts, wieder viermal mit der RH, viermal mit der LH Handumkreisen und 8 Hüpfer rückwärts, jeweils mit dem LF beginnen.

⑤ Rotieren mit Handwechsel unter dem vorgespreizten Bein, (vgl. Seilkreisen S. 148, 5 und Reifen Schwingen S. 99, 4). LB vorspreizen, den Reifen mit einem Schwung nach links von der RH in die LH unter dem LB übergeben, LF Schritt vorwärts, dabei mit der LH einmal Innenhandumkreisen und in die RH übergeben, RB vorspreizen, Übergabe unter dem RB in die LH, RF Schritt vorwärts und Übergabe in die RH, einmal Außenhandumkreisen; fortlaufend wiederholen.

⑥ Rotation mit Handwechsel hinter dem Rücken (vgl. Seilkreisen S. 148, 7, siehe auch »Wichtig«).
Stand, mit der RH viermal Außenhandumkreisen, Übergabe in die LH und weiter zweimal Innenhandumkreisen, dabei $^1/_2$-Drehung nach rechts, Reifen rotiert hinter dem Rücken, wenn er über die Tiefhalte kreist Übergabe mit Griff von unten in die RH, d. h. die Finger von unten auf die Innenkante des Reifens legen; sofort $^1/_2$-Drehung nach rechts und weiter mit der RH vor dem Körper zweimal Außenhandumkreisen; fortlaufend wiederholen (vgl. Abb. 262/4–6).

⑦ **Verbindung** der obigen Übungen (Abb. 262):

MUSIK ⓫

Takt I
1– 4 3 Hüpfer vorwärts, LF, RF, LF, RF Schritt vorwärts, mit der RH viermal Außenhandumkreisen (1)

Takt II
5– 8 LB, RB vorspreizen, dabei jeweils Übergabe des Reifens und je einmal Handumkreisen (siehe 5) (2, 3)

Takt III
9–12 Takt I wiederholen

Takt IV
13–16 Übergabe in die LH, LF kreuzt vor dem RF, $^1/_1$-Drehung nach rechts, dabei zweimal mit der LH Innenhandumkreisen hinter dem Rücken, zweimal mit der RH Außenhandumkreisen vor dem Körper (siehe 6) (4–6)

Wiederholen der 4 Takte fortlaufend, auch gegengleich.

⑧ Galopp seitwärts nach rechts, links, dabei Rotieren, auswärts, einwärts, mit der RH, LH.
⑨ 3 Galopps rechts seitwärts, RF Schritt seitwärts mit ½-Drehung nach rechts, dabei mit der RH viermal Innenhandumkreisen; wenn der Reifen über die Hochhalte kreist, Übergabe in die LH. (Handrücken nah an der RH gegen die Innenkante des Reifens drücken), 3 Galopps links seitwärts, LF Schritt seitwärts mit ½-Drehung nach links, dabei mit der LH viermal Innenhandumkreisen; wenn der Reifen über die Hochhalte kreist, Übergabe in die RH; fortlaufend wiederholen.
⑩ Wie 9, nur mit Außenhandumkreisen; die Übergaben von der RH in die LH und umgekehrt erfolgen jeweils dann, wenn der Reifen über die Tiefhalte kreist, die Finger dabei von unten auf die Innenkante des Reifens legen.

Improvisationsthema
Rotieren in der frontalen Ebene in Verbindung mit Schwingen; dabei Gehen, Wechselschritte, Tanzschritte, Hüpfen vorwärts, rückwärts, seitwärts, Gewichtsverlagerungen, Standelemente und Drehungen, verschiedene Sprünge vor- und seitwärts wie Schrittsprünge, Anschlagsprünge usw.

Rotieren in der sagittalen Ebene

① (Abb. 263), Stand, Reifen rechts neben dem Körper in der RH mit Griff von oben, Zeigefinger liegt auf dem Reifen, aus einem Schwung über den Daumen (1) viermal Rückhandumkreisen (2); mit einem Schwung in die gebeugte Vorhalte den Reifen durch die Handfläche und Unterarm von unten stützen (3); Handgelenk nach unten kippen (4) und viermal Vorhandumkreisen (5), mit einem Schwung über die Vorhalte (Griff von innen) zur Rücktiefhalte schwingen, den Reifen hinter dem Körper in die LH mit Griff von außen übergeben (6). Gegengleich wiederholen
Varianten:

- Beim Rückhandumkreisen: Körperwelle vorwärts; Gehschritte, Wechselschritte, Hüpfer vorwärts oder rückwärts; Ausfallschritt vorwärts.
- Beim Schwung in die Vorhalte: Ballenstand, evtl. mit Körperwelle vorwärts.
- Beim Vorhandumkreisen: im Stand Oberkörper vorbeugen; Gehschritte, Wechselschritte, Hüpfer vorwärts oder rückwärts; Ausfallschritt vorwärts.
- Beim Handwechsel hinter dem Körper: Ballenstand, Oberkörper leicht vorneigen.

② Stand, mit der RH viermal Rückhandumkreisen, ½-Drehung nach rechts und mit der RH an der linken Körperseite zweimal vorwärts rotieren, Übergabe in die LH (Handrücken gegen die Innenkante des Reifens drücken) zweimal vorwärts rotieren;
mit der LH viermal Vorhandumkreisen, ½-Drehung nach links und mit der LH an der rechten Körperseite zweimal rückwärts rotieren, Übergabe in die RH (Handfläche gegen die Innenkante des Reifens drükken) und zweimal rückwärts rotieren. Fortlaufend und auch gegengleich wiederholen (Abb. 264/1–6).
③ Wie 2, nur beim Rückhandumkreisen mit der RH 4 Hüpfer vorwärts, LF beginnt; LF kreuzt vor dem RF, ½-Drehung nach rechts, beim Vorhandumkreisen mit der LH 4 Hüpfer vorwärts, RF beginnt; RF kreuzt vor dem LF, ½-Drehung nach links.
④ Rückhandumkreisen mit zusätzlichem Armkreis: Ausfallschritt vorwärts mit dem LF, Gewichtsverlagerung rückwärts auf den RF, dabei mit der RH Rückhandumkreisen, wobei der RA einen langsamen Kreis rückwärts (über die Vor-, Hoch- und Rückhalte, Zählzeit 1–8) beschreibt, Oberkörper in leichter Rückbeuge.
Senken zum Kniestand auf dem RB, LF ist

264/1 2 3 4 5 6

vorne aufgestellt, RH wiederholt Rückhandumkreisen und Armkreis (Abb. 265/1–3). Heben zum Ausfallschritt vorwärts, Gewichtsverlagerung auf den RF, RH wiederholt Rückhandumkreisen und Armkreis; Gewichtsverlagerung vorwärts auf den LF, RF Schritt vorwärts, dabei faßt die LH den Reifen, ½-Drehung nach links, dabei den Reifen beidhändig über Vor- und Hochhalte wieder in die Vorhalte führen, LF Schritt rückwärts, dabei mit der LH den Reifen in die Rückhalte ausschwingen und die Übung gegengleich wiederholen (Abb. 265/4–6).
⑤ Wechselschritte vorwärts mit dem LF, RF, dabei mit der RH Vorhandumkreisen, LB vorspreizen, dabei RA in der Vorhalte strecken (Griff von innen), den Reifen zur Tiefhalte führen und unter dem vorgespreizten LB in die LH mit Griff von außen übergeben, weiter in die Rückhalte schwingen, LF anstellen, ½-Drehung nach links, dadurch ist die LH in der Vorhalte (Griff von innen), Reifen geradlinig rückwärts werfen, mit der LH am gegenüberliegenden Punkt fangen und Vorhandumkreisen; die Übung gegengleich wiederholen.

Improvisationsthemen

- Rotieren in der sagittalen Ebene in Verbindung mit Schwingen, dabei Gehen, Wechselschritte, Tanzschritte, Hüpfer vorwärts, rückwärts, Gewichtsverlagerungen, Körperwellen und verschiedene Sprünge vorwärts (Pferdchensprung, Laufsprung usw.).
- Rotieren in der frontalen und sagittalen Ebene am Ort und in der Fortbewegung in Verbindung mit Drehungen.

Rotieren in der horizontalen Ebene

① Stand, RA in der Hochhalte, Reifen waagrecht neben dem Kopf fest mit den Fingern von unten gefaßt, durch Schwung des Handgelenks nach links mit dem Reifen sechsmal Innenhandumkreisen, auf die Zählzeit 7, 8 nach links ausschwingen, durch Schwung des Handgelenks nach rechts sechsmal Außenhandumkreisen und nach rechts ausschwingen; fortlaufend und gegengleich wiederholen.
Wichtig: Beim Rotieren die Hand senkrecht halten, die Finger locker lassen; beim Ausschwingen jeweils festeren Griff von unten.
② Wie oben, nur mit 6 Gehschritten vorwärts, LF beginnt, beim Ausschwingen nach links Gewichtsverlagerung auf den LF seitwärts, 6 Gehschritte vorwärts, RF beginnt, beim Ausschwingen nach rechts RF anstellen, RA eindrehen und den Reifen mit Griff von unten hinter dem Rücken in die LH übergeben; wiederholen gegengleich (Abb. 266).
③ Stand, mit der RH Innenhandumkreisen, dann die LH nahe der RH mit dem Handrücken gegen die Innenkante des Reifens drücken und ohne Unterbrechung mit der LH Außenhandumkreisen, dann die RH nahe der LH mit der Handfläche gegen die Innenkante des Reifens drücken und fortlaufend wiederholen.
④ Wie 3, nur Wechsel zwischen Standstellungen und Bodenlagen (siehe Seilkreisen S. 151, 2).
⑤ Ballenstand, mit der RH viermal Innenhandumkreisen, 1 Kreisschwung um den Körper herum mit Übergabe vor dem Körper in die LH, hinter dem Körper in die RH, jeweils mit Griff von oben; RA wieder zur Rotation in die Hochhalte führen, den Reifen von der Seithalte zur Hochhalte mit dem Daumen von unten stützen; fortlaufend, auch umgekehrt (d. h. RH Außenhandumkreisen) und gegengleich (d. h. mit der LH) wiederholen. Verschiedene Übergaben erproben (siehe Seilkreisen S. 151, 3).
⑥ Gleitendes Gehen vorwärts – rückwärts, dabei mit dem Reifen Innen-, oder Außenhandumkreisen; auch mit Handwechsel.

⑦ 4 Schritte vorwärts, LF beginnt, $^1/_2$-Drehung nach rechts, 4 Schritte rückwärts, $^1/_2$-Drehung nach rechts und fortlaufend wiederholen, dabei mit der RH Innenhandumkreisen.
⑧ **Verbindung** mit Kreisschwung um den Körper herum und Handwechsel:

MUSIK ㉘ ㉚

Wie 7, d. h. je 4 Schritte vorwärts, rückwärts, vorwärts gehen, dabei mit RH Innenhandumkreisen, danach einen Kreisschwung nach links um den Körper, mit Übergabe in die LH, hinter dem Körper in die RH und vor dem Körper wieder in die LH. Die 4 Takte wiederholen, nur mit dem RF beginnen und mit der LH Außenhandumkreisen. Die $^1/_2$-Drehung erfolgt jeweils gegen die Rotation.
⑨ **Verbindung** Seilkreisen S. 152, 8, 9 mit Rotation des Reifens ausführen (in Verbindung 8 bei Variante des Taktes IV nur einen Kreisschwung ausführen).
⑩ Rotieren in Verbindung mit Achterschwüngen einwärts:
Stand, mit der RH viermal Innenhandumkreisen, mit Körperspirale einen Achterschwung einwärts, mit kleinem Kreis beginnen; fortlaufend und gegengleich wiederholen.
Varianten beim Innenhandumkreisen:
- Gehschritte vorwärts, LF beginnt.
- 2 Wechselschritte vorwärts LF, RF.
- $^1/_1$-Drehung nach rechts, LF kreuzt vor dem RF, oder verschiedene einbeinige Drehungen.
- 3 Anlaufschritte LF, RF, LF Absprung und Pferdchensprung, Laufsprung usw. ausführen.
- In verschiedene Bodenstellungen senken.

Variante beim Achterschwung:
- Kleiner Kreis siehe Schwingen S. 106, 5.

⑪ Rotieren in Verbindung mit Achterschwüngen auswärts:
Stand, mit der RH viermal Außenhandumkreisen und Achterschwung auswärts, mit kleinem Kreis beginnen; fortlaufend und gegengleich wiederholen.
Variante beim Außenhandumkreisen:
- Wie bei Innenhandumkreisen, nur die $^1/_1$-Drehung nach links.

Variante beim Achterschwung:
- Großer Kreis: siehe Schwingen S. 106, 7

⑫ Beliebige Verbindung von Rotieren mit Achterschwüngen einwärts, auswärts und verschiedenen Varianten beim kleinen und großen Kreis, auch mit Handwechsel.
⑬ Stand, mit der RH Innenhandumkreisen, dann den Reifen in die Vorhalte zum Querverhalten (senkrechte Lage) mit Griff von außen schwingen, weiter Kreisschwung nach links um den Körper herum, dabei mit dem vorgespreizten LB hineinsteigen, mit dem vorgespreizten RB heraussteigen (Abb. 267) (siehe Seil, Schwingen S. 155, 3).

265/1 2 3 4 5 6

266

2 267/1

⑭ **Improvisationsthema**

Rotieren in der horizontalen Ebene in Verbindung mit Schwingen: am Ort in verschiedenen Stellungen und Bodenlagen; in der Fortbewegung mit Gehen, Drehungen, Wechselschritten und Sprüngen.

Variation: Rotieren und Schwingen in der horizontalen Ebene

MUSIK ⓬

Vgl. Variation Seil S. 156, gleicher Bewegungsablauf mit kleinen Abweichungen

Takt I

1– 4 Ballenstand, RH viermal Innenhandumkreisen

Takt II

5– 8 zur Schlußstellung senken, Körperspirale, mit der RH Achterschwung einwärts, mit kleinem Kreis beginnen

Takt III

9–12 Kreisschwung nach links im Querverhalten, mit dem vorgespreizten LB hineinsteigen und mit dem vorgespreizten RB heraussteigen, dabei $^1/_1$-Drehung nach links

Takt IV

13–16 3 Schritte vorwärts, LF, RF, LF, rechte Fußspitze vorne aufstellen, dabei mit der RH viermal Innenhandumkreisen

Takt V

17–20 $^1/_1$ Piqué-Drehung nach rechts auf dem RF, linke Fußspitze am rechten Knie, LB ist ausgedreht, dabei mit der RH viermal Innenhandumkreisen

Takt VI

21–24 Ausfallschritt vorwärts mit dem LF, einen Kreisschwung nach links um die Hüfte herum mit Übergabe in die LH, hinter dem Körper in die RH und vor dem Körper in die LH, jeweils mit Griff von oben

Takt VII

25–28 RF Schritt vorwärts, LF anstellen und $^1/_1$-Drehung nach rechts, Übergabe in die RH mit Griff von unten, Achterschwung auswärts, mit großem Kreis über dem Kopf beginnen

Takt VIII

29–32 und mit kleinem Kreis um die Hüfte herum Übergabe hinter dem Körper in die LH, vor dem Körper in die RH mit Griff von unten, in die Seithalte rechts ausschwingen.

Die 8 Takte fortlaufend wiederholen.

Werfen aus der Rotation in der sagittalen Ebene

① Rückhandumkreisen, durch Streckung des Körpers und des Armes in die Vorhochhalte Reifen abwerfen, mit festem Griff von außen fangen und locker zur Rückhalte ausschwingen; die Höhe des Wurfes steigern; Varianten bei der Rotation:

- Ausfallschritt oder Körperwelle vorwärts.
- Geh-, Lauf-, Wechselschritte vorwärts.
- Pferdchensprung, Schrittsprung usw.

Varianten beim Wurf:

- Ballenstand.
- Sprung am Ort oder in der Fortbewegung.

② **Verbindung** mit Schwingen (Abb. 268):

MUSIK ㉘

Takt I

1– 4 2 Schritte vorwärts LF, RF, Gewichtsverlagerung vorwärts auf den LF, dabei mit der RH Rückhandumkreisen (1)

Takt II

5– 8 RF anstellen und zum Ballenstand heben, Reifen hochwerfen und fangen (2, 3)

Takt III

9–12 RH schwingt über die Tiefhalte mit $^1/_2$-Drehung nach rechts weiter in die Vorhochhalte, Reifen werfen und fangen (4, 5)

Takt IV

13–16 mit der RH zur Rücktiefhalte schwingen und hinter dem Körper in die LH übergeben, dabei zum Ballenstand heben, Oberkörper leicht vorneigen (6)

Die 4 Takte gegengleich und fortlaufend wiederholen.

268/1 2 3 4 5 6

③ Wie 1, nur Vorhandumkreisen und den Hochwurf mit gestrecktem Arm aus der Hochhalte ausführen.
④ Wie 2, nur bei Takt I Vorhandumkreisen, bei Takt IV mit der RH zur Rückhalte und Vorhalte schwingen, den Reifen mit Schwung zur linken Körperseite in die LH übergeben und die 4 Takte mit Vorhandumkreisen gegengleich wiederholen.
⑤ Hochwurf aus dem Rückhandumkreisen, den Reifen im vorderen unteren Teil mit Griff von oben kurz fassen und sofort wieder rückwärts rotieren, die Höhe des Wurfes steigern (Abb. 269).

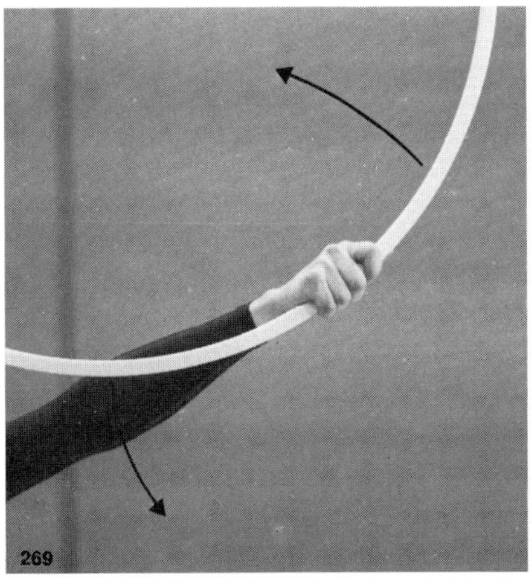

269

270/1 2

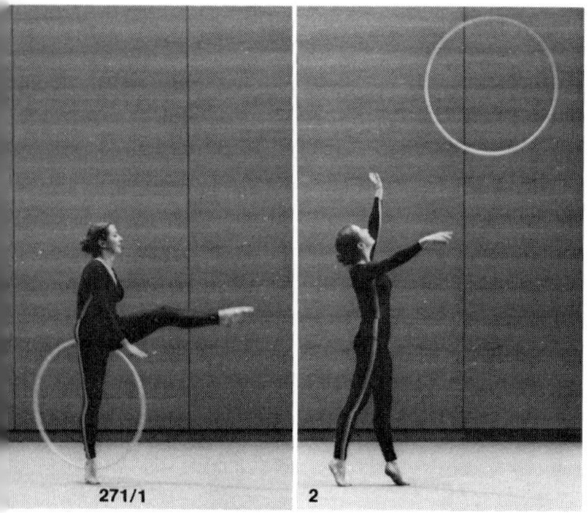

271/1 2

⑥ Hochwurf aus dem Rückhandumkreisen, den Reifen genau in der Mitte der oberen Hälfte mit Griff von unten fest fangen und sofort vorwärts rotieren (Abb. 270).
⑦ Wie 5 und 6, nur Hochwurf aus dem Vorhandumkreisen.

⑧ **Verbindung:** Würfe aus dem Rück- und Vorhandumkreisen mit Fangen und anschließender Rotation

MUSIK ㉘

Takt I
1– 4 4 Schritte vorwärts LF, RF, LF, RF, mit der RH Rückhandumkreisen

Takt II
5– 8 LF anstellen und zum Ballenstand heben, Reifen hochwerfen und im vorderen unteren Teil fangen

Takt III
9–12 Gewichtsverlagerung vorwärts auf den LF, RF anstellen mit Körperwelle vorwärts, mit der RH Rückhandumkreisen

Takt IV
13–16 Schlußsprung, Reifen hochwerfen und in der Mitte der oberen Hälfte fangen

Takt V
17–20 LF Schritt vorwärts mit Absprung zum Pferdchensprung, 2 Schritte vorwärts, LF, RF, mit der RH Vorhandumkreisen

Takt VI
21–24 LF Schritt vorwärts mit Absprung zum Schrittsprung, 2 Schritte vorwärts LF, RF, Reifen hochwerfen und zum Vorhandumkreisen fangen

Takt VII
25–28 LF anstellen, Knie beugen, Oberkörper leicht vorneigen, mit der RH Vorhandumkreisen

Takt VIII
29–32 LB vorspreizen, RA in die Vorhalte strecken, mit Griff von innen zur Tiefhalte führen, unter dem LB in die LH übergeben und in die Rückhalte ausschwingen (vgl. Abb. 271/1)
Die 8 Takte gegengleich und fortlaufend wiederholen.

Wichtig: Bewegungsablauf der Rotation und der Würfe zuerst am Ort oder mit einigen Schritten vorwärts üben, dann bei Rotation und Abwurf jeweils den gleichen Bewegungsablauf wählen, z. B. Schritte vorwärts bei der Rotation, Schlußsprung beim Abwurf; danach mit verschiedenen Bewegungsabläufen erproben.
Bei den Übungen 5–8 auf einen fließenden Übergang zwischen Fangen und Rotieren achten.

Variation Rotation, Werfen und Fangen in der sagittalen Ebene (Abb. 271)

MUSIK ㉚

Takt I
1– 4 2 Wechselschritte vorwärts LF, RF, mit der RH Vorhandumkreisen

Takt II
5– 8 2 Schritte vorwärts LF, RF, LB vorspreizen, RA in der Vorhalte strecken, zur Tiefhalte führen, unter dem LB in die LH übergeben (1) und in die Rückhalte schwingen

Takt III
8–12 Reifen im Ballenstand mit der LH in der Vorhochhalte abwerfen (2), ½-Drehung nach links, mit der RH zum Rückhandumkreisen fangen

Takt IV
13–16 mit 4 Schritten vorwärts, LF, RF, LF, RF, Körperwelle vorwärts, mit der RH Rückhandumkreisen

Takt V, VI
17–24 Gewichtsverlagerung vorwärts auf den LF und zurück auf den RF, mit der RH Rückhandumkreisen und mit dem RA einen langsamen Kreis rückwärts

Takt VII
25–28 RF anstellen und zum Ballenstand heben, Reifen mit der RH abwerfen, ½-Drehung nach rechts, mit der LH zum Vorhandumkreisen fangen

Takt VIII

29–32 Knie beugen, Oberkörper leicht vorneigen, mit der LH Vorhandumkreisen.

Die 8 Takte gegengleich und fortlaufend wiederholen.

Improvisationsthema

Würfe aus der Rotation oder aus dem Schwingen in der sagittalen Ebene am Ort und in der Fortbewegung; Fangen am Ort und in der Fortbewegung, auch in Bodenlagen mit Übergang zu Rotation, Schwingen und Führen, auch in anderen Ebenen.

Werfen aus der Rotation in der frontalen Ebene

① Außenhandumkreisen, durch Streckung des Körpers und des Armes in die Hochhalte Reifen abwerfen, im unteren Teil des Reifens fangen und nach innen ausschwingen;
Innenhandumkreisen, in der Hochhalte Reifen abwerfen, mit Griff von unten fangen und nach außen ausschwingen; die Höhe des Wurfes steigern.

Varianten bei der Rotation:

- Gewichtsverlagerung vorwärts, seitwärts.
- Körperwelle vorwärts, seitwärts.
- Zum Kniestand, Hocke usw. senken und wieder zum Stand heben.
- Einbeiniger Ballenstand mit verschiedenen Spielbeinhaltungen, Standwaage sowie anderen Gleichgewichtselementen.
- Hüpfer, Galopp, Geh- und Laufschritte vorwärts, rückwärts, seitwärts.
- Sprünge in der Fortbewegung.

Varianten beim Wurf:

- Ballenstand.
- Sprung am Ort oder in der Fortbewegung.

272/1

2

3

4

5

6

② **Verbindung:** mit Schwingen (Abb. 272). MUSIK ㉘

Takt I 1– 4 Gewichtsverlagerung seitwärts auf den LF mit Körperwelle seitwärts, dabei mit der RH Außenhandumkreisen (1) Takt II 5– 8 RF anstellen und zum Ballenstand heben, Reifen hochwerfen und fangen (2, 3) Takt III 9–12 Gewichtsverlagerung seitwärts auf den LF, zurück auf den RF, dabei den Reifen mit der RH nach links und rechts schwingen Takt IV 13–16 LF Schritt seitwärts, RF anstellen, mit der RH nach links hinter den Körper schwingen, Übergabe in die LH und zur Seithalte links ausschwingen, mit der LH nach rechts vor den Körper schwingen, in der Tiefhalte Übergabe in die RH mit Griff von unten (4)	Takt V 17–20 4 Schritte vorwärts LF, RF, LF, RF, dabei mit der RH Innenhandumkreisen Takt VI 21–24 Hüpfer auf dem LF, Reifen hochwerfen und mit Griff von unten fangen (5) Takt VII 25–28 Gewichtsverlagerung seitwärts auf den RF, zurück auf den LF, dabei den Reifen mit der RH vor dem Körper nach rechts und links schwingen (6) Takt VIII 29–32 RF Schritt seitwärts, LF anstellen, mit der RH nach rechts und hinter dem Körper nach links schwingen, Übergabe in die LH und zur Seithalte links ausschwingen. Die 8 Takte gegengleich wiederholen.

③ Hochwurf aus dem Außenhandumkreisen, den unteren Teil des Reifens mit Griff von oben kurz fassen und sofort Außenhandumkreisen;
Hochwurf, den oberen Teil des Reifens mit Griff von unten fest fangen und sofort Innenhandumkreisen; Hochwurf und beliebig entweder Außen- oder Innenhandumkreisen; die Höhe des Wurfes steigern.

Varianten:
- Verschiedene Bewegungsabläufe bei der Rotation und beim Wurf erproben (siehe S. 121, 1).
- Beliebiger Wechsel der Wurf- und Fanghand.
- Eine 8taktige Verbindung mit verschiedenen Bewegungsabläufen und Handwechsel, dabei jeweils 1 Takt Rotation, 1 Takt Werfen und Fangen (vgl. Verbindung in der sagittalen Ebene S. 120, 8).

Wichtig: Auf einen fließenden Übergang zwischen Fangen und Rotation achten.

④ Bogenwurf aus der Rotation: RH Außenhandumkreisen, mit einem Schwung auswärts über die Hochhalte zur Seithochhalte rechts den Reifen abwerfen, einige Schritte seitwärts, den Reifen fangen und zum Schwung, Außen- oder Innenhandumkreisen überleiten.
⑤ RH Innenhandumkreisen, einen Schwung einwärts über die Hochhalte zur Seithochhalte links, den Reifen abwerfen, einige Schritte seitwärts, fangen und zum Schwung, Außen- oder Innenhandumkreisen, überleiten.

Variante:
- Bei der Rotation verschiedene Bewegungsabläufe erproben (siehe S. 121, 1).

⑥ Übung 4 und 5, mit Varianten:
- Höhe und Weite des Wurfes steigern; während der Flugphase Galopp seitwärts; Schrittsprung, Anschlagsprung seitwärts, Pferdchensprung mit Drehung, Drehsprung usw.
- Rolle seitwärts, Rad, Handstützüberschwung usw. ausführen.
- Fangen am Ort, im Stand und in Bodenlagen mit Überleitung zur Rotation und Schwingen, auch in der horizontalen Ebene.
- In der Fortbewegung mit Überleitung zur Rotation und Schwingen in allen 3 Ebenen.

⑦ **Verbindung** (Abb. 273):

MUSIK ㉚

Takt I 1– 4 LF Schritt seitwärts, RF kreuzt rückwärts, LF Schritt seitwärts; wiederholen gegengleich, dabei mit der RH Außenhandumkreisen

Takt II

5– 8 LF kreuzt vor dem RF mit Absprung zum Schrittsprung rechts seitwärts, 2 Schritte rechts seitwärts LF, RF, dabei mit der RH Bogenwurf nach rechts, mit der RH fangen (1, 2)

Takt III

9–12 zum Kniestand auf dem RB senken, LB seitspreizen, dabei mit der RH Außenhandumkreisen, Übergabe in die LH und Innenhandumkreisen (3)

Takt IV

13–16 mit der LH Bogenwurf nach rechts, Rolle seitwärts nach rechts bis zum Kniestand auf dem LB, RB ist seitgespreizt, mit der RH fangen (4–6)

Werfen aus der Rotation in verschiedenen Ebenen

① Erproben von räumlichen Variationen des gleichen Bewegungsablaufs, jeweils in anderen Ebenen.

Bewegungsablauf z. B.:

Takt I

1– 4 2 Wechselschritte vorwärts LF, RF

Takt II

5– 8 LF Schritt vorwärts mit Absprung zum Laufsprung, 2 Schritte vorwärts LF, RF

Varianten in verschiedenen Ebenen, z. B.:

- Takt I: RH Rückhandumkreisen;
  Takt II: Werfen, ¼-Drehung nach rechts und in der frontalen Ebene fangen.
- Takt I: RH Außenhandumkreisen;
  Takt II: Werfen, ¼-Drehung nach links in der sagittalen Ebene fangen.
- Takt I: RH Vorhandumkreisen,
  Takt II: Werfen und Fangen.
- Takt I: mit RH horizontales Innenhandumkreisen, die Wechselschritte im Halbkreis nach links ausführen;
  Takt II: nach dem Laufsprung mit 2 Schritten Kreisschwung um die Hüfte herum mit Übergabe.

Improvisationsthema

Hochwürfe und Bogenwürfe aus der Rotation in der vertikalen Ebene, aus dem Schwingen und Führen, auch aus der horizontalen Ebene, mit Überleitung zu Rotation, Schwingen und Führen.

Springen durch und über den Reifen

Sprünge durch den Reifen sind ausführbar bei Pendel- oder Kreisschwüngen. Der Reifen wird zur Ausholbewegung mit festem Griff weit und hoch geschwungen, im Moment des Durchspringens wird er ganz locker in der Hand gehalten. Boden- und Körperberührungen des Reifens sollen wie beim Seil vermieden werden. Es werden vorwiegend verschiedene Schlußsprünge am Ort oder Anschlagsprünge und Schrittsprünge mit gebeugter Beinhaltung ausgeführt, d. h. solche, bei denen im Moment des Durchschlags die Bewegungsweite nicht eingeengt wird.
Sprünge über den Reifen können über den rollenden oder zwirbelnden Reifen ausgeführt werden sowie bei Schwung, Kreis- oder Achterschwüngen in der vertikalen Ebene im Moment der Übergabe von einer in die andere Hand.
Alle Sprünge können in ihrer Form erst mit Durch- oder Übersteigen geübt werden.

Ausführungsmöglichkeiten des Springens durch den Reifen

Am Ort und in der Fortbewegung:
In der frontalen Ebene: im Querverhalten (Reifendurchschläge seitwärts) einhändig; Schwungdurchschläge (Pendeln), Kreisdurchschläge.
In der sagittalen Ebene: im Seitverhalten beidhändig, einhändig Schwung- und Kreisdurchschläge vorwärts, rückwärts (Abb. 274).
In der horizontalen Ebene: in senkrechter Lage einhändig, Kreisschwung um den Körper herum.

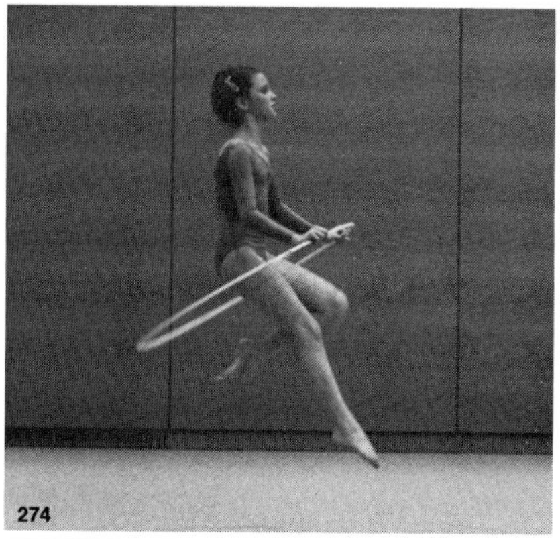
274

275

Ausführungsmöglichkeiten des Springens über den Reifen

- Über den rollenden und zwirbelnden Reifen (Abb. 275).
- Schwung, Kreisschwung in der frontalen Ebene im Seit- und Querverhalten bei der Übergabe von einer in die andere Hand unter den Beinen in der Tiefhalte (Abb. 276).
- Schwung, Kreisschwung, Achterschwung in der sagittalen Ebene im Querverhalten bei der Übergabe von einer in die andere Hand unter den Beinen in der Tiefhalte.

276

Übungsbeispiele: Springen durch und über den Reifen

(Abkürzung: RD = Reifendurchschlag)

Springen durch den Reifen in der frontalen Ebene

Vorübung: Reifen aus der Seithochhalte zur Vorhalte im Querverhalten schwingen und mit lockerem Griff von außen vor dem Körper ein- und auswärts pendeln.
① Reifen aus der Seithochhalte zum Körper schwingen, beim Schwung einwärts mit Hocksprung hineinspringen, beim Schwung auswärts mit Hocksprung herausspringen, jeweils mit Zwischenfederung. Arm bleibt mit lockerem Griff neben dem Körper; fortlaufend wiederholen (Abb. 277/1, 2).
② Wie oben, nur mit Handwechsel, d. h. mit der RH einwärts pendeln, hineinspringen, den waagrechten Reifen mit der LH fassen und auswärts pendeln, herausspringen, gegengleich wiederholen.
③ Reifen aus der Seithochhalte zum Körper schwingen und fortlaufend Kreisdurchschläge (RD) seitwärts mit Hocksprüngen und Zwischenfederungen.
④ Übungen 1–3 mit anderen Sprüngen am

Ort, z. B. Schafsprung, Fischsprung erproben.

⑤ Mit der RH Pendelschwung einwärts-auswärts, dabei auf der Kreisbahn 3-er-Lauf vorwärts, mit RF, LF, RF hineinspringen, mit LF, RF, LF herausspringen.

⑥ Pferdchensprünge, dabei Pendeln wie bei Übung 1 und 2, oder Kreisdurchschläge ausführen.

⑦ Sprungverbindungen mit Anlaufschritten und RD:

- Seitanschlagsprünge mit gestreckten oder gebeugten Beinen.
- Sprünge mit seitgespreiztem Spielbein, Landung auf dem Sprungbein.
- Sprünge mit einbeinigem Absprung, mit Seitspreizen des Spielbeines und Landung in der Schlußstellung im Stand oder in der Hocke.

277/1, 2

278/1, 2

Springen durch den Reifen in der sagittalen Ebene

① Reifen beidhändig mit Griff von oben aus der Vorhochhalte zum Körper schwingen und durch mehrere RD vorwärts Pferdchensprünge ausführen, Arme bleiben dabei in gebeugter Vorhalte mit lockerem Griff (vgl. Abb. 274), Reifen mit festem Griff wieder in die Vorhochhalte führen, dabei einige Ballenschritte vorwärts.

② Wie oben, nur einhändig.

③ **Verbindung:**

MUSIK ㉗

Takt I

1– 4 Pferdchensprung, Absprung LF, dabei mit der RH 1 RD vorwärts, 2 Ballenschritte vorwärts LF, RF, Reifen mit der RH in die Vorhochhalte führen

Takt II

5– 8 2 Pferdchensprünge, jeweils Absprung LF, mit der RH zweimal RD vorwärts.

Die 2 Takte fortlaufend wiederholen, auch gegengleich.

Wichtig: Während der Sprünge den Reifen immer ganz locker halten, Ellbogen bleibt nahe am Körper und wird nicht nach vorne gezogen; den Reifen zum Führen in die Vorhochhalte erst dann fest fassen, wenn er sich nach dem Durchschlag in senkrechter Lage vor dem Körper befindet.

④ Sprungverbindungen mit Anlaufschritten und RD:

- Voranschlagsprünge, Sprünge mit vorgespreiztem Spielbein, Landung auf dem Sprungbein.
- Sprünge mit einbeinigem Absprung, mit Vorspreizen des Spielbeines und Landung in der Schlußstellung im Stand oder in der Hocke (Abb. 278).
- Rehsprung oder Ringsprung vorwärts mit beidbeinigem Absprung und einbeiniger Landung.

⑤ Sprünge am Ort mit RD vorwärts, rückwärts;

Schlußsprünge, Hock-, Schaf-, Fischsprünge, in der Hocke springen, mit beidhändiger, einhändiger Fassung; mit Pendeln oder Kreisdurchschlägen.

Springen durch den Reifen beim Kreisschwung in der horizontalen Ebene in senkrechter Lage

Vgl. Möglichkeiten beim Seilschwingen S. 155, 6–9)

① Mit der RH einen horizontalen Kreisschwung einwärts über den Kopf, dabei LF Schritt seitwärts, RF kreuzt vor dem LF, Reifen in die Vorhalte zur senkrechten Lage (im Querverhalten) führen, weiter nach links Kreisschwung, gleichzeitig Absprung von RF und einen Schrittsprung nach links seitwärts durch den Reifen, mit dem LB hineinspringen, Oberkörper zum LB gebeugt, mit dem RB herausspringen, Oberkörper aufrecht (vgl. Abb. 279/3).

② 2 Schritte vorwärts LF, RF, dabei mit der RH über den Kopf Außenhandumkreisen, Reifen in die Vorhalte zur senkrechten Lage (Querverhalten) führen und weiter nach rechts Kreisschwung, dabei LF Schritt vorwärts mit Absprung zum Schersprung vorwärts durch den Reifen, zuerst mit dem vorgespreizten RB hineinspringen, Oberkörper zum RB gebeugt, mit dem LB herausspringen, Oberkörper aufrecht.
③ 2 Schritte seitwärts RF, LF mit $^1/_1$-Drehung nach rechts, dabei einen Kreisschwung nach rechts um den Körper herum, von der RH hinter dem Körper in die LH und vor dem Körper in die RH übergeben, mit Griff von unten zur senkrechten Lage wechseln, Absprung vom LF und im Schrittsprung mit $^1/_1$-Drehung durch den Reifen springen, mit dem vorgespreizten RB hineinspringen, Oberkörper zum RB gebeugt, mit dem LB herausspringen, Oberkörper aufrecht.
Wichtig: Übungen 1–3 zuerst nur mit Durchsteigen üben, dann mit Durchspringen; das Schwungbein und der Oberkörper sollen bereits in der Mitte der Sprungphase den Reifen passieren.

Improvisationsthema
Verbindung von Schritten und Sprüngen durch den Reifen mit RD vorwärts, rückwärts, seitwärts und horizontalen Kreisdurchschlägen in senkrechter Lage, kombiniert mit Schwüngen, Rotieren, Werfen und Fangen.

Variation: Werfen und Fangen in Verbindung mit Springen durch den Reifen
(Abb. 279) MUSIK ㉗ ⑰

Takt I
1– 4 Stand auf dem RF, linke Fußspitze ist seitwärts aufgestellt, Reifen beidhändig mit Griff von unten aus der Seittiefhalte rechts über vorne zur Seithochhalte links schwingen und mit einigen Schritten diagonal seitwärts den Reifen in der schrägen Lage werfen (1); Drehung zum Reifen und mit der RH mit Griff von oben in der Vorhochhalte fangen

Takt II
5– 8 LF Schritt vorwärts mit Absprung, Pferdchensprung durch den Reifen, mit RH RD vorwärts (2), 2 Schritte vorwärts LF, RF, dabei mit der RH einen sagittalen Schwung rückwärts

Takt III
9–12 4 Schritte vorwärts, LF, RF, LF, RF, dabei mit der RH zur Vorhochhalte schwingen, Reifen abwerfen, mit der LH fangen und zur Tiefhalte schwingen

Takt IV
13–16 LF anstellen mit $^1/_2$-Drehung nach links, mit der LH weiter in die Vorhochhalte schwingen, abwerfen, mit der RH mit festem Griff von außen fangen und in die Vorhalte führen (Querverhalten)

Takt V
17–20 LF kreuzt vor dem RF mit Absprung, mit der RH einen Kreisschwung nach rechts, dabei Schrittsprung seitwärts mit dem RB hinein- und mit dem LB herausspringen, mit der LH den Reifen zum beidhändigen Griff von außen fassen (Reifen waagrecht vor dem Körper) (3, 4)

Takt VI
21–24 RF Schritt vorwärts, zum Ballenstand auf dem RF heben, dabei den Reifen mit einigen Drehungen in der Luft werfen, LF anstellen, beidhändig mit Griff von unten fangen (5)

Takt VII
25–28 Schlußstellung, Reifen beidhändig in die Hochhalte führen

Takt VIII
29–32 Hocksprung mit RD rückwärts (6), RF Schritt seitwärts mit Gewichtsverlagerung, den Reifen zur Seittiefhalte rechts ausschwingen.

Die 8 Takte fortlaufend wiederholen. Beim Wiederholen gegengleich bei Takt VIII LF Schritt seitwärts und Reifen nach links ausschwingen.

279/1 2 3 4 5 6

Springen über den Reifen in der frontalen Ebene

(Vgl. Springen über den prellenden Ball S. 32, 33)

① Laufsprung mit Absprung vom RF, dabei den Reifen mit der RH aus der Seithalte rechts, Griff von außen, in die Tiefhalte schwingen, unter dem LB in die LH übergeben und weiter über die Seit- zur Hochhalte schwingen, Übergabe in die RH und zur Seithalte schwingen (der Reifen beschreibt einen frontalen Kreis), dabei 2 Laufschritte vorwärts RF, LF; fortlaufend wiederholen (vgl. Abb. 276);
Variante:

- Auch mit 3 Laufschritten vorwärts RF, LF, RF, Laufsprung mit Absprung vom LF.

② Wie oben, nur statt Kreisschwung Pendelschwung, d. h. mit der RH aus der Seithalte rechts zur Tiefhalte schwingen, unter dem LB in die LH übergeben und zur Seithalte links ausschwingen, zurück gegengleich; Griff von innen oder außen.
③ Kreisschwung wie bei 1 und Pendelschwung wie bei 2, nur Sprünge mit gleichem Absprung- und Landebein; z. B.:

- Absprung vom RF, LB ist waagrecht vorgespreizt, das RB mit dem Knie auswärts rasch abbeugen und zur Landung wieder strecken, 2 Laufschritte vorwärts: LF, RF, Absprung vom LF und gegengleich wiederholen.
- Absprung vom RF und Voranschlagsprung, 2 Laufschritte vorwärts LF, RF, Absprung vom LF und gegengleich wiederholen.

Springen über den Reifen in der sagittalen Ebene

① Schrittsprung, Absprung RF, dabei mit der RH aus der Vorhalte mit Griff von außen zur Tiefhalte schwingen, unter dem Gesäß in die LH mit Griff von außen übergeben und in die Rückhalte ausschwingen, 3 Anlaufschritte, RF, LF, RF, Schrittsprung, Absprung LF, dabei mit der LH zuerst in die Vorhochhalte, dann in die Tiefhalte schwingen, Übergabe in die RH und in die Rückhalte ausschwingen; fortlaufend wiederholen, abwechselnd Absprung vom RF und LF (Abb. 280).
② Wie oben, nur Schrittsprung seitwärts.

③ Reifenführung wie oben, Absprung vom RF, LB ist waagrecht vor- oder seitgespreizt, das RB mit dem Knie auswärts rasch abbeugen und zur Landung wieder strecken, dabei Übergabe von der RH in die LH, 2 Anlaufschritte vorwärts LF, RF, Absprung LF, RB ist vor- oder seitgespreizt, Übergabe von der LH in die RH; fortlaufend wiederholen.
④ Ähnlich wie 3, nur in der Vorhalte jeweils Griff von innen:
Der Reifen in der RH mit Griff von unten wird in der gebeugten Vorhalte von der Handfläche und vom Unterarm gestützt,

280

2 Laufschritte vorwärts RF, LF, Handgelenk kippt nach unten, anschließend Kreisschwung vorwärts an der rechten Körperseite bis zur Vorhalte mit Griff von innen, Absprung vom RF, LB ist waagrecht vor- oder seitgespreizt, Landung auf dem RF, dabei mit der RH in die Tiefhalte schwingen, unter dem Gesäß in die LH mit Griff von außen übergeben und in die Rückhalte ausschwingen; 2 Laufschritte vorwärts LF, RF, dabei mit der LH mit Griff von außen in die Vorhochhalte schwingen, den Reifen kurz loslassen und mit Griff von innen fangen, Absprung vom LF, RB vor- oder seitgespreizt, Reifen unter dem Gesäß in die RH übergeben und zur Rückhalte ausschwingen; fortlaufend wiederholen, abwechselnd Absprung vom LF und RF.
⑤ Der Reifen in der RH mit Griff von unten wird in der gebeugten Vorhalte von der Handfläche und vom Unterarm gestützt, 2 Laufschritte vorwärts RF, LF, dabei kippt das Handgelenk der RH nach unten, und Vorhandumkreisen, den RA in der Vorhalte strecken (Griff von innen), Absprung RF, Schrittsprung vorwärts, mit der RH zur Tiefhalte schwingen, unter dem Gesäß in die LH mit Griff von außen übergeben und in die Rückhalte ausschwingen; RF Schritt vorwärts, LF anstellen und mit einer Körperwelle vorwärts zum Ballenstand heben, dabei mit der LH Schwung aufwärts und Rückhandumkreisen, mit einem Schwung in die gebeugte Vorhalte den Reifen mit Griff von unten auf dem linken Unterarm stützen; gegengleich wiederholen.
⑥ Wie 5, nur Schrittsprung seitwärts.

Improvisationsthema
Springen über den Reifen in der frontalen und sagittalen Ebene in Verbindung mit Rotation und Schwingen.

Verbindung: Thema wie oben (Abb. 281).

MUSIK ㉘ ㉚

Takt I
1– 4 2 Schritte vorwärts LF, RF; LF Schritt vorwärts in den Ballenstand, RB rückgespreizt, dabei mit der RH Außenhandumkreisen aus der Vorhalte zur Vorhochhalte

Takt II
5– 8 2 Anlaufschritte vorwärts RF, LF, Schrittsprung, Absprung RF, dabei mit der RH über die Seit- zur Tiefhalte schwingen, Übergabe unter den Beinen in die LH und zur Seithalte links ausschwingen

Takt III
9–10 Gewichtsverlagerung rechts seitwärts auf den RF, dabei mit der LH Außenhandumkreisen und LA zur Vorhalte führen
11–12 ¼-Drehung nach rechts, LF anstellen zum Ballenstand, mit der LH einen Kreisschwung rückwärts an der linken Körperseite bis zur Vorhalte (1)

Takt IV
13–16 Reifen mit der LH kurz loslassen, mit Griff von innen fangen (2), LF Absprung und Schrittsprung rechts seitwärts, dabei mit der LH zur Tiefhalte schwingen, unter dem Gesäß in die RH übergeben und in die Rückhalte ausschwingen; LF kreuzt vor dem RF mit ¼-Drehung nach rechts, mit der RH wieder Außenhandumkreisen (siehe Takt I).

Die 4 Takte fortlaufend wiederholen.

281/1 2

Improvisationsthema
Springen durch und über den Reifen in Verbindung mit Schwingen, Werfen, Fangen und Rotieren.
Übungsbeispiele für Sprünge über den rollenden und zwirbelnden Reifen siehe bei dieser Technik S. 130, 3, 4; und 135, 5.

Rollen

Der Reifen kann, ähnlich wie der Ball, sowohl **am Boden** als auch **am Körper** gerollt werden. Letztere Technik ist jedoch wegen der schmalen Kante des Reifens wesentlich schwieriger als beim Ball. Beim Rollen am Boden muß der Reifen genau senkrecht aufgesetzt werden und wird durch einen kurzen, leichten Druck der Hand und durch Nachstrecken des Armes in die Bewegungsrichtung auf seine geradlinige Bahn gebracht.
Soll der Reifen einen Kreisbogen beschreiben, wird er leicht schräg aufgesetzt; je kleiner der Winkel zwischen Boden und dem Reifen ist, desto kleiner ist der Kreisbogen.
Um den Reifen zum Zurückrollen zu bringen, wird er mit einer der Bewegungsrich-

282

283

284

tung entgegengesetzten Rotation aufgesetzt. Dies erzielt man durch ein weiträumiges Strecken des Armes und eine schnelle kräftige Gegenbewegung der Hand.
Das Aufnehmen des Reifens wird harmonisch in eine schwunghafte, meist in gleicher Bewegungsrichtung verlaufende Bewegung übergeleitet.

Ausführungsmöglichkeiten des Rollens am Boden

Das Rollen des Reifens kann auf einer Geraden oder einem Bogen aus verschiedenen Stellungen ausgeführt werden:

- Einhändig.
- Beidhändig: die bestimmende Hand ist die hintere (sagittale Ebene) (Abb. 282) oder die äußere (frontale Ebene) (Abb. 283).
- Mit dem Fuß.
- In verschiedenen Stellungen.
- In der frontalen Ebene: nach rechts, nach links.
- In der sagittalen Ebene: vorwärts, rückwärts.
- Mit entgegengesetzter Rotation.
- Die Übende befindet sich am Ort oder in der Fortbewegung.

Aufnahmemöglichkeiten

- Ein- oder beidhändig mit allen Griffarten, jedoch mit dem Griff, mit dem die nächste Übung beginnt.
- Mit anderen Körperteilen, meist in niedrigeren Lagen mit Übergang zum Rollen am Körper, Abwerfen oder einer Stoppbewegung.

Ausführungsmöglichkeiten des Rollens am Körper

Vergleiche die Technik Ball, Rollen am Körper S. 41.

- Über Rücken (Abb. 284), Brustkorb.
- Von einer Hand zur anderen über die Arme und den Nacken.
- Über die Arme und den Brustkorb.

Übungsbeispiele: Rollen am Boden

(Vgl. Übungsbeispiele Ball, Rollen am Boden, S. 35–40)

Rollen in der frontalen Ebene

① Grätschstand, RB ist gebeugt, der Reifen wird weit rechts vor dem Körper aufgestellt, mit Gewichtsverlagerung auf das LB Reifen vor dem Körper von der RH zur LH rollen, mit Gewichtsverlagerung zurück auf das RB Reifen zurück zur RH rollen;
LF Schritt seitwärts, RF anstellen und zum Ballenstand heben, mit dem LF Ausfallschritt nach links, dabei den Reifen hinter dem Körper von der RH in die LH rollen; gegengleich wiederholen.
② Einige Schritte seitwärts nach links und Gewichtsverlagerung auf das LB, dabei den Reifen vor dem Körper von der RH in die LH rollen, gegengleich wiederholen;
LF Schritt seitwärts, RF kreuzt vor dem LF mit Absprung zum Schrittsprung links seitwärts, RB bleibt waagrecht seitgespreizt, dabei den Reifen vor dem Körper von der RH in die LH rollen; gegengleich wiederholen.
③ Reifen mit der RH nach links vor dem Körper rollen, dabei mit einigen Schritten nach links ½-Drehung nach rechts, im Ausfallschritt rechts seitwärts weit rechts hinter dem Körper den Reifen mit der RH abstoppen und nach links hinter dem Körper rollen, dabei mit einigen Schritten nach links ½-Drehung nach links und im Ausfallschritt rechts seitwärts weit rechts vor dem Körper den Reifen mit der RH abstoppen (Abb. 285/1–5); wiederholen mit jeweils horizontalem Beinschwung über den rollenden

Reifen, d. h. LF Schritt seitwärts, mit dem RB einen horizontalen Schwung auswärts, RF kreuzt hinter dem LF, ½-Drehung nach rechts und im Ausfallschritt rechts seitwärts mit der RH den Reifen abstoppen, beim Zurückrollen LF Schritt seitwärts, RF kreuzt vor dem LF, ½-Drehung nach links und mit dem LB einen horizontalen Schwung auswärts über den rollenden Reifen, LF kreuzt hinter dem RF, im Ausfallschritt rechts seitwärts mit der RH den Reifen abstoppen.

④ Übungen 1–3 mit entgegengesetzter Rotation ausführen.

Wichtig: Bei den obigen Übungen ist jeweils der erste Teil einfacher und läßt sich auch alleine fortlaufend wiederholen; auf maximale Weite der Rollstrecke achten und die Bewegungsabläufe genau mit der Reifenbewegung abstimmen.

Improvisationsthema

Rollen in der frontalen Ebene in niedrigen Stellungen wie Kniestand, Fersensitz, Hocke und in der Fortbewegung in Verbindung mit Rotation und Schwingen.

Rollen in der sagittalen Ebene

① Gewichtsverlagerung vorwärts auf das LB, Reifen mit der RH vorwärts rollen, Gewichtsverlagerung zurück auf das RB, Reifen rückwärts rollen, in der Rücktiefhalte fangen, mit der RH Rückhandumkreisen und einen Kreis rückwärts beschreiben, dabei Gewichtsverlagerung vorwärts auf das LB und zurück auf das RB und zum Kniestand auf dem RB senken;

Reifen senkrecht seitlich hinter dem Körper auf den Boden stellen und im Kniestand mit der RH weit vorwärts und zurück rollen, in der Rücktiefhalte wieder fangen, mit der RH Rückhandumkreisen und wieder einen Kreis rückwärts beschreiben, dabei Gewichtsverlagerung vorwärts auf das LB und zurück auf das RB. Üben gegengleich (Abb. 286).

② Gassenaufstellung: Abstand ca. 4–6 m, paarweise mit je 1 Reifen gegenüberstellen.

Üben von sicherem geradlinigem Rollen vorwärts-rückwärts, beidhändig oder einhändig aus verschiedenen Standstellungen; Üben der Aufnahme des Reifens vor, neben oder hinter dem Körper mit den verschiedensten Griffen und Übergang zum Schwingen, Werfen und zur Rotation (vgl. Übung mit dem Ball, Rollen S. 39, 1).

③ Bewegungsaufgaben während der Rollstrecke des Reifens mit Aufnahme und verbindenden Elementen selbständig erproben; siehe Übungen mit dem rollenden Ball S. 40, 1–7:

- Laufen, Hüpfen neben und um den Reifen, $^{1}/_{1}$-Drehung ausführen.
- Springen neben und über den Reifen.
- Verschiedene Bodenelemente ausführen.
- Reifen am Boden kurz über die Hand oder Fußspitze rolllen lassen, evtl. sofort hochwerfen.
- Im Stand Fußspitze von unten an den oberen Teil des Reifens legen und durch Hochspreizen den Reifen abwerfen (Abb. 287).

④ Bewegungsaufgaben bei entgegengesetzter Rotation: Im weiten Ausfallschritt vorwärts den Reifen rollen, beim Zurückrollen:

- In Rückbeuge in der Rücktiefhalte fangen und zum Rückhandumkreisen übergehen.
- Einen horizontalen Beinschwung einwärts über den rollenden Reifen mit ½-Drehung und den Reifen in der Vortiefhalte fangen (Abb. 288).
- Einen Grätschsprung über den rollenden Reifen, ½-Drehung, dem Reifen nachlaufen, vorlaufen, ½-Drehung und den Reifen von vorne aufnehmen.
- Verschiedene Sprünge am Ort und in der Fortbewegung über den rollenden Reifen erproben, z. B. Hocksprung, Ringsprung, Schersprung, Pferdchensprung, Sprünge mit Seitspreizen des Spielbeines usw.
- Kurz über die Hand oder Fußspitze rollen lassen wie bei 3, evtl. mit Abwurf.
- Vor dem zurückrollenden Reifen sich schnell in die Bauch- oder Rückenlage seitlich mit der Flanke zum Reifen legen, den Reifen in Höhe der Taille über den Körper rollen lassen (Abb. 289).

286/1
2
3
4
5
6
7
8

287

288/1
2
3

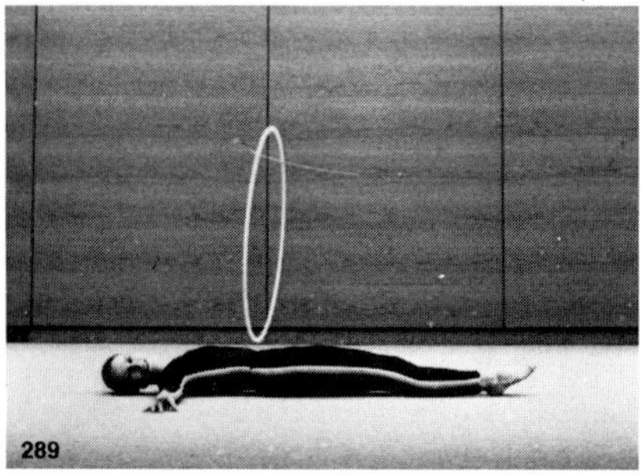

289

Improvisationsthema
Reifen vielseitig frontal und sagittal rollen, mit schnellem Richtungswechsel, Gegenrotation, mit Aufnehmen und verbindenden Elementen.

Bewegungsaufgaben beim Rollen auf der Kreisbahn

① Auf der großen Kreisbahn:
- Gehen in Kurven mit Drehungen parallel zur Rollstrecke oder in der Gegenrichtung.
- Horizontaler Beinschwung über den Reifen mit anschließender Drehung oder Sprünge über dem Reifen in Verbindung mit Vor- oder Nachlaufen neben dem Reifen oder entgegen den Reifen, in verschiedenen Bodenlagen fangen.

② Auf der kleinen Kreisbahn:
- Verschiedene Drehungen erproben und im Ausfallschritt oder Kniestand den Reifen fangen (vgl. Abb. 290).
- Vom Stand zu verschiedenen Bodenlagen senken und den Reifen fangen.
- Verschiedene Bodenelemente wie Rolle (Schulterrolle) vorwärts, rückwärts und seitwärts, Rad, Bauchschaukel, Handstützüberschwünge usw. gegen den rollenden Reifen ausführen.

Verbindung: Rollen geradlinig und auf der Kreisbahn (Abb. 290)

290/1 2 3

MUSIK ⓬

Takt I
1– 4 Beugestand auf dem RB, LB ist nach vorne gestreckt, Reifen rechts neben dem Körper; beidhändig vorwärts losrollen, dabei mit dem LF Schritt vorwärts, RB rückgespreizt, 2 Schritte vorwärts RF, LF

Takt II
5– 8 neben dem rollenden Reifen Schrittsprung, Absprung RF, 2 Schritte vorwärts RF, LF in den Ausfallschritt, und mit der RH den Reifen vor dem Körper abstoppen

Takt III
9–12 Reifen mit der RH rückwärts rollen, gleichzeitig RF Schritt rückwärts, $^1/_2$-Drehung nach rechts und 2 Schritte vorwärts neben dem Reifen LF, RF, mit dem LB einen horizontalen Beinschwung nach hinten über den Reifen

Takt IV
13–16 den Beinschwung beenden, 2 Schritte vorwärts LF, RF in den Ausfallschritt vorwärts, mit der RH den Reifen vor dem Körper fangen

Takt V, VI
17–24 $^1/_4$-Drehung nach links mit einer Gewichtsverlagerung links seitwärts auf das LB und zurück auf das RB, dabei mit der RH Außenhandumkreisen und einen frontalen Kreis auswärts über die Tief-Seit- und Hochhalte zur Seithalte rechts, den Reifen schräg auf den Boden stellen (1)

Takt VII
25–28 mit der RH den Reifen hinter dem Körper nach links auf eine Kreisbahn rollen, LF Schritt seitwärts, RF kreuzt vor dem LF und $^1/_1$-Drehung nach links (2)

Takt VIII
29–32 LF Schritt seitwärts, $^1/_2$-Drehung nach links, mit dem RF Ausfallschritt rechts seitwärts dem rollenden Reifen entgegen, mit der RH fangen (3).

291

Rollen am Körper

① Aus dem Rückhandumkreisen oder sagittalen Achterschwung rückwärts den Reifen mit Griff von unten in die Vorhalte schwingen, Oberkörper leicht vorbeugen, ausführenden Arm noch höher führen und den Reifen über den Rücken rollen lassen, mit der anderen Hand mit Griff von außen fangen und zum Rückhandumkreisen überleiten (vgl. Abb. 284).
② Reifen frontal hinter dem Rücken aus der beidhändigen Fassung mit der RH zur Seithalte rechts schwingen, oder mit der RH in der Seithalte rechts Innenhandumkreisen hinter dem Arm, Oberkörper leicht vorbeugen und den Reifen über den RA, Nacken und den LA rollen lassen, mit der LH fangen und zum Schwung oder Außenhandumkreisen überleiten (Abb. 291).
③ Ähnlich wie 2, nur Reifen frontal vor dem Körper zur Seithalte rechts schwingen, oder mit der RH vor dem Körper Innenhandumkreisen, Oberkörper leicht rückbeugen und den Reifen über den RA, Brustkorb und den LA rollen lassen, mit der LH fangen und zum Schwung oder Außenhandumkreisen überleiten.

Improvisationsthema
Rollen am Boden räumlich variiert, in Verbindung mit Rollen am Körper.

Zwirbeln und Drehen

Zwirbeln ist eine rasche Rotation des Reifens um seine Längsachse am Boden. Der Reifen muß senkrecht aufgesetzt werden, die Drehbewegung entsteht durch einen schnellen, kräftigen Drehimpuls von Daumen, Zeige- und Mittelfinger. Der Reifen soll sich am Boden auf einem Punkt drehen und rechtzeitig, d. h. bevor er seine senkrechte Lage verläßt, wieder weich aufgenommen werden.

Das Drehen des Reifens ohne Veränderung seiner Ebene und Lage erfolgt nur beidhändig durch führende Armbewegungen, meist in Verbindung mit Dehnübungen oder Verwringungen des Körpers. Der Reifen wird wie ein Lenkrad um seinen Mittelpunkt gedreht.

Das Drehen um seine Quer- und Längsachse entsteht durch beid- oder einhändige Drehbewegungen der Finger, auch hier oft in Verbindung mit großräumigen Dehn- oder Beweglichkeitsübungen (vgl. Seil, Führen S. 165).

292

293

Ausführungsmöglichkeiten des Zwirbelns

- Am Boden, am Ort (Abb. 292).
- Auswärts, einwärts.
- Aufnahme: meistens mit Griff von oben oder unten.

Eine Sonderform stellt das Zwirbeln auf der geraden Handfläche in der Hochhalte dar.

Ausführungsmöglichkeiten des Drehens

Drehen ohne Veränderung der Ebene und Lage

- Beidhändig.
- In der frontalen Ebene, vor oder hinter dem Körper in Verbindung mit Seitbeugen.
- In der sagittalen Ebene, an beiden Körperseiten in Verbindung mit Vor- oder Rückbeuge.
- In der horizontalen Ebene, vor dem Körper, über dem Kopf, um den Körper herum, meist in Verbindung mit einer Verwringung des Körpers.
- Am Ort und in der Fortbewegung.

294

Drehen um die Quer- oder Längsachse

- Beidhändig, in allen 3, auch schrägen Ebenen (Abb. 293).
- Einhändig, in den vertikalen Ebenen (Abb. 294).
- Am Ort, in Verbindung mit Gleichgewichtselementen, oder beim Wechsel zwischen Stand und niedrigen Lagen.
- In der Fortbewegung, in Verbindung mit kurvigem oder geradlinigem Gehen.

Übungsbeispiele: Zwirbeln und Drehen

Bewegungsaufgaben während des Zwirbelns

① Reifen kräftig zwirbeln und im Kreis einmal umlaufen:
- mit Innenführung (Neigung zum Reifen) (Abb. 295),
- mit Außenführung (Neigung vom Reifen weg) (Abb. 296),
- ohne Veränderung der Front (im Bogen seitlich vorwärts und rückwärts) (Abb. 297/1, 2).

② $^1/_1$-Drehung ausführen, Reifen aufnehmen und zum Schwingen überleiten.

③ Reifen mit der RH zwirbeln, einen horizontalen Beinschwung auswärts mit dem

295

LB über den Reifen, LF kreuzt hinter dem RF und 1/1-Drehung nach links; oder einen horizontalen Beinschwung einwärts mit dem LB über den Reifen, LF kreuzt vor dem RF und 1/1-Drehung nach rechts.
④ Verschiedene einbeinige Drehungen ausführen und dabei das Spielbein über den Reifen führen, Reifen aufnehmen und zur Rotation überleiten.

297/1

2

296

⑤ Im Bogen Anlauf nehmen und im Hocksprung oder Pferdchensprung über den Reifen springen.

Anpassung an Partner und Gruppe

① Flankenkreis, jeder hat einen Reifen, kräftig zwirbeln, zum Reifen der vorderen Partnerin laufen, einmal im Kreis umlaufen (siehe 1), zurück zum eigenen Reifen laufen und aufnehmen.
② Flankenkreis, mit der linken Schulter zur Kreismitte, nach dem Anzwirbeln mit einem Bogen nach innen rechtsschultrig um den eigenen Reifen, mit einem Bogen nach außen linksschultrig um den Reifen der vorderen Partnerin herumlaufen, dann wieder zurück und mit einem Bogen nach außen rechtsschultrig um den eigenen Reifen laufen, von vorne aufnehmen und zur Rotation überleiten. Der Weg hat die Form einer Acht.
③ Flankenkreis, nach dem Anzwirbeln Laufen in Kurven vorwärts, Bogen innen, außen, innen, außen und beim vierten Reifen in den bereits schwächer drehenden Reifen mehrmals hinein- und herausspringen, beim letzten Hineinspringen in der Hocke den Reifen beidhändig aufnehmen, zum Stand aufrichten, den Reifen waagrecht in die Hochhalte führen und über dem Kopf werfen und fangen.
④ Wie 3, nur das Laufen mit Laufsprüngen oder anderen Sprüngen kombinieren.
⑤ Flankenkreis, nach dem Anzwirbeln vorwärts laufen, den zwirbelnden Reifen der vorderen Partnerin überspringen, weiter vorwärts laufen und den zweiten Reifen aufnehmen und zur Rotation mit Abwurf überleiten.

Drehen um die verschiedenen Achsen

Folgende Übungen »Seil Führen« S. 166–168 mit der Technik »Reifen Drehen« ausführen.
① Siehe S. 166, 1; Fersensitz, Reifen beidhändig frontal vor dem Körper, bei den Seitbeugen Reifen nach links und rechts um seinen Mittelpunkt drehen; statt der Körperspiralen und Mühlachterkreise im Kniestand mit der RH einen Kreis nach links um den Körper beschreiben, dabei den Reifen um seine Längsachse drehen.
② Siehe S. 166, 2; bei den Seitbeugen den Reifen um seinen Mittelpunkt nach links und rechts drehen, statt des Mühlachterkreises 1/1-Drehung nach links, dabei den Reifen beidhändig in der Vorhalte um die Querachse drehen.
③ Siehe S. 166, 3, bei allen Vor- und Rückbeugen den Reifen zwischen den Händen um die Querachse drehen; vor der Rolle vorwärts mit einem Fuß in den Reifen hineinsteigen, damit er nach der Rolle wieder vor dem Körper ist.

Variation: (wie »Seil Führen« S. 166–168)

Takt I: der Reifen bei der Drehung beid- oder einhändig um die Längsachse drehen;
Takt II, III: um die Querachse drehen;
Takt IV: in den Reifen hineinsteigen und zur Hoch- und vor dem Körper zur Tiefhalte führen;

Takt V: um die Querachse drehen;
Takt VI: den Reifen aus der Hochhalte über den Körper nach unten führen, RB über dem Reifen rückspreizen;
Takt VII: den Reifen durch kurzes Anheben der linken Fußspitze zur Vorhalte führen, dann wie bei Seil Kreisschwung, hineinsteigen;
Takt VIII: heraussteigen, über dem Kopf mit der LH fassen und um seinen Mittelpunkt nach links drehen, dabei den Körper verwringen.

Improvisationsthema

Reifendrehen, -führen, -schwingen in Verbindung mit Stand- und Bodenelementen, mit vielseitigem Über- und Durchsteigen, Durchspringen, evtl. auch mit Einhaken eines Fußes (vgl. Variationen beim »Seil Führen« S. 168, 169, und »Seil Schwingen« S. 157, 158).

Anpassung an Partner und Gruppe

Beim Werfen und Fangen, Rollen und Zwirbeln soll auch das Anpassen an Partner oder Gruppe durch folgende Aufgaben geübt werden:
Aufstellung: paarweise Gegenüberstellung in der Gasse, jede Übende hat einen Reifen, Partnerin A wirft, Partnerin B rollt den Reifen zur Partnerin, dann umgekehrt; beide zwirbeln den eigenen Reifen, laufen um den Reifen der Partnerin und zurück zum eigenen Reifen. Z. B.:

- beim Werfen und Fangen: verschiedene Würfe in der sagittalen und frontalen Ebene,
- beim Rollen: vorwärts, rückwärts, seitwärts, aus verschiedenen Standstellungen und Bodenlagen,
- beim Zwirbeln siehe Übungen S. 134, 135, 1–4, S. 135, 5.

Variation der Techniken: Schwingen, Werfen und Fangen, Rotieren, Springen durch und über den Reifen, Rollen

MUSIK 28

Takt I
1– 4 4 weite Gehschritte vorwärts, LF, RF, LF, RF, dabei mit der RH horizontal über dem Kopf Innenhandumkreisen

Takt II
5– 8 LF kreuzt vor dem RF, $^{1}/_{1}$-Drehung nach rechts, 2 Schritte vorwärts, LF, RF, mit der RH weiter rotieren

Takt III
9–12 mit $^{1}/_{4}$-Drehung nach rechts LF Schritt seitwärts, RF anstellen, mit einer Körperspirale einen horizontalen Achterschwung einwärts, mit dem kleinen Kreis vor dem Körper beginnen

Takt IV
13–14 zur Hocke senken, einen horizontalen Kreisschwung nach links um die Hüfte herum mit Übergabe vor dem Körper in die LH und hinter dem Körper in die RH
15–16 in den Ballenstand heben, dabei den Reifen auch mit der LH fassen, beidhändig und schulterbreit in die Vorhochhalte führen

Takt V
17–20 Pferdchensprung, Absprung mit LF, RD vorwärts, 2 Ballenschritte vorwärts, LF, RF, mit der LH Reifen loslassen, mit der RH in die Vorhochhalte führen

Takt VI
21–24 2 Pferdchensprünge durch den Reifen, Absprung LF, mit der RH zweimal RD vorwärts

Takt VII
25–28 $^{1}/_{4}$-Drehung nach links, LF Schritt vorwärts mit Gewichtsverlagerung und Körperwelle vorwärts, dabei mit der RH an der rechten Körperseite Rückhandumkreisen

Takt VIII
29–32 RF Ballenschritt vorwärts, LB rückspreizen, dabei den Reifen aus der Vorhochhalte abwerfen, einige Schritte vorwärts und mit der RH mit Griff von außen fangen

Takt IX
33–36 RF Schritt rückwärts mit Gewichtsverlagerung, dabei den Reifen zur rechten Körperseite führen und beidhändig zum Rollen vorbereiten

Irina Divina, eine der besten Gymnastinnen aus der UdSSR, Weltmeisterin 1981 ▷

Takt X

37–38 LF Ballenschritt vorwärts, RB rückspreizen, Reifen zum Rollen bringen

39–40 3 Laufschritte vorwärts, RF, LF, RF neben dem rollenden Reifen

Takt XI

41–44 Schersprung, Absprung LF über den Reifen, 2 Schritte vorwärts, LF, RF

Takt XII

45–48 einige Laufschritte vorwärts, dabei den Reifen mit der LH aufnehmen und aus der Vorhochhalte abwerfen, ¼-Drehung nach links, Füße schließen und den Reifen mit der RH frontal in der Seithalte rechts fangen

Takt XIII

49–52 RB vorspreizen, dabei einen frontalen Kreisschwung mit Übergabe unter dem RB in die LH, RB rückwärts führen und zum Kniestand auf dem RB senken, weiter Übergabe des Reifens in die RH und bis zur Seithalte rechts schwingen

Takt XIV

53–56 mit der RH und dem Reifen in senkrechter Lage einen horizontalen Kreis um den Körper herum, dabei LB vorspreizen, in den Reifen hineinsteigen, auf dem LF zum Stand heben, RB vorspreizen und aus dem Reifen heraussteigen, mit der RH den Reifen zur Vorhochhalte führen (Griff von außen)

Takt XV

57–60 Sprung auf dem RF, LB waagrecht vor- oder seitspreizen, dabei den Reifen zur Tiefhalte führen und unter dem Gesäß von der RH in die LH übergeben, LF Schritt vorwärts, dabei mit der LH den Reifen aus der Vorhochhalte abwerfen, einige Schritte vorwärts

Takt XVI

61–64 ¼-Drehung nach links, Füße schließen, mit der RH den Reifen frontal fangen, sofort vor dem Körper Außenhandumkreisen und den Reifen in der Tiefhalte mit der LH fassen.

Seil

Charakteristik

Das Seil ist als Spielgerät für Kinder fast verschwunden. Heute wird es insbesondere als Springseil zur Konditionsschulung und Erwärmungsarbeit für andere Sportarten verwendet. In der rhythmischen Sportgymnastik haben die Übungen mit dem Seil an vielfältigen neuen Formen gewonnen. Übungen mit dem Seil beanspruchen vorrangig die Beinmuskulatur, sie fördern die Beweglichkeit des Fuß-, Schulter- und Handgelenks. Neben der Verbesserung der Koordination und Rhythmusschulung werden auch die inneren Organe stark aktiviert.
Es wird ein Hanfseil ohne Griffe benutzt, an den Enden sind Knoten geschlungen. Es ist entweder in der Mitte verstärkt oder hat eine gleichbleibende Stärke von 1 cm. Die Länge des Seils richtet sich nach der Größe der Übenden, es soll beidseitig vom Boden bis zu den Achseln reichen.

Handhabung

Die Seilenden werden leicht mit dem Daumen, Zeigefinger und Mittelfinger gefaßt und von den anderen Fingern locker umschlossen. Das Seil ist ein in sich sehr bewegliches Gerät, es muß aber trotzdem stets so gehandhabt werden, daß die Seilschlinge nicht überschlägt und seine klare Form beibehält. Körper- und Bodenberührungen sollen vermieden werden bis auf einige Ausnahmen, bei denen die Berührung, wie z. B. beim Einwickeln, deutlich gewünscht wird.
(Abkürzung: SD = Seildurchschlag)

Beidhändige Fassung

Bei beidhändiger Fassung gibt es verschiedene Ausführungsmöglichkeiten.
Offene Fassung (bei offener Seilschlinge):

- im Seitverhalten: die Achse, die beide Hände verbindet, verläuft parallel zur Breitenachse des Körpers (Abb. 298),
- im Querverhalten: die Achse, die beide Hände verbindet, verläuft senkrecht zur Breitenachse des Körpers (Abb. 299).

Kreuzfassung (offene Seilschlinge): Die Unterarme sind in Höhe der Ellbogen gekreuzt (Abb. 300).
Enge Fassung (geschlossene Seilschlinge): Beide Handgelenke liegen eng zusammen, nicht überkreuzen! (Abb. 301).
2-, 3-, 4fach zusammengelegtes Seil: An den Enden von beiden Händen straff gehalten (Abb. 302).

298

299

300

301

302

303

304

305

306

Einhändige Fassung

- Beide Knoten in einer Hand (Abb. 303),
- 3-, 4fach zusammengelegtes Seil.
- Ein Knoten in einer Hand bei offenem, langem Seil (vgl. Abb. 335, S. 157).

Varianten: siehe bei Schwingen S. 147.

Im einzelnen sind folgende Techniken für das Gerät spezifisch:

- Laufen und Springen mit Seildurchschlag.
- Schwingen des Seiles.
- Werfen und Fangen.
- Führen.

Laufen und Springen mit Seildurchschlag

Beim Laufen, Hüpfen und Springen ist die Koordination der Arm- und Seilbewegungen mit den Körperbewegungen und der Beinarbeit sehr wichtig. Die Weite der Armbewegungen steht in direktem Zusammenhang mit dem Tempo.
Langsames Tempo: der Seildurchschlag wird mit gestreckten Armen aus dem Schultergelenk ausgeführt (4er Lauf, Laufsprung) (Abb. 304).
Mäßiges Tempo: der Seildurchschlag wird mit leicht gebeugten Armen aus dem Hand- und Ellbogengelenk ausgeführt (2er Lauf, sämtliche Hüpfarten).
Schnelles Tempo: der Seildurchschlag wird mit angewinkelten Armen nur aus dem Handgelenk ausgeführt (1er Lauf, Schlußsprung) (Abb. 305).
Beim Auftakt wird das Seil rechtzeitig mit gestreckten Armen über hinten hochgeführt (vgl. Abb. 353/1, 2, S. 171).

Ausführungsmöglichkeiten beim Laufen

Alle Laufarten können vorwärts, rückwärts und seitwärts ausgeführt werden.

- 4er Lauf, 4 Laufschritte pro Seildurchschlag (vgl. Abb. 307).
- 3er Lauf, 3 Laufschritte, pro Seildurchschlag.
- 2er Lauf, 2 Laufschritte pro Seildurchschlag.
- 1er Lauf, 1 Laufschritt pro Seildurchschlag (vgl. Abb. 305).

Die Richtung der Seildurchschläge kann vorwärts, rückwärts und seitwärts (im Querverhalten) sein:

- mit offener oder Kreuzfassung.

Die Richtung des Laufens kann verschieden zur Richtung der Seildurchschläge sein.

Ausführungsmöglichkeiten beim Springen

Sämtliche Hüpfarten, Sprünge am Ort und Sprünge in der Fortbewegung können mit Seildurchschlägen vorwärts, rückwärts und seitwärts ausgeführt werden:

- einfach, doppelt,
- mit offener oder Kreuzfassung,
- mit 2-, 3fach zusammengelegtem Seil (Abb. 306).

Übungsbeispiele: Laufen und Springen mit Seildurchschlag

Laufen mit Seildurchschlag

MUSIK ㉕ ⑩

① 2er Lauf, Laufen vorwärts geradlinig oder im großen Kreis.

Wichtig: Regelmäßiges Laufen, d. h. gleiche Schrittlängen.
Vorübung: einfaches Federn am Ort, Seil mit einhändiger Fassung vorwärts kreisen, 1 Kreis pro zweimal Federn jeweils das erste Federn mit einem Bodenschlag betonen.
Diese Vorübung evtl. auch in der Gruppe in einer Reihe zu dritt, zu fünft usw. üben, jeder hat nur einen Seilknoten in der Hand, zwischen den Übenden ist eine offene Seilschlinge; vom Federn am Ort auch zum Laufen vorwärts übergehen.
② Wie oben, nur 3er Lauf; evtl. auch Vorübung wie oben, nur 1 Kreis pro 3 Federungen.
③ Wie oben, nur 4er Lauf; evtl. auch Vorübung wie oben, nur 1 Kreis pro 4 Federungen.
Wichtig: Gleichmäßige Führung der gestreckten Arme, d. h. auf die Zählzeit 1: Seildurchschlag, 2: Seil in der Rückhalte, 3: Seil in breiter Hochhalte, 4: Seil in der Vorhalte (Abb. 307).
④ **Verbindung:** Einmal 4er Lauf, zweimal 2er Lauf.
Wichtig: Regelmäßiges Laufen.
⑤ 1er Lauf, federndes Laufen vorwärts.
Vorübung: 4faches Federn auf dem RF, LB ist gebeugt und leicht angehoben, Unterschenkel und gestreckte linke Fußspitze zeigen senkrecht zum Boden. Pro Federung 1 SD; wiederholen gegengleich.

- 2fache Federungen auf dem RF, LF.
- Einfache Federungen am Ort, dann in der Vorwärtsbewegung.

Wichtig: Aufrechter Oberkörper, Leistensteckung, Anspannung der Becken-, Bauch- und Rückenmuskulatur, Schultern nach unten drücken und Ellbogen zum Körper ziehen, Kopf gerade halten, nur mit den Handgelenken kreisen. Jeweils kräftiger Abdruck des Fußes, Streckung des Beines

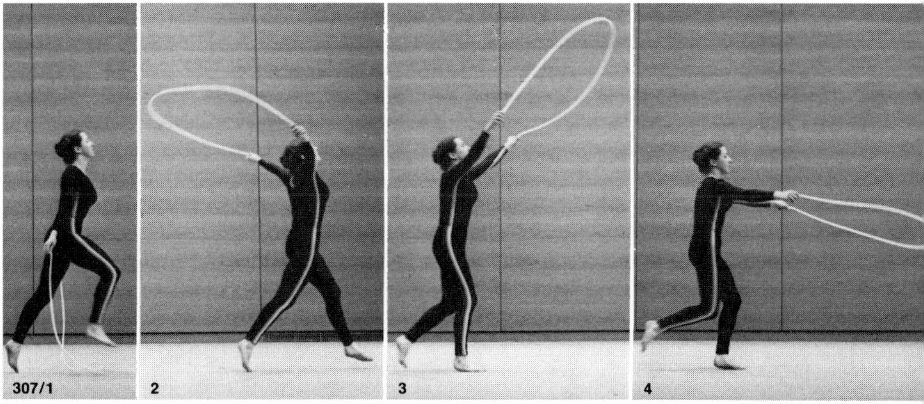
307/1 2 3 4

und der Fußspitze. Der Reflex, beim SD den Unterschenkel anzuheben und damit den Oberkörper vorzubeugen, ist zu vermeiden, da das Seil nur 1 cm dick ist und leicht durch den Abdruck vom Boden übersprungen werden kann.
⑥ **Verbindung:** Zweimal 2er Lauf, viermal 1er Lauf.
Vorübung: Koordinierung der Arme mit den Füßen, am Ort federn, dabei zweimal Kreisen der Unterarme, viermal Kreisen der Handgelenke.
⑦ **Improvisationsthema**
Beliebige Kombinationen von 4er, 2er und 1er Lauf; z. B. zweimal 2er Lauf, einmal 4er Lauf, achtmal 1er Lauf.
⑧ 2er Lauf, Laufen rückwärts.
⑨ 1er Lauf, Laufen rückwärts, Unterschenkel dabei anheben.
Wichtig: Nur die Handgelenke kreisen, die Arme sind in der Vorseithalte, so daß man sie noch im Auge behalten kann.
⑩ Wechsel zwischen Laufen vorwärts und rückwärts:
Dreimal 2er Lauf vorwärts (Zählzeit 1–6), ½-Drehung (Zählzeit 7–8), das Seil schwingt dabei mit etwas engerer Seilschlinge weiter an einer Körperseite vorbei,

308/1 2 3 4 5

vor dem Körper Arme wieder ausbreiten und dreimal 2er Lauf rückwärts; ½-Drehung, das Seil schwingt dabei weiter in der Senkrechten über dem Kopf, die Arme in der Hochhalte durchstrecken; fortlaufend wiederholen. Wenn das Laufen vorwärts und rückwärts mit dem LF begonnen wird, dann erfolgt die ½-Drehung jeweils nach links, oder umgekehrt (Abb. 308/1–5).

⑪ Wie 10, nur 1er Lauf, d. h. sechsmal 1er Lauf vorwärts, ½-Drehung sechsmal 1er Lauf rückwärts, ½-Drehung.

⑫ **Improvisationsthema**
Beliebige Kombination von 2er und 1er Lauf vorwärts und rückwärts.

⑬ Erproben der Übungen 1, 5, 6, 8–12, abwechselnd mit offener Fassung und Kreuzfassung.

Wichtig: Der Abstand der Hände bei der Kreuzfassung muß der gleiche wie bei der offenen Fassung sein, d. h. die Unterarme sind in Höhe der Ellbogen gekreuzt.

⑭ Federndes Laufen seitwärts mit Vor- oder Rückkreuzen, oder abwechselnd Vor- und Rückkreuzen als 2er Lauf, 1er Lauf; mit SD vorwärts (vgl. Abb. 310/4, 5); mit SD seitwärts.

309

⑮ Erproben von Laufen vorwärts, rückwärts mit unterschiedlicher Richtung der Seildurchschläge, z. B. Laufen vorwärts, SD rückwärts usw.

⑯ **Verbindung:** Achtmal 1er Lauf vorwärts, LF beginnt;
zweimal 2er Lauf seitwärts, LF kreuzt jeweils vor dem RF, SD vorwärts, einmal 4er Lauf vorwärts;
½-Drehung nach links, Seil an der linken Körperseite vorbei schwingen, zweimal 2er Lauf rückwärts, LF beginnt, SD rückwärts, ½-Drehung nach rechts, Seil schwingt dabei weiter senkrecht über die Hochhalte;
zweimal 2er Lauf vorwärts, LF beginnt, SD vorwärts, abwechselnd in offener und Kreuzfassung, 1er Lauf vorwärts in einem Halbkreis nach links, SD vorwärts.

⑰ **Improvisationsthema**
Laufen vorwärts, rückwärts, seitwärts, räumlich variiert mit unterschiedlichen Richtungen der Seildurchschläge, mit offener und Kreuzfassung.

Springen mit Seildurchschlag: Sprünge am Ort

① Schlußsprünge mit Zwischenfederung, mäßiges Tempo der Arme, d. h. Bewegung der Unterarme und Handgelenke.

② Schlußsprünge ohne Zwischenfederung, schnelles Tempo der Arme, d. h. nur Bewegung der Handgelenke.

③ Schlußsprünge, zweimal mit Zwischenfederung, viermal ohne Zwischenfederung,
Wichtig: Richtiger Armeinsatz, d. h. zweimal Unterarmbewegung, viermal Handgelenksbewegung.

④ Verschiedene Sprünge am Ort erproben: z. B. Hocksprung, Schafsprung, Fischsprung, Rehsprung, Ringsprung (vgl. Abb. 310/8) usw., jeweils beidbeiniger Ab-

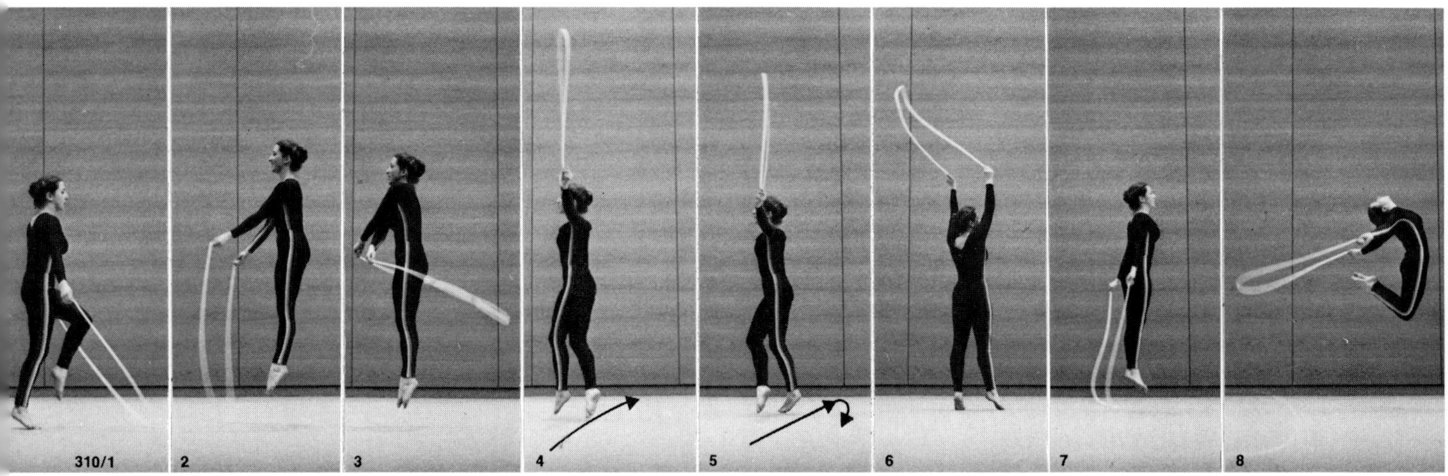

310/1 2 3 4 5 6 7 8

sprung und 1 SD, Landung mit Zwischenfederung. Es ist möglich und leichter mit 2 SD, d. h. erster SD beim Sprung, zweiter SD beim Zwischenfedern.
⑤ Schlußsprünge, viermal ohne Zwischenfedern, zweimal beliebiger Sprung mit Zwischenfedern.
⑥ Springen in der Hocke, aufrechter Oberkörper, Arme in der Seithalte, nur Handgelenksbewegung (Abb. 309).
⑦ Schlußsprünge, viermal ohne Zwischenfedern, viermal in der Hocke springen.
Wichtig: Nach dem vierten Schlußsprung die Arme sofort in die Seithalte strecken und mit geradem Rücken in die Hocke senken.
⑧ Die obigen Übungen mit verschiedenen SD, vorwärts, rückwärts, seitwärts, mit offener oder Kreuzfassung, evtl. mit 2-, 3fach gelegtem Seil. Bei Sprüngen ohne Zwischenfedern auch mit doppeltem SD.
Wichtig: Beim Erlernen des doppelten SD sollte man zuerst mehrere kleine Schlußsprünge mit einfachem SD ausführen und dann einen hohen Schlußsprung mit kraftvollem Einsatz der Handgelenke für den doppelten SD.
⑨ **Improvisationsthema**
Verbindung von verschiedenen Sprüngen am Ort mit und ohne Zwischenfedern, beliebige Fassung;
z. B. Übung 7 und 3 und 5 und 5.
⑩ Sprünge am Ort, dabei Wechsel von SD vorwärts und rückwärts wie beim Laufen, jeweils mit $^1/_2$-Drehung, d. h. 3 Sprünge vorwärts, $^1/_2$-Drehung, 3 Sprünge rückwärts, $^1/_2$-Drehung, dann $^1/_2$-Drehung nach jedem Sprung; (vgl. Laufen S. 141, 10); beim Wechsel zum SD seitwärts, nur mit $^1/_4$-Drehung möglich.

⑪ **Improvisationsthema**
Wie 9, nur zusätzlich mit verschiedenen SD.

Verbindung: Laufen und Springen am Ort

MUSIK ⑩

Takt I
1– 4 achtmal 1er Lauf vorwärts

Takt II
5– 8 zweimal Schlußsprung ohne Zwischenfederung, zweimal in der Hocke springen

Takt III
9–12 viermal 2er Lauf vorwärts, abwechselnd offene und Kreuzfassung

Takt IV
15–16 einmal Schafsprung, einmal Hocksprung, jeweils mit Zwischenfedern, SD auch bei der Zwischenfederung.

Die oben aufgeführte Verbindung kann auch technisch schwieriger variiert werden (Abb. 310).

Takt I
1– 4 sechsmal 1er Lauf vorwärts, LF beginnt, SD vorwärts, $^1/_2$-Drehung nach links, Seil schwingt an der linken Körperseite vorbei (1)

Takt II
5– 8 viermal Schlußsprung ohne Zwischenfederung, abwechselnd offene und Kreuzfassung, SD rückwärts (2, 3)

Takt III
9–12 dreimal 2er Lauf seitwärts, RF beginnt, LF kreuzt abwechselnd vorwärts, rückwärts, SD rückwärts, $^1/_2$-Drehung nach rechts, Seil schwingt weiter über die Hochhalte (4–6)

Takt IV
13–16 4 Sprünge am Ort ohne Zwischenfederung, Schlußsprung, Ringsprung, 2 Schlußsprünge, SD vorwärts, der letzte mit doppeltem SD (7, 8)

Improvisationsthema
Freie Verbindung von Laufen und Springen am Ort.

Hüpfen mit Seildurchschlag

① Mehrfaches Federn am Ort mit verschiedener Spielbeinhaltung;
- gestreckt, gebeugt,
- vorwärts, rückwärts, diagonal seitwärts, gekreuzt,
- mit verschiedenen SD.

② Wie oben, nur als Doppelfedern zweimal auf dem RF, zweimal auf dem LF, jeweils mit einem SD **(unpunktiertes Hüpfen).**
Rhythmus des Sprungbeines:

③ Doppelfedern vorwärts, dabei den Unterschenkel des Spielbeines in verschiedene Richtungen ausschleudern (siehe oben). Beim **Schleuderhüpfen** geht meistens das Spielbein über das Seil (Abb. 311).
④ Doppelfedern am Ort, dabei das gestreckte Spielbein abwechselnd vorwärts

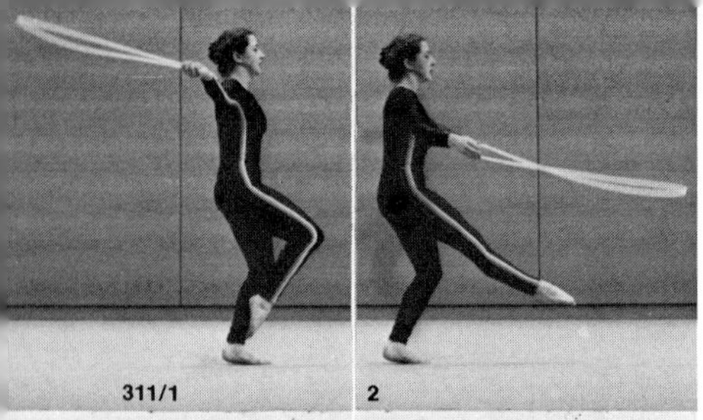
311/1 2

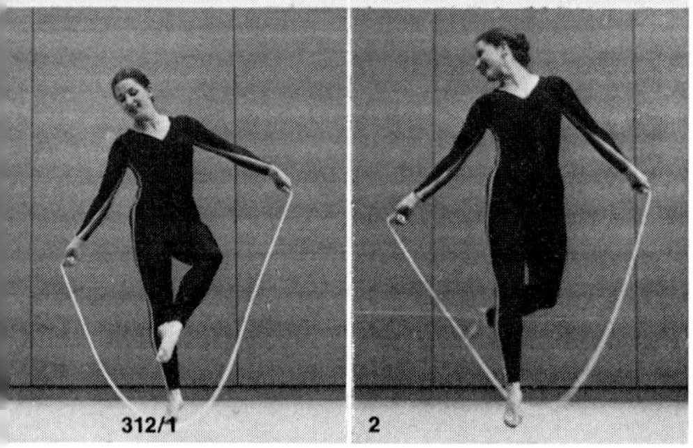
312/1 2

und rückwärts anheben, auch in Diagonalrichtung. Beim **Pendelhüpfen** geht meistens das Sprungbein über das Seil.

⑤ **Punktiertes Hüpfen:**
Rhythmus des Sprungbeines:

Wichtig: Jeweils mit dem Sprungbein über das Seil! Bei Koordinationsschwierigkeiten zwischen der Seilbewegung und dem Hüpfen beginnt man die Hüpfer vorwärts ohne SD und setzt mit dem Seil erst während der Hüpfer ein; oder aber man schwingt zuerst das Seil ganz langsam vorwärts und beginnt den Hüpfer mit einem Schritt vorwärts, wenn sich das Seil in Augenhöhe befindet, dann das Tempo steigern bis zum punktierten Hüpfen.

⑥ Punktiertes Hüpfen vorwärts mit verschiedenen Spielbeinhaltungen;

- Heben des Knies vorwärts – einwärts
- Heben des gestreckten Beines vorwärts – rückwärts
- Heben und Vorkreuzen des gebeugten Beines vorwärts – rückwärts. Bei diesen **Kreuzhüpfern** leichte seitliche Neigung des Oberkörpers zur Fußspitze des Spielbeines, d. h. Hüpfer auf dem RF, LB ist vorgekreuzt, Oberkörper neigt sich nach rechts; oder Hüpfer auf dem RF, LB ist rückgekreuzt, Oberkörper neigt sich nach rechts, Blick über die rechte Schulter zur Fußspitze (Abb. 312/1, 2).

Wichtig: Bei allen Hüpfern gute Körperspannung, um Schnelligkeit und spielerische Leichtigkeit der Bewegung zu erzielen. Die Arme sind leicht gebeugt, die Bewegung erfolgt aus dem Hand- und Ellbogengelenk.

⑦ Zweimal Kreuzhüpfer mit vorgekreuztem Bein, zweimal Kreuzhüpfer mit rückgekreuztem Bein.

⑧ Galopp seitwärts nach rechts, nach links; vorwärts mit dem RF, LF, oder abwechselnd; jeweils mit SD vorwärts.

⑨ Alle Übungen mit verschiedenen SD und in offener oder Kreuzfassung erproben; vielseitig verbinden und räumlich variieren mit ¼- und ½-Drehungen.

Sprünge in der Fortbewegung

MUSIK ⑬

① Pferdchensprünge vorwärts, seitwärts, rückwärts.

- 3 kleine Pferdchensprünge mit 1 SD und 1 hohen Pferdchensprung mit doppeltem SD; fortlaufend wiederholen.
- Pferdchensprünge mit jeweils ½-Drehung, ständiger Wechsel zwischen SD vorwärts und rückwärts.
- Pferdchensprünge mit 2-, 3fach zusammengelegtem Seil.

② Schersprünge mit Vor- oder Rückscheren der Beine.

③ Schritt, Lauf- und Spagatsprünge vorwärts, auch mit vorderem Anschlag des Spielbeines oder auch Beugen des Sprungbeines zum Kopf.

313

Wichtig: Auf gestreckte Armführung achten, vor allem in der Rückhalte.

④ Dreimal Pferdchensprünge vorwärts, einmal Laufsprung oder beliebige Sprünge.

⑤ Sprünge mit gleichem Absprung- und Landebein:

- Anschlagsprünge mit Vor- (Abb. 313), Rück- oder Seitanschlag. Beim Seitanschlag auch SD seitwärts wählen.
- Sprünge mit Vor-, Seit- oder Rückspreizen des Schwungbeines; das Sprungbein bleibt entweder gestreckt oder wird nach dem Absprung rasch gebeugt und wieder gestreckt. Beim Seitspreizen wieder SD seitwärts wählen.

⑥ Sprünge, beidbeiniger Absprung, einbeinige Landung:

- Schlußsprung vorwärts mit Rückspreizen eines Beines; SD vorwärts und rückwärts.
- Schlußsprung rückwärts mit Vorspreizen eines Beines; SD vorwärts und rückwärts.
- Schlußsprung seitwärts mit Seitspreizen eines Beines; SD seitwärts. Das gespreizte Bein wird entweder gestreckt oder gebeugt gehalten.

⑦ Wie 6, nur einbeiniger Absprung mit Vor-, Rück- oder Seitspreizen des gestreckten Schwungbeines und Landung in der Schlußstellung.

Sprungkombinationen in der Fortbewegung

Verbindung

MUSIK ⑬

Takt I
1– 4 Wechselschritt vorwärts mit dem LF, 1 SD und Voranschlagsprung, Absprung LF, 1 SD

Takt II
5– 8 Takt I gegengleich wiederholen

Takt III
9–12 2 Pferdchensprünge vorwärts, Absprung jeweils LF, zweiter Sprung mit doppeltem SD

Takt IV
13–16 Wechselschritt vorwärts mit LF, 1 SD, Laufsprung, Absprung LF, 1 SD

Die 4 Takte fortlaufend wiederholen.

Improvisationsthemen

- Verbindung von Sprüngen in der Fortbewegung und Sprüngen am Ort; verschiedene Seildurchschläge und Fassungen.
- Verbindung von Sprüngen am Ort und Hüpfen, räumlich variiert, d. h. die Hüpfer jeweils in neuer Raumrichtung einsetzen, mit verschiedenen SD.
- Springen mit Seildurchschlag, d. h. Sprünge am Ort, Sprünge in der Fortbewegung und Hüpfen, rhythmisch variiert.
- Verbindung von Laufen und Springen mit Seildurchschlag, evtl. auch mit Partner.

Variation Laufen und Springen mit Seildurchschlag (Abb. 314)

MUSIK ⑬
(das Stück hat am Anfang und am Ende keine regelmäßige 8-Takte-Phrasierung)

Takt I, II
1– 8 4 Hüpfer vorwärts, LF beginnt, jeweils 1 SD

Takt III, IV
9–16 viermal 2er Lauf vorwärts in einem Halbkreis nach links, evtl. abwechselnd offene und Kreuzfassung

Takt V, VI
17–24 dreimal Galopp links seitwärts, jeweils 1 SD vorwärts, 1 Pferdchensprung vorwärts, Absprung LF, mit 1 SD vorwärts

Takt VII
25–28 $\frac{1}{2}$-Drehung nach links, Seil schwingt an der linken Körperseite vorbei; 1 Pferdchensprung am Ort, Absprung LF, mit 1 SD rückwärts

Takt VIII
29–32 $\frac{1}{2}$-Drehung nach links, Seil schwingt weiter über die Hochhalte, zweimal 1er Lauf vorwärts mit SD vorwärts, LF, RF

Takt IX, X
33–40 Sechsmal 1er-Lauf mit SD vorwärts, 1 Schlußsprung ohne Zwischenfedern mit 1 SD vorwärts in der Kreuzfassung

Takt XI
41–44 zweimal Schlußsprung mit je 1 SD vorwärts in offener und Kreuzfassung

Takt XII
45–48 einmal Sprung in der Hocke mit 1 SD vorwärts, zum Stand aufrichten, Seil schwingt weiter über die Hochhalte, $\frac{3}{8}$-Drehung nach links, das Seil schwingt während der Drehung an der linken Körperseite vorbei bis zur Vorhalte (1, 2)

Takt XIII
49–52 Wechselschritt vorwärts mit dem LF, dabei 1 SD vorwärts, 1 Pferdchensprung vorwärts, Absprung LF, mit doppeltem SD vorwärts

Takt XIV
53–56 Wechselschritt vorwärts mit dem LF, dabei 1 SD vorwärts, 1 Laufsprung, Absprung LF, mit 1 SD vorwärts (3, 4)

Takt XV
57–60 LF anstellen, $\frac{1}{8}$-Drehung nach links, das Seil schwingt während der Drehung aus der Hochhalte an der linken Körperseite vorbei bis zur Vorhalte, zweimal 1er Lauf vorwärts mit 1 SD vorwärts (5, 6)

Takt XVI
61–64 zweimal 1er Lauf vorwärts mit SD vorwärts, einen Hocksprung mit doppeltem SD vorwärts; das Seil aus der Hochhalte an einer Körperseite ausschwingen lassen (7, 8)

Diese Variation ist auch als Partnerübung möglich; die Partnerin führt die Variation gegengleich aus.
Der Raumweg von Takt I, II geht gemeinsam vorwärts, Takt III, IV im Halbkreis auseinander, Takt V, VI seitwärts zueinander und mit Pferdchensprung vorwärts gemeinsam nach hinten. Weiter gemeinsam vorwärts bis zum Takt XII, mit der $^3/_8$-Drehung zueinander drehen, die Diagonalwege kreuzen sich, nach der $^1/_8$-Drehung im Takt XIII, XIV bewegen sie sich vorwärts aufeinander zu.

Schwingen des Seils

Das Schwingen des Seils kann entweder durch zentralen großräumigen Körpereinsatz erfolgen oder nur durch das Kreisen des Handgelenks, dann spricht man von »Seilkreisen«. Beide Möglichkeiten sind in Technik und Dynamik unterschiedlich, werden aber oft miteinander verbunden.
Das **Schwingen des Seils** durch Körpereinsatz ist relativ schwierig, da die in sich sehr bewegliche Seilschlinge immer geradlinig bleiben muß. Schwünge, Kreisschwünge oder Achterschwünge werden in der vertikalen Ebene als Ausholbewegungen zum Ausschwingen benutzt. Die aufgeführten Schwünge werden auch beim Wechsel der Ebenen und der Richtung des Seils, selten in fortlaufender Form, ausgeführt und mit Werfen oder Loslassen und Fangen eines oder beider Seilknoten verbunden. Kreisschwünge und Achterschwünge mit Rumpfeinsatz erfolgen in der horizontalen Ebene meistens mit offener Seilschlinge in Verbindung mit Drehungen, Durchsteigen und Durchspringen.
Die Technik des **Seilkreisens** ist wesentlich leichter und eng verwandt mit dem Handkreisen bei der Keule oder dem Rotieren des Reifens. Es werden nur Kreis- und Achterschwünge mit geschlossener Seilschlinge ausgeführt, der Arm bleibt völlig ruhig, die Bewegung des Seiles erfolgt nur aus dem Handgelenk. Daher schwingt nur das Seil und nicht der Arm.

Ausführungsmöglichkeiten des Kreisens

(Vgl. Handumkreisen mit dem Reifen)

- Kreise, Achterkreise.
- Geschlossene Seilschlinge (Abb. 315).
- Enge Fassung, einhändige Fassung, mit 2-, 3-, 4fach zusammengelegtem Seil (vgl. Abb. 329/8, 9, S. 154).

Varianten:

- Einhändige Fassung, mit der anderen Hand etwa die Mitte der Seilschlinge fassen und nur mit der herabhängenden Seilschlinge kreisen; zwischen den Händen ist das Seil gespannt (vgl. Abb. 329/5, S. 154).
- Offenes Seil, das Mittelstück schulterbreit und zwischen den Händen gespannt fassen, nur mit den herabhängenden Seilenden kreisen (vgl. Abb. 347/4, 5, S. 164).
- In der frontalen, sagittalen, horizontalen und schrägen Ebene in allen Richtungen (vgl. Tabelle I, S. 87).
- Am Ort und in der Fortbewegung.

Ausführungsmöglichkeiten des Schwingens

(Vgl. Schwingen mit dem Reifen)

- Schwünge (Pendeln), Kreis-, Achter- und Mühlachterschwünge (Abb. 316).
- In offener Fassung.
- Im Seit- und Querverhalten.
- In enger Fassung, auch einhändiger Fassung.
- In der frontalen, sagittalen, horizontalen und schrägen Ebene in allen Richtungen (vgl. Tabelle I, II, S. 88).
- Am Ort und in der Fortbewegung.

315

316

317/1

2

Übungsbeispiele: Schwingen und Kreisen

Kreisen in der frontalen Ebene

① Einhändige Fassung, RA ist gebeugt in der Vorhalte, mit der RH viermal auswärts kreisen, Seil in die LH übergeben und ohne Unterbrechung weiter viermal einwärts kreisen, wieder in die RH übergeben und fortlaufend wiederholen, dabei in den Knien nachfedern. Üben auch gegengleich.
② Wie oben, nur 8 Hüpfer vorwärts, 8 Hüpfer rückwärts, LF beginnt.
③ Übergabe des Seiles unter dem vorgespreizten Bein: Kreisen auswärts mit der RH, bei jedem Kreis Übergabe des Seiles unter dem vorgespreizten Bein in die LH, beim Senken des Beines wieder in die RH, die Kreise fortlaufend wiederholen, die Beine abwechselnd vorspreizen LB, RB, LB usw. Üben auch gegengleich (Abb. 317/1, 2).
Wichtig: Beine sehr hoch spreizen, die Übergaben jeweils sehr eng um die Unterschenkel ausführen, dabei bleiben die Arme unverändert in der Vorhalte.

④ **Verbindung:** MUSIK ⑪

Takt I
1– 4 3 Hüpfer vorwärts, LF, RF, LF, RF Schritt vorwärts, mit der RH viermal auswärts kreisen

Takt II
5– 8 LB vorspreizen, RB vorspreizen, jeweils mit einem Kreis auswärts Übergabe in die LH und weiter in die RH (wie 3).

Die 2 Takte fortlaufend wiederholen
Seilrhythmus:

⑤ Wie 3, nur zu einem Kreis mit Übergabe noch einen Kreis schwingen, d. h. 1 Kreis mit Übergabe des Seiles von der RH in die LH unter dem vorgespreizten LB, beim Senken des LB mit der LH 1 Kreis einwärts und Übergabe weiter in die RH, Übergabe des Seiles von der RH in die LH unter dem vorgespreizten RB, beim Senken des RB Übergabe von der LH in die RH und 1 Kreis auswärts mit der RH. Die Kreise und das Vorspreizen der Beine fortlaufend wiederholen.

⑥ Verbindung wie 4, nur mit gleichmäßigem Rhythmus des Seilkreisens, d. h. bei Takt II jeweils 2 Kreise beim Vorpreizen des LB, RB ausführen.

⑦ Übergabe des Seiles hinter dem Rükken: Kreisen auswärts mit der RH, Übergabe in die LH und weiter einwärts kreisen, dabei $^{1}/_{2}$-Drehung nach rechts, Seil kreist jetzt hinter dem Rücken. Wenn es über die Tiefhalte schwingt, Übergabe in die RH, sofort $^{1}/_{2}$-Drehung nach rechts und weiter auswärts vor dem Körper kreisen (Abb. 318/1–4).

Wichtig: Die Übergaben sollen jeweils ohne Unterbrechung des Seilkreisens unter exakter Einhaltung der Ebene erfolgen. Zur Erleichterung führt man die Übung an der Wand aus; d. h. die Hände müssen an gleicher Stelle bleiben und das Seil an der Wand entlang kreisen.

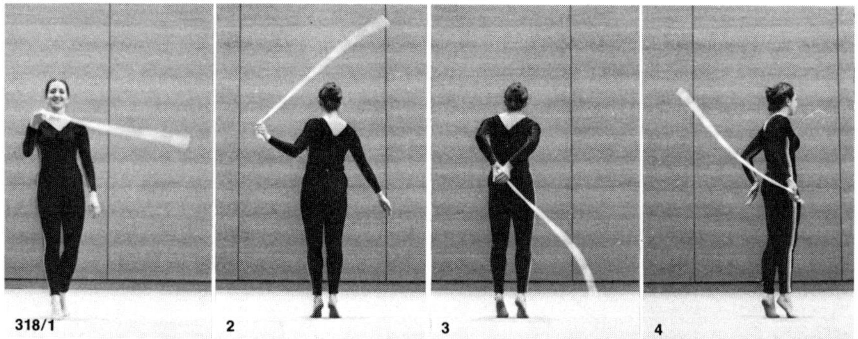

318/1 2 3 4

⑧ **Verbindung:**

MUSIK ⓫

Takt I

1– 4 siehe Verbindung 4, Takt I

Takt II

5– 8 LF kreuzt vor dem RF, Übergabe des Seiles von der RH in die LH, 2 Kreise einwärts, $^{1}/_{1}$-Drehung nach rechts, dabei Übergabe des Seiles hinter dem Rücken in die RH und ohne Unterbrechung weiter 2 Kreise auswärts

Die 2 Takte fortlaufend wiederholen. Verbindung 4 und 8 als 4taktige Kombination fortlaufend wiederholen. Üben auch gegengleich.

⑨ Achterkreise auswärts mit der RH, LH. Erster Kreis vor dem Körper, zweiter Kreis hinter dem Körper oder umgekehrt, der seilführende Arm befindet sich in der Seithalte (vgl. Abb. 319/1, 2); oder:

- dabei am Ort Nachfedern in den Knien,
- dabei Hüpfen vorwärts, rückwärts.

⑩ Wie Verbindung 4 und 8, nur bei Takt I statt viermal auswärts kreisen 2 Achterkreise auswärts, jeweils vor dem Körper beginnend.

⑪ Wie 9, nur Achterkreise einwärts.

⑫ Achterkreise auswärts, einwärts mit Übergabe. Mit der RH 2 Achterkreise auswärts, vor dem Körper beginnen, auf die Zählzeit 1 das Seil vor dem Körper in die LH übergeben und auf die Zählzeit 2 Kreis einwärts hinter dem Körper, auf die Zählzeit 3 Kreis einwärts vor dem Körper, auf die Zählzeit 4 Kreis einwärts hinter dem Kör-

319/1 2 3 4 5

per. Weiter auf die Zählzeit 1 das Seil wieder vor dem Körper in die RH übergeben und 1 Kreis auswärts vor dem Körper ausführen, der zweite Kreis hinter dem Körper usw. (Abb. 319/1–5).

⑬ Galopp seitwärts nach rechts, nach links, dabei in einhändiger Fassung das Seil auswärts, einwärts kreisen.

⑭ Seil in einhändiger Fassung kreisen, dabei Galopp seitwärts nach rechts und links in gleicher Bewegungsrichtung jeweils mit ½-Drehung, das Seil kreist abwechselnd auswärts und einwärts oder umgekehrt (vgl. Band, Schwingen, S. 58, 3, 4), z. B.:
1 Galopp rechts seitwärts und 1 Schritt rechts seitwärts mit ½-Drehung nach rechts, dabei mit der RH 2 Kreise einwärts,
1 Galopp links seitwärts und 1 Schritt links seitwärts mit ½-Drehung nach links, dabei mit der RH 2 Kreise auswärts usw.

⑮ Wie 14, jedoch mit Handwechsel vor dem Körper, d. h. Galopp rechts seitwärts, RH einwärts kreisen, ½-Drehung nach rechts, Übergabe in die LH und mit der LH auch einwärts kreisen usw. Üben auch mit Kreisen auswärts.

⑯ Mit Handwechsel hinter dem Körper:
1 Galopp rechts seitwärts und 1 Schritt rechts seitwärts mit ½-Drehung nach rechts, dabei mit der RH 2 Kreise auswärts, Übergabe in die LH, 1 Galopp links seitwärts und 1 Schritt links seitwärts, dabei mit der LH 2 Kreise einwärts hinter dem Rükken, wenn das Seil beim Kreis in der Tiefhalte ist, ½-Drehung nach rechts und Übergabe hinter dem Rücken in die RH (vgl. 7).

⑰ Galopp seitwärts nach rechts, nach links, dabei in einhändiger Fassung Achterkreise auswärts oder einwärts.

⑱ Wie 14, nur statt Kreisen Achterkeise, mit Kreis vor dem Körper beginnen, die ½-Drehung wird immer dann, wenn das Seil hinter dem Rücken kreist, in gleicher

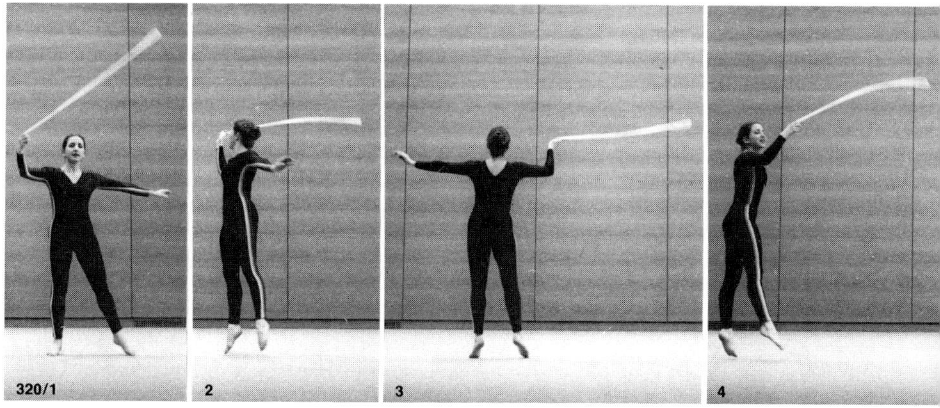

320/1 2 3 4

Richtung ausgeführt (Abb. 320/1–4).

⑲ Wie 14, nur Achterkreise mit Handwechsel, die ½-Drehung erfolgt einmal nach rechts, einmal nach links, jeweils in Richtung des seilführenden Armes.

⑳ **Improvisationsthema**
Seilkreisen in der frontalen Ebene am Ort und in der Fortbewegung in Verbindung mit Hüpfen, Tanzschritten, Drehungen und Sprüngen vorwärts und seitwärts.

Kreisen in der sagittalen Ebene

① Engfassung, Arme sind gebeugt, die Hände sind in Schulterhöhe, das Seil kreist nur aus den Handgelenken zweimal vorwärts an der linken Körperseite, zweimal vorwärts an der rechten Körperseite, dabei in den Knien nachfedern.

② Wie oben, nur in der Fortbewegung,
1 Wechselschritt vorwärts mit dem LF,
1 Wechselschritt vorwärts mit dem RF (vgl. Abb. 321/1, 2).

③ Wie oben, d. h. am Ort und in der Fortbewegung, aber rückwärts kreisen, auch Wechselschritt rückwärts ausführen.

④ 2 Wechselschritte vorwärts, d. h. wie 2, dann ½-Drehung nach rechts, die Hände bleiben jedoch an der gleichen Stelle, d. h. durch die ½-Drehung wechselt die Schulter,

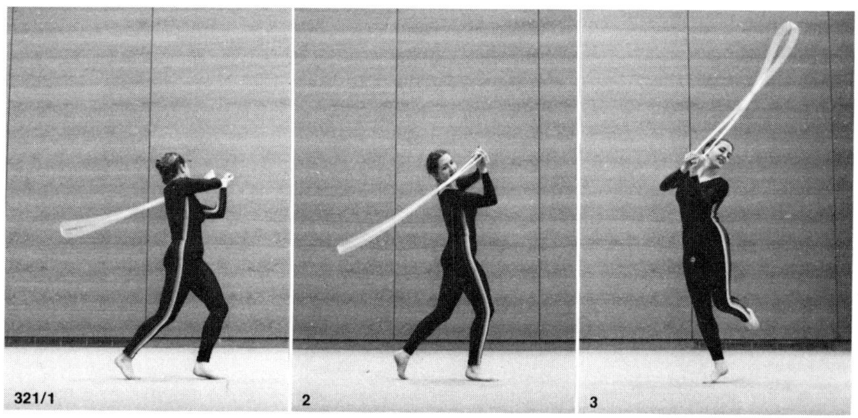

321/1 2 3

an der gekreist wird. Weiter 1 Wechselschritt rückwärts mit dem LF, zweimal kreisen rückwärts an der linken Körperseite, dann gegengleich und wieder ½-Drehung nach rechts, die Hände bleiben an der gleichen Stelle, d. h. durch die ½-Drehung befinden sie sich wieder an der linken Schulter, wiederholen (Abb. 321/1–3).

⑤ Einhändige Fassung, Achterkreisen vorwärts, an der linken Körperseite beginnen, dabei Hüpfer vorwärts, LF beginnt; entweder nur mit der RH oder der LH ausführen, auch mit beliebigem Handwechsel in der gebeugten Vorhalte. Der freie Arm liegt entweder am Körper an oder befindet sich in der Vorhalte.

⑥ **Verbindung:** Wechsel von Engfassung und einhändiger Fassung.

MUSIK ⑩

Takt I, II

1– 8 2 Wechselschritte vorwärts, rückwärts, jeweils mit dem LF beginnen. In Engfassung Seilkreisen wie 4.

Takt III

9–12 4 Hüpfer vorwärts, LF beginnt, mit der RH 2 Achterkreise vorwärts, an der linken Körperseite beginnen, Übergabe in die LH

Takt IV

13–16 4 Hüpfer vorwärts, LF beginnt, mit der LH 2 Achterkreise vorwärts, an der linken Körperseite beginnen, mit dem letzten Kreis an der rechten Körperseite bereits Wechsel zur Engfassung.

Die 4 Takte fortlaufend wiederholen.

⑦ **Verbindung:** mit SD.

MUSIK ⑩

Takt I–IV

wie Verbindung 6 ausführen, mit dem letzten Kreis Wechsel zur Engfassung, Arme rasch strekken zur Hochhalte und zur offenen Seilschlinge

Takt V

17–20 achtmal 1er Lauf vorwärts mit SD vorwärts

Takt VI

21–24 3 Schlußsprünge am Ort, abwechselnd offene und Kreuzfassung, ½-Drehung nach links, das Seil schwingt an der linken Körperseite vorbei

Takt VII

25–26 Stand, in Engfassung 1 Achterkreis rückwärts, an der linken Körperseite beginnen

27–28 Arme zur offenen Seilschlinge öffnen und 2 Schlußsprünge mit je 1 SD rückwärts, in der gebeugten Vorhalte Übergabe in die RH zur einhändigen Fassung

Takt VIII

29–32 4 Hüpfer rückwärts, LF beginnt, mit der RH 1 Achterschwung rückwärts, an der linken Körperseite beginnend, Übergabe in der Vorhalte in die LH und 1 Achterschwung rückwärts, an der linken Körperseite beginnend, Wechsel zur Engfassung, ½-Drehung nach rechts, die Hände bleiben an der gleichen Stelle.

Wiederholen der 8 Takte.

⑧ **Verbindung** (Abb. 322):

MUSIK ⑫

Takt I

1– 4 LF Schritt vorwärts mit Gewichtsverlagerung und eine Körperwelle vorwärts, RF anstellen, dabei mit der RH rückwärts kreisen (1, 2)

Takt II

5– 8 Wechselschritt mit dem LF vorwärts, Laufsprung, Absprung LF, RH weiter rückwärts kreisen

Takt III

9–12 LF Schritt vorwärts zur Schrittstellung, 1 Seilkreis rückwärts an der linken Körperseite, 1 Seilkreis rückwärts an der rechten Körperseite mit Übergabe des Seils in die LH und gleichzeitig ½-Drehung nach rechts (3, 4)

Takt IV

13–16 2 Schritte vorwärts RF, LF, dabei mit der LH vorwärts kreisen, RB vorspreizen und das Seil unter dem RB in die RH übergeben und rückwärts ausschwingen lassen (5, 6).

Die 4 Takte fortlaufend wiederholen.

⑨ **Improvisationsthema**

Seilkreisen in der sagittalen Ebene in Verbindung mit Hüpfen, Springen und Tanzschritten vorwärts, rückwärts und seitwärts.

Kreisen in der horizontalen Ebene

① Einhändige Fassung, RA fast gestreckt in der Hochhalte, mit der RH viermal aus-

322/1 2 3 4 5 6

wärts kreisen, Seil über dem Kopf in die LH übergeben und ohne Unterbrechung weiter viermal einwärts kreisen, wieder in die RH übergeben und fortlaufend wiederholen, dabei in den Knien nachfedern. Üben auch gegengleich.

② Wie oben, nur beliebiger Handwechsel und Wechsel zwischen Standstellungen und Bodenlagen z. B.:

- Aus dem Ballenstand zur Hocke, Kniestand oder Sitz kommen und zurück zum Ballenstand.
- Aus dem Schlußsprung zum Langsitz, zur Bauchlage wälzen und zurück zum Stand kommen (Abb. 323/1–4).
- Doppelfedern mit verschiedenen Spielbeinhaltungen, über Hürdensitz zur Seitenlage kommen, zum einhändigen Liegestütz seitwärts wälzen, nach ¼-Kreis vorwärts im Liegestütz zum Stand kommen.

Wichtig: Ununterbrochenes Seilkreisen, auch rhythmisch variiert; auf Einhaltung der Ebenen achten.

③ Ballenstand, mit der RH viermal kreisen, 2 Kreise um den Körper herum mit Übergabe des Seiles von der RH in die LH und zurück in die RH. Die Übergaben vor und hinter dem Körper können erfolgen

- **um die Hüfte herum:** im Stand, in der Hocke, im Kniestand, mit Drehung, in verschiedenen Sitzen,
- **um die Knie herum:** im Ballenstand mit vorgebeugtem Oberkörper, mit Drehung in der Rückenlage (Abb. 324), in der Kerze, bei Rolle seitwärts,
- **unter dem vor- oder seitgespreizten Bein:** im Stand auf einem Bein, im einbeinigen Kniestand (Abb. 325), mit Drehung, in verschiedenen Sitzen, Seitenlage und Rückenlage,
- **unter dem rückgespreizten Bein:** in der Standwaage (Abb. 326), auch mit gebeugtem Spielbein, mit Drehung, in der Bauchlage.

④ **Improvisationsthema**

Erproben des Kreisens in verschiedenen Bodenlagen (vgl. Band, Schlangen S. 73, 74, 6–8, S. 74, 1–2) in Verbindung mit verschiedenen Übergaben um die Hüfte, unter den Beinen, auch bei Rollen, Schulterrollen vorwärts, rückwärts, seitwärts und Handstützschwüngen.

⑤ Gleitendes Gehen vorwärts bzw. rückwärts, dabei Seil in einhändiger Fassung auswärts oder einwärts kreisen; auch mit beliebigem Handwechsel ohne Unterbrechung des Kreisens.

323/1 2 3 4

324

325

326

327

⑥ 4 Schritte vorwärts, LF beginnt, ½-Drehung nach rechts, 4 Schritte rückwärts, ½-Drehung nach rechts und fortlaufend wiederholen, dabei mit der RH einwärts kreisen. Üben gegengleich.
Wichtig: Exakte schnelle Drehung jeweils nach dem vierten Schritt.
⑦ **Verbindung** mit Kreisschwung um den Körper herum und Handwechsel:
MUSIK ㉘ ㉚
Wie 6, d. h. je 4 Schritte vorwärts, rückwärts, vorwärts gehen, dabei mit der RH einwärts kreisen. Danach 2 Kreise um den Körper herum, jeweils mit Übergabe in die LH, hinter dem Körper in die RH und vor dem Körper Handwechsel in die LH. Die 4 Takte wiederholen, jedoch mit dem RF beginnen und mit der LH auswärts kreisen. Die ½-Drehung erfolgt jeweils gegen das Kreisen.
⑧ **Verbindung:** Gehen mit 1/1-Piqué-Drehung.

MUSIK ㉘ ㉚

Takt I		
	1– 4	4 Schritte vorwärts, LF beginnt
Takt II		
	5– 8	auf dem LF 1/1-Piqué-Drehung nach rechts, 2 Schritte vorwärts, RF, LF
Takt III		
	9–12	4 Schritte vorwärts, RF beginnt
Takt IV		
	13–16	auf dem RF 1/1-Piqué-Drehung nach rechts, 2 Schritte vorwärts, LF, RF

Während der 4 Takte regelmäßig mit der RH einwärts kreisen; die 4 Takte fortlaufend wiederholen, auch gegengleich.

Varianten:
- Bei Takt II statt der Drehung einen Laufsprung, Absprung LF, 2 Schritte vorwärts: LF, RF. (Bei Takt III beginnen dann die 4 Schritte vorwärts wieder mit dem LF.)
- Bei Takt IV statt der Drehung 2 Kreise um den Körper herum, jeweils mit Übergabe vor dem Körper in die LH und hinter dem Körper in die RH; die Übergaben beliebig in verschiedenen Stellungen, z. B. einmal in der Hocke, einmal unter dem vorgespreizten Bein.

⑨ 2 Wechselschritte diagonal vorwärts mit dem LF, RF; Schritt vorwärts mit Absprung vom LF, Schrittsprung mit Anschlagen des RB, dabei mit der RH auswärts kreisen, LF Schritt vorwärts mit Standwaage, 1 Kreis mit Übergabe in die LH unter dem rückgespreizten RB. Wiederholen des Bewegungsablaufs gegengleich, dabei mit der LH einwärts kreisen.
⑩ 4 Laufschritte vorwärts, LF beginnt, dabei mit der RH entweder 4 oder 2 Kreise einwärts über dem Kopf, dann 1 Kreis über dem Boden und mit einem Pferdchensprung, Absprung LF, das Seil überspringen (Abb. 327).
Wichtig: Oberkörper aufrecht halten, Oberschenkel zum Körper ziehen; Arm beim Bodenkreis rasch zur Tiefhalte führen. Erproben mit anderen Sprüngen, z. B. Spagatsprung, Schrittsprung seitwärts, Hocksprung, Schersprung, Sprünge mit Drehungen und auch evtl. mit Handwechsel unter den Beinen.
⑪ **Improvisationsthema**
Seilkreisen in der horizontalen Ebene am Ort, in verschiedenen Stellungen und Bodenlagen mit vielseitigen Übergaben und in der Fortbewegung in Verbindung mit Schrittkombinationen, Hüpfen, Drehungen und Sprüngen.

Variation Schwingen und Kreisen in der frontalen Ebene (Abb. 328)

MUSIK ㉓

Takt I

1– 4 Stand, offene Seilschlinge im Seitverhalten vor dem Körper, LF Schritt seitwärts und Gewichtsverlagerung auf den LF und zurück, Seil nach links und rechts pendeln (1, 2)

Takt II

5– 6 1 Galopp links seitwärts, dabei in der Engfassung 1 Kreis nach links (3)

7– 8 Gewichtsverlagerung auf den LF, dabei Seil zur offenen Seilschlinge im Querverhalten öffnen und nach links ausschwingen, LA ist dabei in der Vorhalte, RA ist nah am Körper (4)

Takt III

9–10 Gewichtsverlagerung auf den RF, Schwung nach rechts im Querverhalten

11–12 LF anstellen, Seil schwingt weiter im Querverhalten über die Hochhalte, 1 Kreis hinter dem Kopf einwärts (5, 6)

Takt IV

13–16 Schlußstellung, 1 Achterschwung im Querverhalten einwärts, mit Kreisschwung vor dem Körper beginnen, dabei schwingt der RA über die Vorhalte zur Hochhalte, der LA ist nah am Körper, auch beim Kreisschwung hinter dem Kopf, die Arme beenden das Querverhalten in der Hochhalte, wobei der RA den leicht gebeugten LA kreuzt und das Seil weiter über links zum Seitverhalten geschwungen wird (7–9).

Wiederholen der 4 Takte gegengleich.

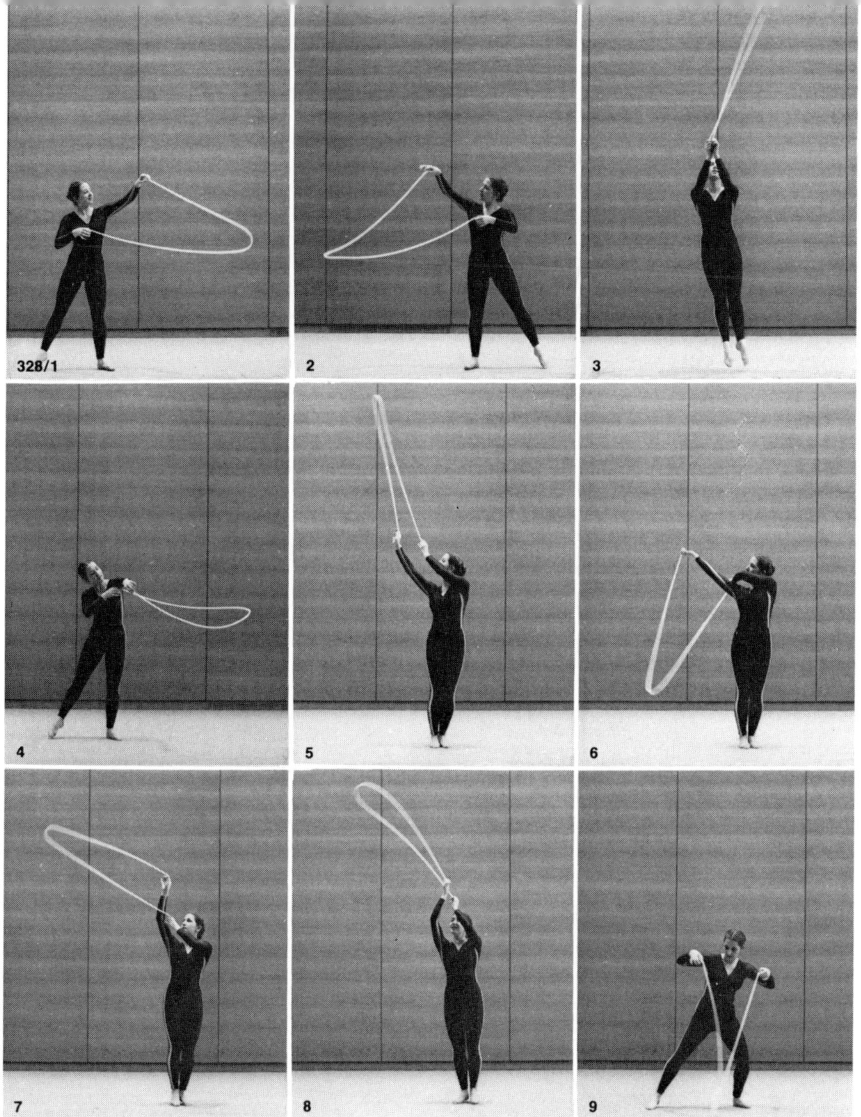

Wichtig: Als Vorübung ist zu empfehlen, den Bewegungsablauf zuerst in Engfassung zu üben, dann nur fortlaufend den Achterschwung einmal in Engfassung, dann im Querverhalten zu erproben.

Varianten:

- Die Verbindung nur in einhändiger Fassung mit der RH, nach dem Achterschwung Seil in die LH übergeben.

- Die Verbindung wie oben, nur die Fassungen anders kombinieren: z. B. Takt I einhändige Fassung, Takt II Engfassung, Takt III wie oben, Takt IV in Eng- und einhändiger Fassung usw.

Variation Schwingen und Kreisen in der sagittalen Ebene (Abb. 329)

MUSIK ⑯

Takt I

1– 4 Stand, Seil in Engfassung an der rechten Körperseite, 4 Gehschritte vorwärts, LF beginnt, dabei in offener Fassung 2 Achterschwünge vorwärts an der linken Körperseite beginnend (LA bewegt sich nah vor dem Körper, während der RA die Schwungbewegungen weiträumig ausführt) (1, 2)

Takt II

5– 8 2 Schritte vorwärts, LF, RF, linke Fußspitze ist hinter dem RF aufgestellt, Oberkörper leicht vorbeugen, dabei das Seil im Seitverhalten weiter vorwärts schwingen und damit den RA in der Seithalte einwickeln (3)

Takt III

9–12 4 Schritte rückwärts, LF beginnt, dabei das Seil rückwärts schwingen und damit den RA in der Seithalte langsam auswickeln

Takt IV

13–14 Stand auf dem leicht gebeugten RB, linke Fußspitze ist vorne aufgestellt, Oberkörper in leichter Rückbeuge, das Auswickeln des RA beenden (4)

15–16 beide Seilknoten in der LH, die Seilschlinge durch die RH ziehen und in der Mitte fassen

Takt V

17–20 2 Schritte vorwärts, LF, RF, mit leichter Körperwelle vorwärts und LF Schritt vorwärts zum Ballenstand kommen, RB rückgespreizt, dabei mit der herabhängenden Seilschlinge an der rechten Körperseite rückwärts kreisen (5, 6)

Takt VI

21–22 RF Schritt vorwärts, mit der LH in der Vorhochhalte das kreisende Seilende fassen (4fach zusammengelegtes Seil)

23–24 ½-Drehung nach rechts, dabei LF anstellen, in den Ballenstand heben und das 4fach zusammengelegte Seil mit der LH vorwärts kreisen (7)

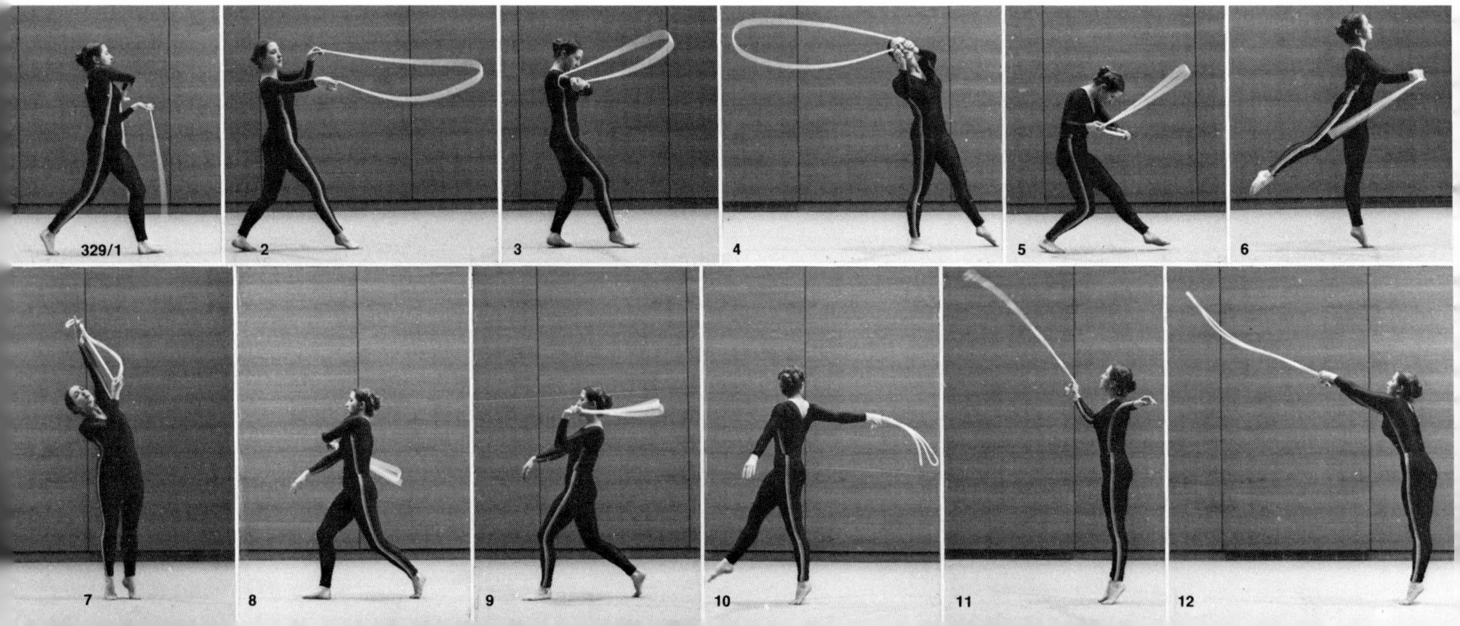

Takt VII
25–26 2 Schritte vorwärts, RF, LF, dabei Achterschwung vorwärts, an der rechten Körperseite beginnend (8, 9),
27–28 RB vorspreizen und das Seil unter dem Bein von der LH in die RH übergeben (10)
Takt VIII
29–30 2 Schritte vorwärts LF, RF, dabei mit der RH aus der Rückhalte zur Seithalte rechts schwingen, Ende der Seilschlinge loslassen und das Seil (2fach zusammengelegt) rückwärts kreisen (11)
31–32 LF Schritt vorwärts, RF anstellen zum Ballenstand, dabei das Seil in Engfassung aus der Seithalte rechts in die Vorhalte ausschwingen und zurück zur Ausgangsposition (12).
Wiederholen der 8 Takte fortlaufend.

Wichtig: Die Einzelelemente gesondert üben.

Verbindung von Schwingen und Kreisen in der horizontalen Ebene

① Stand, mit der RH über dem Kopf viermal einwärts kreisen, einen Seilknoten in die LH übergeben und mit Körperspirale einen Achterschwung einwärts (nach links) mit offener Seilschlinge; mit kleinem Kreis vor dem Körper beginnen (Abb. 330/1, 2).
② Langsame $^1/_1$-Drehung nach rechts, Seil in Engfassung über dem Kopf viermal nach rechts kreisen, dann jeweils mit Körperspirale mit offener Seilschlinge dreimal Achterschwung auswärts (nach rechts), mit großem Kreis über dem Kopf beginnen.

Wichtig: Bei den Achterschwüngen auf großen Körpereinsatz und gleichmäßigen Abstand der Hände achten.
③ Stand, mit der RH über dem Kopf viermal einwärts kreisen, Seil zur offenen Seilschlinge aufmachen, LA ist in der Hochhalte, RA ist in der Tiefhalte, Seil schwingt mit einem Kreisschwung nach links weiter, dabei mit dem vorgespreizten LB hineinsteigen, mit dem vorgespreizten RB heraussteigen (Abb. 331/1, 2).
④ Wie 3, nur beim Hineinsteigen $^1/_2$-Drehung nach links auf dem RF, beim Heraussteigen $^1/_2$-Drehung nach links auf dem LF.
⑤ Wie 4, nur beim Heraussteigen das RB gebeugt rückspreizen.
⑥ Wie 3, nur mit Schrittsprung seitwärts nach links während des Kreisschwungs.
⑦ Wie 3 oder 4, nur während des Kreisens zum Kniestand auf dem RB senken, LB beim Hineinsteigen schnell vorspreizen und über den LF sofort zum Stand kommen, mit dem vorgespreizten RB heraussteigen.
⑧ Wie 3, nur beim Kreisen $^1/_1$-Drehung nach links mit 2 Schritten LF, RF seitwärts, gleichzeitiger Absprung vom RF, mit dem vorgespreizten LB und gebeugt rückgespreizten RB mit $^1/_1$-Drehung nach links den Kreisschwung durchspringen (Schrittsprung mit $^1/_1$-Drehung).
⑨ Stand, mit der RH über dem Kopf viermal einwärts kreisen; nach dem Kreisen LA in die Tiefhalte für den Stützaufschwung senken, RA in die Hochhalte führen, Seil weiterschwingen und mit gehockten Beinen durch die offene Seilschlinge springen (Abb. 332).
Variante:
- Nach dem Kreisen RA in die Tiefhalte und LA in die Hochhalte führen und mit Stützaufschwung auf dem RA die offene Seilschlinge durchspringen.

330/1 2

331/1 2

332

333/1 2

⑩ Stand, Seil in Engfassung über dem Kopf zweimal langsam nach rechts kreisen, Seil zur offenen Seilschlinge aufmachen, LA ist in der Hochhalte, RA ist in der Tiefhalte, Seil schwingt mit einem Kreisschwung nach rechts weiter, dabei auf dem RF $^{1}/_{1}$-Piqué-Drehung nach rechts, mit dem gebeugt rückgespreizten LB hineinsteigen und mit dem vorgespreizten RB heraussteigen (Abb. 333).

Wichtig: Die Übungen 1–10 fortlaufend und gegengleich üben.

Variation Schwingen und Kreisen in der horizontalen Ebene (Abb. 334)

MUSIK ⑫

Takt I

1– 4 LF Schritt seitwärts, RF kreuzt vor dem LF, $^{1}/_{1}$-Drehung nach links, dabei mit der RH über dem Kopf viermal einwärts kreisen (beim vierten Kreis bereits Engfassung) (1)

Takt II

5– 8 Schlußstellung, Körperspirale, mit offener Seilschlinge einen Achterschwung einwärts nach links (2)

Takt III

9–12 Kreisschwung nach links, durch die offene Seilschlinge mit dem vorgespreizten LB hineinsteigen und mit vorgespreiztem RB heraussteigen, dabei $^{1}/_{1}$-Drehung nach links (3)

Takt IV

13–16 Übergabe über dem Kopf in die RH, 3 Schritte vorwärts: LF, RF, LF, rechte Fußspitze vorne aufstellen, dabei viermal einwärts kreisen (4)

Takt V

17–20 $^{1}/_{1}$-Piqué-Drehung nach rechts auf dem RF, linke Fußspitze am rechten Knie, LB ist ausgedreht, dabei mit der RH viermal einwärts kreisen (5)

Takt VI

21–24 Ausfallschritt vorwärts mit dem LF, RH aus der Hochhalte zur linken Hüfte führen, wobei sich durch den Einwärtsschwung die geschlossene Seilschlinge um die Hüfte herumwickelt (6, 7)

Takt VII

25–28 LH faßt das Ende der Seilschlinge, RF Schritt vorwärts, LF anstellen und $^{1}/_{1}$-Drehung nach rechts, dabei mit einem Mühlkreis einwärts über dem Kopf beide Arme in die Hochhalte führen (8, 9)

Takt VIII

29–32 Stand, LH läßt das Seil los, RH schwingt weiter in die Bewegungsrichtung nach rechts, einmal über dem Kopf und einmal um die Hüfte herum mit Übergabe hinter dem Körper in die LH und vor dem Körper in die RH; mit einer Gewichtsverlagerung auf den RF seitwärts das Seil in die Seithalte rechts ausschwingen (10, 11, 12)

Die 8 Takte fortlaufend wiederholen

Variation Kreisen in der horizontalen Ebene in Verbindung mit anderen Bewegungselementen (Abb. 335)

MUSIK ⓬ ❾

Takt I

1– 4 LF Schritt seitwärts, RF kreuzt vor dem LF und $^1/_1$-Drehung nach links, dabei mit der RH über den Kopf einwärts kreisen, auf die vierte Zählzeit mit der LH die Mitte der Seilschlinge, mit der RH das Ende der Seilschlinge fassen (4fach zusammengelegtes Seil zwischen den Händen), Oberkörper neigt nach rechts (1)

Takt II

5– 8 Mühlachter einwärts (RH beginnt mit kleinem Kreis einwärts), beide Arme enden in der Hochhalte (2)

Takt III

9–12 Hocksprung über das 4fach zusammengelegte Seil mit SD vorwärts, in der Rückhalte mit der LH das Seil loslassen, mit der RH über dem Kopf zweimal einwärts kreisen (3, 4)

Takt IV

13–14 Stand, mit der RH das Ende der Seilschlinge loslassen und über dem Kopf einmal einwärts kreisen

15–16 aus der RH einen Seilknoten loslassen, das lange offene Seil schwingt weiter 1 Kreis einwärts über dem Kopf, dabei LB vorspreizen, Mitte des Seiles an der Fußspitze einhaken und den schwingenden Seilknoten mit LH fassen (5, 6)

Takt V

17–20 LB mit der gespannten Seilschlinge horizontal nach hinten in die Standwaage führen, dabei Mühlkreis über dem Kopf ausführen, d. h. der RA führt zur linken Seite und überkreuzt den LA, beide enden in der Seithochhalte, die Seilschlinge ist dann an der Fußspitze überkreuz (7, 8)

Takt VI

21–24 RB beugen, Rolle vorwärts ausführen (die Seilschlinge bleibt straff) (9, 10, 11)

Takt VII

25–28 auf gleichem Wege Rolle rückwärts zum Kniestand auf dem RB, LB nach hinten gestreckt (12, 13)

Takt VIII

29–30 im Kniestand ½-Drehung nach links, LF steht auf der Seilschlinge, dabei die Arme kurz über dem Kopf kreuzen und die straffe Seilschlinge damit öffnen (14)

31–32 zum Stand kommen, ½-Drehung nach links auf dem LF in der offenen Seilschlinge, RF Schritt vorwärts, die Seilschlinge mit dem LF loslassen, und das Seil hinter dem Rücken in die RH übergeben (15, 16)

Die 8 Takte fortlaufend oder auch gegengleich wiederholen.

Werfen und Fangen

Diese Technik ist eine der schwierigsten, da das bewegliche Seil in der Flugphase immer straff bleiben muß. Dazu ist neben Geschicklichkeit, Reaktionsvermögen, Augenmaß und Raumgefühl eine Feinkoordination der gesamten Körperbewegung notwendig. Der Abwurf erfolgt aus einer schwunghaften Bewegung in einer Vertikalebene, wobei die Intensität des Impulses genau dosiert werden muß. Erfolgt der Wurf aus dem schnellen Kreisen, wird die Seilbewegung durch eine Streckung des Körpers und des Armes verlangsamt und zu einem Schwung übergeleitet. Die Seilschlinge, offen oder geschlossen, kann in ihrer Flugphase eine oder mehrere Drehungen ausführen.
Das Fangen wird ein- oder beidhändig zu einem Schwung übergeleitet, aber auch andere Elemente, wie Führen und Durchspringen sind möglich. Eine Vorstufe des Werfens und Fangens ist das Loslassen nur eines Seilendes. Es wird auf vielfältige Weise als Übergang oder Richtungswechsel benutzt, wie schon beim Seilschwingen erwähnt worden ist.

336

Ausführungsmöglichkeiten des Werfens und Fangens

Werfen:

- Hochwürfe, Bogenwürfe.
- Ohne oder mit Drehung des Seiles (Abb. 336).
- Aus dem Schwung, Kreis- oder Achterschwung.
- In der frontalen und sagittalen Ebene.
- Beidhändig, einhändig.
- Mit offener oder geschlossener Seilschlinge.
- Im Seit- und Querverhalten.
- Am Ort und in der Fortbewegung.

Fangen:

Beid- oder einhändig in allen Fassungen. Entweder werden beide Seilknoten oder die Mitte des Seiles gefangen.

Übungsbeispiele: Werfen und Fangen

Werfen bzw. Loslassen und Fangen eines Seilknotens

① Ein Seilknoten in der RH, offenes Seil liegt neben dem Körper am Boden, der zweite Seilknoten liegt hinter dem Körper; die RH schwingt aus der Tiefhalte zur Vorhochhalte (bis in Augenhöhe), dadurch fliegt der zweite Seilknoten von hinten nach vorne und in weitem Bogen zum Körper (Abb. 337).

- Mit der RH fangen und zum Kreisen vorwärts übergehen.

- Mit der LH fangen und zum Laufen, Hüpfen, Springen mit SD vorwärts übergehen.

② Wie 1, nur
- mit dem Schwung vorwärts entweder Ausfallschritt vorwärts oder Körperwelle oder einige Schritte vorwärts oder Hüpfer vorwärts ausführen
- mit dem Fangen einige Schritte ausführen oder Gewichtsverlagerung rückwärts; in die verschiedenen Stellungen und Bodenlagen senken; auch zum horizontalen Kreisen oder Führen übergehen.

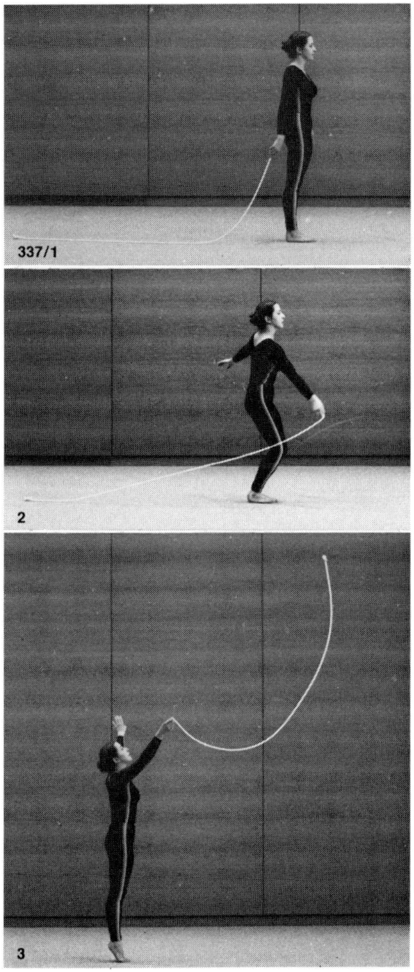
337/1 2 3

③ Wie 1, nur mit dem Schwung vorwärts, LF Schritt vorwärts, RB vorspreizen, beim Fangen mit der RH kreuzt das RB über das LB, Oberkörper vorbeugen und mit gestrecktem LB zum Sitz und weiter über die Rolle rückwärts bis zum Fersensitz abrollen, mit der RH einwärts über dem Kopf kreisen (Abb. 338/1–3).

④ Wie 1, nur mit dem Schwung vorwärts 2 Schritte vorwärts, RF, LF, Absprung, Schrittsprung mit Durchziehen des RB; beim Fangen mit der LH Gewichtsverlagerung auf den RF, beide Arme an der rechten Körperseite rückwärts ausschwingen, LF Schritt vorwärts, RF anstellen und $^{1}/_{1}$-Drehung nach links, dabei einen horizontalen Achterschwung nach links mit dem großen Kreis über dem Kopf beginnen.

⑤ Wie 1, nur Schwung und Fangen in verschiedenen Richtungen:
- Der zweite Seilknoten liegt in der sagittalen Ebene vor dem Körper; die RH schwingt in die Rückhochhalte, die RH oder LH fängt; auch mit $^{1}/_{2}$-Drehung nach rechts ausführen, verschiedene Bewegungsabläufe und Übergänge finden.
- Der zweite Seilknoten liegt in der frontalen Ebene vor dem Körper, die RH schwingt entweder auswärts in die Seithochhalte rechts, oder einwärts in die Seithochhalte links, mit der RH oder LH fangen; auch mit $^{1}/_{2}$-Drehung möglich; der Schwung ist auch hinter dem Körper möglich; verschiedene Bewegungsabläufe und Übergänge finden.

⑥ In der sagittalen Ebene: in Schrittstellung Gewichtsverlagerung vorwärts auf den LF und rückwärts auf den RF, dabei das Seil in offener Fassung im Seitverhalten an der rechten Körperseite vorwärts und rückwärts schwingen, wiederholen, aus dem Rückschwung den Seilknoten mit der LH unter dem RA abwerfen, $^{1}/_{2}$-Drehung nach rechts und wieder mit der LH in der Seithalte den Seilknoten fangen. Damit beschreibt die Seilschlinge einen ganzen Kreis. Wiederholung gegengleich und fortlaufend (Abb. 339/1–4).

⑦ Wie 6, nur beliebige Fortbewegung: z. B. Walzerschritt vorwärts beim Schwingen, Schlußsprung beim Abwerfen usw.

⑧ Körperwelle vorwärts, dabei mit der RH rückwärts kreisen; LF Schritt vorwärts mit Gewichtsverlagerung, RF anstellen zum Ballenstand, dabei RA in die Vorhochhalte

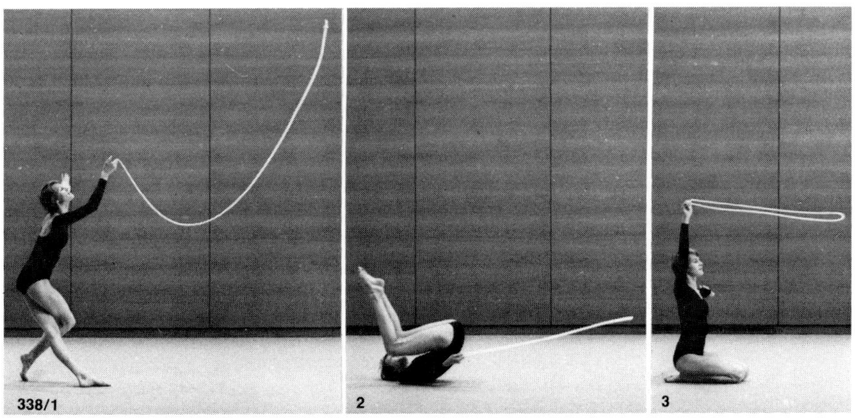
338/1 2 3

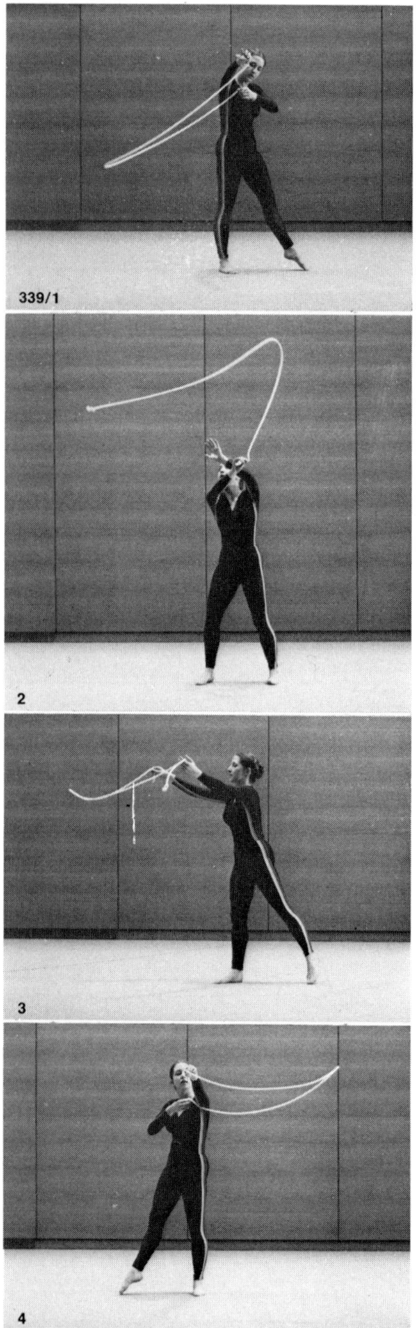

339/1 2 3 4

340/1 2 3 4 5 6

schwingen, einen Seilknoten loslassen und in der Hochhalte fangen; sofort vorwärts kreisen, dabei leichte Kniebeuge, Oberkörper vorgeneigt, RA schwingt in die Rückhochhalte, einen Seilknoten loslassen, ½-Drehung nach rechts und in der Hochhalte fangen. Fortlaufend wiederholen (Abb. 340/1–6).

⑨ Schlußsprünge am Ort oder zweimal 2er Lauf rückwärts mit je 1 SD rückwärts, im Stand schwingt das Seil weiter einen Kreis rückwärts mit offener Seilschlinge an der rechten Körperseite, dabei überkreuzt die LH den RA und läßt den Seilknoten los, Arme weiter in die Vorhochhalte schwingen, mit der LH den Seilknoten wieder fangen; wiederholen gegengleich an der linken Körperseite oder umgekehrt (Abb. 341/1–3), d. h.: zweimal 2er Lauf vorwärts mit je 1 SD vorwärts, im Stand schwingt das Seil weiter einen Kreis vorwärts mit offener Seilschlinge an der linken Körperseite, dabei läßt die RH unter dem LA den Seilknoten los, Arme weiter in die Hochhalte schwingen, mit der RH den Seilknoten fangen.

⑩ In der frontalen Ebene (ähnlich wie 6 in der sagittalen Ebene): Stand auf dem RF, linke Fußspitze ist seitlich aufgestellt, Seil in offener Fassung im Seitverhalten vor dem Körper, Gewichtsverlagerung auf den LF, auf den RF, dabei das Seil nach links und rechts schwingen, mit Gewichtsverlagerung auf den LF Schwung nach links, dabei mit der RH unter dem LA den Seilknoten loslassen, Gewichtsverlagerung

341/1 2 3

über die Höhe auf den RF, Seilknoten wieder mit der RH rechts vor dem Körper fangen, dabei beschreibt die Seilschlinge einen ganzen Kreis, Gewichtsverlagerung auf den LF und Seil nach links ausschwingen. Wiederholen gegengleich und fortlaufend.

⑪ Wie 10, nur beliebig in der Seitwärtsbewegung, z. B. Walzerschritt nach links, nach rechts, beim Schwingen, 1 Galopp links seitwärts beim Loslassen und Fangen und Gewichtsverlagerung nach links beim Ausschwingen.

⑫ 3 Galopps, links seitwärts, dabei mit der RH auswärts kreisen; LF Schritt seitwärts mit Körperwelle links seitwärts, dabei RA in die Seithochhalte links schwingen; einen Seilknoten loslassen und vor dem Körper wieder fangen; wiederholen des Bewegungsablaufs nach rechts und dabei mit der RH einwärts kreisen. Üben auch mit der LH.

⑬ 2 Schrittsprünge seitwärts nach rechts, Absprung LF, dabei mit der RH jeweils Achterkreis auswärts, mit dem Kreis hinter dem Kopf beginnen, 1 Seilknoten in die LH übergeben und zur offenen Seilschlinge aufmachen, den dritten Schrittsprung seitwärts mit 1 SD seitwärts, während der Sprungphase 1/4-Drehung nach links, mit der RH den Seilknoten hinter dem Rücken loslassen, die LH sofort zur Vorhochhalte schwingen und nach der Landung auf dem RF den Seilknoten mit der RH fangen; Schlußsprung mit 1 SD vorwärts (Abb. 342/1–4).

Werfen und Fangen beider Seilknoten in der sagittalen Ebene

① Bei geschlossener Seilschlinge: Seilführender Arm aus dem Rückwärtskreisen in die Vorhochhalte führen, mit Impuls und Streckung des Körpers und des Armes das Seil hochwerfen zu einer oder mehreren Drehungen in der Luft, einhändig fangen (vgl. Abb. 336):

- Die Seilknoten fangen und weiter vorwärts kreisen.
- Die Mitte des Seiles fangen, anschließend mit der anderen Hand die Seilknoten fassen und zum Führen überleiten oder Hocksprung über das 2fach zusammengelegte Seil.

② Wie oben, nur aus dem Achterkreisen rückwärts abwerfen:

- dabei Ausfallschritt mit Gewichtsverlagerung vorwärts, beim Abwurf zum Ballenstand heben

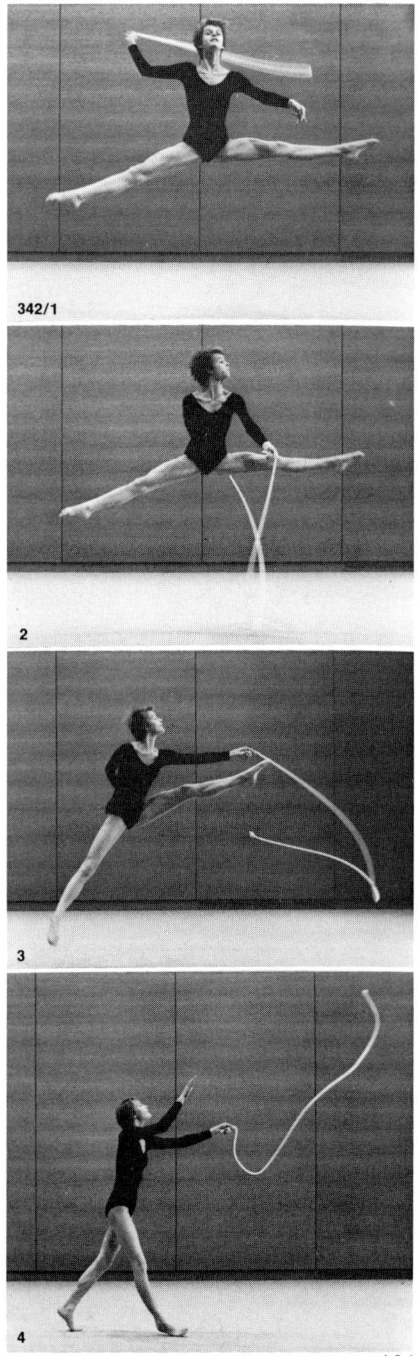

342/1 2 3 4

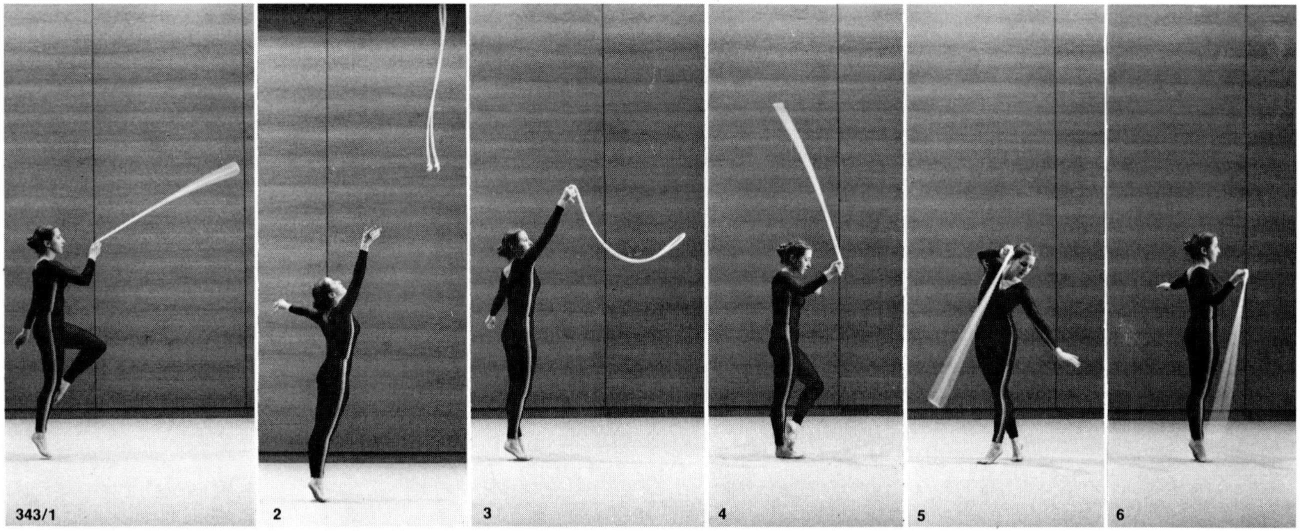
343/1 2 3 4 5 6

■ oder Körperwelle vorwärts im Stand, Abwurf mit einigen Schritten vorwärts
■ oder Wechselschritte, Hüpfer, Galopp vorwärts, beim Abwurf Sprünge vorwärts.

Wichtig: Der Abwurf muß im höchsten Punkt der Sprungphase erfolgen.

③ 3 Hüpfer vorwärts, LF, RF, LF, RF Schritt vorwärts, LF anstellen in den Ballenstand, dabei mit der RH 2 Achterkreise rückwärts, an der linken Körperseite beginnend, Seil abwerfen, mit der RH in der Hochhalte fangen, LF kreuzt vor dem RF, $^{1}/_{1}$-Spiralendrehung nach rechts (d. h. der RA bleibt unverändert in der Vorhochhalte, der Körper dreht sich mit einer Seit-Rück-Seitbeuge unter dem RA), dabei das Seil vorwärts kreisen (Abb. 343/1–6).

344/1 2 3

Wichtig: Die Spiralendrehung zum Erlernen und zur Bewegungskontrolle an der Wand üben (Abb. 344/1–3).

④ Wie 1, nur während der Flugphase:

■ in verschiedene Stellungen oder Bodenlagen senken; oder Rolle vorwärts, Stützüberschwung usw. ausführen und nach dem Fangen das Seil entweder horizontal kreisen oder führen
■ oder Drehungen ausführen, nach dem Fangen Laufen vorwärts, Wechselschritte, Hüpfer, Sprünge usw.

Wichtig: Um einen Wurf mit größerer Weite zu erreichen, muß der Arm im Moment des Abwurfes tiefer gehalten werden.

⑤ Wie 1, nur umgekehrt, d. h. aus dem Vorwärtskreisen Arm in die Hochhalte führen, mit Impuls und Streckung des Körpers und Armes Seil hochwerfen zu einigen Drehungen in der Luft und einhändig fangen. Erproben der gleichen Bewegungsabläufe wie unter 2–4 beschrieben.

Wichtig: Um einen sagittalen Bogenwurf zu erreichen, wird der Wurfarm bis zur Vorhochhalte geführt.

⑥ Bei offener Seilschlinge: Bewegungsablauf wie bei Übung S. 159, 6, 7, nur beide Seilknoten abwerfen.

⑦ Laufen rückwärts oder Sprünge am Ort mit SD rückwärts, mit Impuls und Streckung des Körpers und der Arme in die Vorhochhalte Seil abwerfen, nach einer oder mehreren Umdrehungen mit offener Fassung beide Seilknoten fangen und zum Laufen, Hüpfen oder Springen mit SD vorwärts überleiten

■ Abwurf oder Fangen mit Kreuzfassung.

Werfen und Fangen beider Seilknoten in der frontalen Ebene

① Bei geschlossener Seilschlinge: seilführenden Arm aus dem Auswärts- oder Einwärtskreisen in die Hochhalte führen, mit Impuls und Streckung des gesamten Körpers Seil hochwerfen und nach einer oder mehreren Drehungen in der Luft mit der Abwurf- oder der anderen Hand in der Luft einhändig fangen:

- Die Seilknoten fassen und weiter in der Bewegungsrichtung kreisen.
- Die Mitte des Seiles fangen und mit der anderen Hand anschließend die Seilknoten fassen und zum Führen überleiten oder Hocksprung über das 2fach zusammengelegte Seil.

② Wie 1, nur aus den Achterkreisen werfen,

- dabei Ausfallschritt vorwärts, oder seitwärts mit Gewichtsverlagerung, beim Abwurf zum Ballenstand heben oder Sprung am Ort ausführen
- Körperwelle vorwärts – seitwärts, im Stand oder mit einigen Schritten vorwärts – seitwärts, beim Abwurf Schrittsprung vorwärts – seitwärts
- Gehschritte, Wechselschritte, Laufen, Hüpfen, Galopp, Springen vorwärts, rückwärts, seitwärts, und das Seil unter dem vorgespreizten Bein (Abb. 345) oder hinter dem Rücken abwerfen (vgl. Ball, Werfen, S. 25, 2, 3), auch mit 4fach zusammengelegtem Seil.

345

③ Wie 1, nur während der Flugphase in verschiedene Stellungen oder Bodenlagen senken;

- oder Rolle seitwärts, Handstützüberschwung, Rad (im Wettkampf nicht zulässig) usw. ausführen
- oder Drehungen ausführen; beim Fangen weitere Fortbewegung seitwärts wie Wechselschritte, Galopp, Hüpfer, Schrittsprung usw. ausführen.

Wichtig: Um einen frontalen Bogenwurf zu erreichen, wird der Abwurfarm über die Seithalte zur Seithochhalte geschwungen.

④ Mit der RH auswärts kreisen und hochwerfen, nach $^{1}/_{4}$-Drehung nach rechts mit der LH fangen und sagittal vorwärts kreisen, weiter $^{3}/_{4}$-Drehung nach rechts und das kreisende Seil hinter dem Rücken in die RH übergeben und fortlaufend wiederholen.

⑤ Bei offener Seilschlinge: Bewegungsablauf wie bei Übung S. 160, 161, 10, 11, nur beide Seilknoten abwerfen. Beim Abwurf sind die Arme gekreuzt.

⑥ Wie 5, nur im Querverhalten, d. h. das

346/1 2 3 4 5 6

Seil wird in der Seithochhalte links abgeworfen, die Seilschlinge beschreibt einen Bogen, die Seilknoten beidhändig in der Seithalte rechts fangen.

Verbindung Werfen und Fangen aus dem Kreisen in der frontalen und sagittalen Ebene (Abb. 346)

MUSIK ⓫

Takt I

1– 4 4 Hüpfer vorwärts, dabei mit der RH viermal frontal auswärts kreisen (1)

Takt II

5– 8 Schlußsprung, Seil in der Hochhalte hochwerfen, $^1/_4$-Drehung nach rechts mit der LH fangen (2, 3)

Takt III

9–12 mit der LH an der linken Körperseite zweimal vorwärts kreisen, $^1/_2$-Drehung nach links und mit der LH sagittal zweimal rückwärts an der rechten Körperseite kreisen (4, 5)

Takt IV

13–16 mit der LH einen sagittalen Kreis rückwärts an der rechten Körperseite und aus der Vorhochhalte das Seil abwerfen, $^1/_4$-Drehung nach rechts, mit der LH fangen.

Die 4 Takte gegengleich wiederholen (6)

Improvisationsthema

Werfen und Fangen eines oder beider Seilknoten aus dem Kreisen, Schwingen oder SD am Ort und in der Fortbewegung.

Variation Werfen und Fangen in Verbindung mit anderen Elementen (Abb. 347)

Laufen rückwärts oder Sprünge am Ort mit SD rückwärts (1), in der Vorhochhalte das Seil abwerfen (2), beidhändig die Mitte des Seiles mit Griff von unten fangen und schulterbreit halten (3). Mit den herabhängenden Seilknoten rückwärts kreisen, entweder gleichzeitig oder nacheinander, mit dem RF Schritt rückwärts in Schrittstellung und Rückbeuge (4);
Arme über die Hochhalte zur gebeugten Seithalte so führen, daß das Mittelstück des Seiles in der Taille am Rücken liegt, währenddessen Oberkörper aufrichten und Drehung nach links ausführen (5); weiter mehrere Drehungen nach links, jeweils LF Schritt seitwärts, RF anstellen, dabei das lange Seil horizontal um die Taille schwingen, d. h. die Mitte des Seiles wird jeweils um die Taille gezogen und von der RH in die LH vor und von der LH in die RH hinter dem Körper übergeben (6, 7).
Mit einer weiteren Drehung nach links faßt die RH die Mitte des Seiles, während die LH beide Seilknoten fängt, beide Hände zur Vorhochhalte führen (8, 9), die LH übergibt die Seilknoten in die RH (4fach zusammengelegtes Seil), diese führt im Stand einen horizontalen Kreis einwärts über dem Kopf aus (10);
2 Schritte vorwärts, LF, RF, dabei mit der RH zweimal frontal auswärts kreisen, LB vorspreizen und das 4fach zusammengelegte Seil mit der RH unter dem LB abwerfen; mit der LH beide Seilknoten fangen und sagittal vorwärts kreisen;
einen Seilknoten loslassen und diesen vorwärts auf den Boden aufschlagen, RF kreuzt vor dem LF, ½-Drehung nach links in den Ballenstand, dabei schwingt die LH in die Vorhochhalte, wodurch der zweite Seilknoten über die Hochhalte fliegt und mit der RH gefangen wird; die ganze Verbindung wiederholen.

Führen

Führende Bewegungen werden nur mit zusammengelegtem und straffem, beidhändig gehaltenem Seil ausgeführt. Sie dienen in einer Kürübung als Verbindungselemente zwischen den anderen Techniken.
Das Führen wird häufig bei verschiedenen Stellungen, Drehungen und Bodenlagen mit vielseitigem Übersteigen ausgeführt. Im Vorbereitungstraining kann das Seil ähnlich wie der Stab zu Dehnungs-, Beweglichkeits-, Kräftigungs- und Gleichgewichtsübungen verwendet werden.

Ausführungsmöglichkeiten

- Beidhändig mit 2-, 3- oder 4fach zusammengelegtem Seil (Abb. 348).
- In allen Ebenen.
- Vorwiegend in Bogen-, Kreis- oder Achterform.
- Vorwiegend am Ort.

348

349/1

2

3

4

- In der Fortbewegung, meistens beim Gehen und Drehen.

Variante:

- Das zusammengelegte Seil kann während des Führens locker zwischen den Händen kreisen (vgl. Abb. 350/7).

Übungsbeispiele: Führen

Wichtig: Die hier aufgeführten Übungen 1–3 sind bereits in Verbindungen zusammengefaßt. Jeder Takt bzw. jede gleiche Zeitlänge ist als Einheit anzusehen und als eigene Übung zu wiederholen. Das gleiche empfiehlt sich auch bei den Variationen.

Dehn- und Beweglichkeitsübungen

① Fersensitz, 4fach zusammengelegtes Seil vor dem Körper (Abb. 349):
Seitbeuge nach links, dabei zum Kniestand auf dem RB heben, gleichzeitig LB seitwärts spreizen, Seil aus der Tiefhalte über die Vorhalte zur Hochhalte führen, auf gleichem Wege zurückführen und zum Fersensitz auf dem RB senken, LB bleibt seitgespreizt; wiederholen mit Seitbeuge nach rechts und zum Fersensitz senken, LB heranziehen (1–3);
zweimal einen horizontalen Mühlachterkreis nach links mit je einer Körperspirale, mit dem Kreis über dem Kopf beginnen (4).
Wiederholen dieser 4taktigen Übung gegengleich.

② Wie 1, nur im Schlußstand mit gebeugten Knien und vorgeneigtem Oberkörper; beim zweiten Mühlachterkreis evtl. $^{1}/_{1}$-Drehung nach links.

③ Fersensitz, 3fach zusammengelegtes Seil vor dem Körper (Abb. 350), (Seilknoten überkreuzen, fassen und unter lockerer Seilführung Arme auseinanderziehen): Heben in den Kniestand, Arme in die Hochhalte führen, Rückbeuge, mit Vorbeuge, wieder zum Fersensitz senken; wiederholen (1, 2);
beide Seilknoten in eine Hand übergeben und zum 2fach zusammengelegten Seil auseinanderziehen, das locker gehaltene Seil zwischen den Händen kreisen, dabei mit einer Körperwelle vorwärts in den Kniestand heben und die Arme bis zur Hochhalte führen; Seil bis zur Tiefhalte rückwärts führen, dabei zum Fersensitz senken, Seil liegt am Boden, Oberkörper vorbeugen, Gesäß und Füße anheben, das Seil unten durchziehen und über den Hockstand zum Stand kommen (3, 4);
mit einem Schritt rückwärts Arme in die Hochhalte führen, Rückbeuge, mit Gewichtsverlagerung vorwärts Ausfallschritt vorwärts, Arme wieder bis zum Boden senken; wiederholen (5, 6);
Rolle vorwärts bis zum einbeinigen Kniestand, der andere Fuß ist aufgestellt; Seil zwischen den Händen kreisen, vor dem Körper Hände zusammennehmen, einen Seilknoten in die andere Hand übergeben und zum 3fach zusammengelegten Seil spannen, dabei in den Fersensitz senken und von vorne wiederholen (7, 8).

Gleichgewichtselemente: Variation Führen und Schwingen (Abb. 351)

MUSIK ❾

Takt I
1– 4 RF Schritt seitwärts und $^{1}/_{1}$-Piqué-Drehung nach rechts, linke Fußspitze am rechten Knie, die Arme mit dem 4fach zusammengelegten Seil aus der Tiefhalte mit Neigung des Oberkörpers nach rechts in die Hochhalte führen, auf die Zählzeit 4 linke Fußspitze vorne aufstellen, Arme in die Tiefhalte senken (1)

Takt II
5– 8 LF Schritt vorwärts, RF anstellen in den Ballenstand, mit Körperwelle die Arme in die

Hochhalte führen und das Seil zwischen den Händen kreisen und in der Hochhalte zum 2fach zusammengelegten Seil auseinanderziehen (2, 3)

Takt III

9–12 LB rückspreizen, Standwaage auf dem RF, Arme langsam zum Boden senken mit tiefer Vorbeuge (4)

Takt IV

13–16 LB beugen und mit einem Schritt vorwärts über das Seil steigen, RF anstellen und mit einer Körperwelle vorwärts die Arme aus der Tiefhalte über die Rück- zur Hochhalte führen und vor dem Körper wieder in die Tiefhalte senken (5, 6)

Takt V

17–20 3 Schritte rückwärts, LF, RF, LF, dabei das Seil zwischen den Händen kreisen und zur Hochhalte führen (7, 8, 9)

Takt VI

21–24 den rechten Unterschenkel anheben, das Seil hinter dem Körper in die Tiefhalte unter dem RB führen, dieses rückspreizen in die Standwaage auf dem LF (10, 11)

Takt VII

25–26 zum Kniestand auf dem RB senken, linke Fußspitze vorne aufstellen, mit der LH Seil loslassen, mit der RH 1 horizontalen Kreis einwärts über dem Kopf ausführen (12, 13)

27–28 Seil zur offenen Fassung übergeben, d. h. LH in der Hochhalte, RH in der Tiefhalte, Seil kreist weiter nach links, LB vorspreizen und in die Seilschlinge hineinsteigen (14)

Takt VIII

29–30 über den LF zum Stand kommen, RB vorspreizen und aus der Seilschlinge heraussteigen (15)

31–32 Seilknoten über dem Kopf in die RH übergeben, RF Schritt vorwärts, LF anstellen zum Ballenstand, mit der RH weiter einen horizontalen Kreis einwärts über dem Kopf, beim zweiten Kreis mit der LH die Mitte der Seilschlinge fassen, danach fängt die RH das Ende der Seilschlinge zum 4fach zusammengelegten Seil (16, 17, 18).

Wiederholen der 8 Takte fortlaufend.

Dehn- und Kräftigungsübungen: Variation Führen und Schwingen
(Abb. 352)

MUSIK ❾

Takt I

1– 2 Stand, Seil in offener Fassung vor dem Körper, LF Schritt rückwärts, gleichzeitig 1 SD rückwärts und das Seil mit dem LF festhalten (1, 2),

3– 4 RF Schritt rückwärts, LB mit dem straffen Seil vorspreizen, Arme in die Seithochhalte führen (3)

Takt II

5– 6 2 Schritte vorwärts, LF, mit dem RF über das Seil steigen, Arme in die Tiefhalte, hinter dem Rücken führen und Seilknoten in die RH übergeben (4)

7– 8 mit einem Schwung in die Vorhochhalte das Ende der Seilschlinge mit der RH fangen und das 4fach zusammengelegte Seil am anderen Ende mit der LH fassen, in die Hochhalte führen

Takt III

9–12 LF Schritt vorwärts, über den Kniestand auf dem RB zum Fersensitz senken, LB vorspreizen, Oberkörper vorbeugen, Arme in der Hochhalte (5)

Takt IV

13–14 Gewichtsverlagerung auf den LF in tiefem Ausfallschritt, Oberkörper aufrecht, Arme in der Hochhalte (6)

15–16 ½-Drehung nach rechts und hinsetzen (7)

Takt V

17–20 Seil in die Vorhochhalte führen, das gebeugte LB hochspreizen und mit der Fußspitze einhaken, das gleiche mit dem gestreckten RB, Schwebesitz (8)

Takt VI

21–22 Rolle rückwärts zum Fersensitz, Oberkörper vorgebeugt, Seil hinter dem Körper (9, 10)

23–24 mit der LH Seil loslassen und auf dem LA seitwärts stützen, Beine zum Liegestütz seitlings strecken, mit 3 Schrittchen im ¼-Kreis vorwärts zum Langsitz senken, dabei mit der RH über dem Kopf einwärts kreisen (11)

Takt VII

25–26 Beine anziehen und zum Schwebesitz strecken, das einwärts kreisende Seil in die Vorhalte bringen und mit der LH unter den Kniekehlen das Ende des 4fach zusammengelegten Seiles fassen (12)

27–28 über die Schrittstellung zum Stand kommen, das Seil ist in der Tiefhalte hinter dem Körper (13)

Takt VIII

29–30 2 Schritte vorwärts zur Schlußstellung, dabei das Seil mit der LH loslassen, mit der RH das Ende der Seilschlinge loslassen und mit dem 2fach zusammengelegten Seil einen Kreis rückwärts an der rechten und einen Kreis rückwärts an der linken Körperseite schwingen (14)

31–32 einen Seilknoten vor dem Körper zur offenen Seilschlinge in die LH übergeben und 1 Schlußsprung mit SD rückwärts (15)

Wiederholen der 8 Takte fortlaufend.

Improvisationsthema

Führen, Schwingen und Kreisen am Ort, in Verbindung mit Standstellungen und Bodenelementen. In der Fortbewegung in Verbindung mit Gehen, Wechselschritten, Hüpfen und Springen, räumlich variiert.

Das Foto zeigt die erforderliche Dehnfähigkeit für Gymnastinnen der Weltklasse ▷

Variation der Techniken: Laufen und Springen mit SD und Schwingen
(Abb. 353)

MUSIK ⑩
(Vorspiel und die ersten 4 Takte abwarten). Seil zum Auftakt hochschwingen (1, 2).

Takt I
1– 4 3 Pferdchensprünge, 1 Laufsprung, jeweils Absprung LF, mit je 1 SD vorwärts (3)

Takt II
5– 8 Wechselschritt vorwärts mit dem LF, dabei Seil in der Engfassung zweimal an der linken Körperseite vorwärts kreisen, Wechselschritt vorwärts mit dem RF, dabei Seil in der Engfassung zweimal an der rechten Körperseite vorwärts kreisen, 1/2-Drehung nach rechts

Takt III
9–12 wie Takt II, nur Wechselschritte rückwärts, Seil auch rückwärts kreisen, zuerst zweimal an der linken, dann zweimal an der rechten Körperseite, 1/2-Drehung nach rechts, Arme über die Hochhalte führen und zur offenen Seilschlinge öffnen

Takt IV
13–16 achtmal 1er Lauf vorwärts mit SD vorwärts, LF beginnt

Takt V
17–20 2 Schlußsprünge und 2 Sprünge in der Hocke ohne Zwischenfedern mit je 1 SD vorwärts

Takt VI
21–24 mit 1/2-Drehung nach links zum Stand kommen, einen Seilknoten in die RH übergeben und zweimal horizontal über dem Kopf einwärts kreisen, LF Schritt vorwärts, RB rückspreizen zur Standwaage, Seil einmal in der gleichen Richtung kreisen, nur um das linke Knie herum mit Übergabe in die LH, hinter dem LB in die RH

Takt VII
25–28 RF Schritt vorwärts, mit der RH einmal über dem Kopf einwärts kreisen und zur offenen Seilschlinge öffnen (d. h. LA in der Hochhalte, RA in der Tiefhalte), LB vorspreizen und durch die weiter schwingende offene Seilschlinge hineinsteigen, RB vorspreizen und aus der Seilschlinge heraussteigen, LH übergibt den Seilknoten über dem Kopf in die RH

Takt VIII
29–32 4 Laufschritte vorwärts, LF beginnt, mit der RH viermal oder zweimal über dem Kopf einwärts kreisen, dann 1 Kreis einwärts über dem Boden mit einem Pferdchensprung über das Seil, LF Absprung, 1/4-Drehung nach rechts und das Seil frontal in die Seithalte links ausschwingen (4, 5)

Takt IX
33–36 1 Galopp rechts seitwärts, RF Schritt rechts seitwärts, dabei mit der RH weiter zweimal frontal auswärts kreisen, 1/2-Drehung nach rechts und Übergabe des Seiles in die LH, 1 Galopp links seitwärts und LF Schritt seitwärts, dabei mit der LH zweimal einwärts am Rücken vorbei kreisen, 1/2-Drehung nach rechts und das Seil hinter dem Rücken in die RH übergeben (6, 7)

Takt X
37–40 1 Galopp rechts seitwärts, RF Schritt rechts seitwärts, dabei mit der RH zweimal frontal auswärts kreisen, 1/4-Drehung nach rechts, LF anstellen und Körperwelle vorwärts, dabei faßt die LH die Mitte der Seilschlinge und kreist mit der herabhängenden Seilschlinge an der linken Körperseite schnell vorwärts, Arme in die Hochhalte führen und aufmachen (8)

Takt XI
41–44 RF Schritt vorwärts und 2 Kreuzhüpfer vorwärts auf dem RF, LF, Spielbein jeweils beugend vorspreizen mit je 1 SD vorwärts, wieder 2 Kreuzhüpfer auf dem RF, LF mit je 1 SD vorwärts, nur Spielbein jeweils beugend rückspreizen (9)

Takt XII
45–48 2 Schlußsprünge ohne Zwischenfederung mit je 1 SD vorwärts, 1 Schlußsprung mit doppeltem SD vorwärts, Arme über die Hochhalte zu einer Körperseite ausschwingen.

353/1
2
3
4
5
6
7
8
9

Zum Schluß ein Überblick über die Bewegungsverwandtschaft der einzelnen Techniken als Anreiz zum weiteren Erproben, Kombinieren, Variieren und zum Entdecken neuer Bewegungsabläufe und Verbindungen. Dadurch werden der individuelle Bewegungscharakter und der eigene Stil gefördert.

Tabelle III: Bewegungsverwandtschaft der Techniken

	Ball	Band	Keule	Reifen	Seil
Schwingen	●	●	●	●	●
Werfen und Fangen	●	●	●	●	●
Führen	●	●	●	●	●
Rollen am Boden	●	–	–	●	–
Rollen am Körper	●	–	–	●	–
Drehen, Zwirbeln	●	–	–	●	Führen ○
Handkreisen	–	Spiralen ○	●	Rotieren ○	Kreisen ○
Schlangen	–	●	–	–	–
Spiralen	–	●	–	–	–
Rotieren	–	–	Handkreisen ○	●	Kreisen ○
Prellen	●	–	–	–	–
Schlagen	–	–	●	–	–
Laufen mit Durchschlag	–	–	–	●	●
Springen mit Durchschlag	–	durch und über das Band ○ über den Stock	–	●	●

● Gleiche Technik
○ Vergleichbare Technik
– Keine Bewegungsverwandtschaft

Schallplattenverzeichnis

Langspielplatten

Herb Alpert + Tijuana Brass / The Lonely Bull / AM Records 212017

❶ Limbo Rock
❷ The Lonely Bull

Herb Alpert + Tijuana Brass / Greatest Hits / AM Records AMLH 64245

❸ Spanish Flea
❹ Whipped Cream

Cicero / Und jetzt spielt Cicero / Electrola SHZEL 87

❺ Dr. Faust
❻ Du spielst 'ne tolle Rolle
❼ Ob-la-die, ob-la-da
❽ Oh, Champs Elysees

Richard Claydermann / Träumereien / LC 0366

❾ Ballade pour Adeline

Marek und Vacel Live / Elektrola C 188–31251/52

❿ Extra Boogie
⓫ Happy Days
⓬ Maladie d'amour
⓭ Maple Leaf Rag
⓮ II. Ungarische Rhapsodie

Marek und Vacek / Das Programm / Polydor 2371918

⓯ Chopin-Walzer As
⓰ In der Halle des Bergkönigs
⓱ Melodie in F

Sandy Nelson / Drums ago-go / Liberty LBS 830251

⓲ Cashba

Sandy Nelson / Drumstory / LBS 835071

⓳ Sabre Dance

Tap of modern Jazz / S + R Records 904

⓴ I gotta Dance it modern
㉑ Waterfront Blues
㉒ Walking with my Baby

Singles

㉓ Alley Cat / Metronome B 1550

Bewegungsmusiken / Fidula Feon 1194

㉔ Spring Parcours
㉕ Querfeldein
㉖ Dollanes Melodie / Telefunken 611683
㉗ Song of the Nairobi / Hot Butter / PYE / International Records 86388 IT
㉘ Sultana / Titanic / CBS 5365
㉙ Tschip Tschip / Electronic Butterflies / International 13233
㉚ T.S.O.P. / Record World Magazine KZ / 3207

Literaturverzeichnis

1. Autorenkollektiv
Umělecká gymnastika dívek
Verlag für Sport und Touristik
Praha, 1967

2. G. Dachsel/M. Grote/J. Pötzsch
Gymnastik in der Schule
Volk und Wissen, Volkseigener Verlag
Berlin 1978

3. Deutscher Turner Bund
Wertungsvorschriften für die Wett-kampfgymnastik
Ausgabe 1971, 1976

4. D. Fürlová/H. Livorová/B. Petrová
Základy moderní gymnastiky
Olympia Praha, 1962

5. A. Götzová/H. P. Herrschel/G. Krombholz
Sport in der Hauptschule/Lehrerkolleg
Band II
TR-Verlagsunion 1978

6. M. Heinß
Künstlerische Gymnastik für Kinder
Sportverlag Berlin 1976

7. M. Heinß/R. Brzank
Gymnastik
Sportverlag Berlin 1978

8. W. Herold/D. Fluch
Turnsprache Deutsch
Pohl Verlagsanstalt 1972

9. R. Hess/J. Nicklas/
Dr. R. Schwabowski/H. Wendt
Gymnastik ohne Handgeräte
Sportverlag Berlin 1976

10. B. Kos/Z. Teply/R. Volrab
Gymnastik 1200 Übungen
Sportverlag Berlin 1973

11. G. Riehm
Ein Weg zur Wettkampfgymnastik
Pohl-Verlag 1976

12. A. Seybold
Schulgymnastik 2
Limpert-Verlag, 1975

13. T. T. Warakina/L. N. Kudrjasova/
T. P. Markova
Gymnastik mit Seil, Band und Wimpel
Sportverlag Berlin 1976

14. H. Wendt/R. Hess
Künstlerische Gymnastik mit Handgeräten
Sportverlag Berlin 1971

Weitere BLV Bücher

BLV Sporthandbuch

Hartmut Baumann

Turnen

in der Freizeit, Schule und Verein

Neu an diesem Buch ist die Systematik des Lernprozesses, die der Autor einführte. Er ordnet den Inhalt nach der Verwandtschaft der Bewegungen an den einzelnen Geräten. Unentbehrlich für Aktive, Sportler und Erzieher.

190 Seiten, 198 s/w Fotos, 242 Bildserien, 96 Zeichnungen

Sigurd Baumann

Sportspiele

Technik – Methodik – Regeln

Dieses Buch stellt alle interessanten, bekannten und für den Sportunterricht wichtigen Sportspiele vor. Neben der Beschreibung der Lernziele, Organisation, Spielregeln und Technik werden vor allem die vorbereitenden Spiele und spieltaktischen Übungsformen behandelt.

215 Seiten, 692 s/w Fotos, 68 Bildserien, 269 Zeichnungen

Sigurd Baumann / Klaus Zieschang

Praxis des Sports

In Schule und Verein muß der Sportlehrer von heute viele unterschiedliche Übungsbereiche betreuen. Dieses Buch dient als Lehr- und Nachschlagewerk für die Sportpraxis. Mit instruktiven Texten, Grafiken und Bildserien stellt es alle wichtigen Sportarten dar, ergänzt durch Kapitel über Training, Gymnastik und Unfallverhütung.

2. Auflage, 240 Seiten, 408 s/w Fotos, 36 Bildserien, 205 Zeichnungen

blv sportwissen

Manfred Grosser / Stephan Starischka / Elke Zimmermann

Konditionstraining

Theorie und Praxis aller Sportarten

Die in diesem Band auf der Basis neuester wissenschaftlicher Erkenntnisse behandelten Grundlagen des Konditionstrainings sind nahezu für jede Sportart anwendbar. Die Darstellung erschöpft sich nie in bloßer Theorie, sie ist immer praxisbezogen und anwendungsorientiert.

160 Seiten, 138 s/w Fotos, 53 Zeichnungen

Manfred Grosser / Stephan Starischka

Konditionstests

Theorie und Praxis aller Sportarten

Das Wissen über Konditionstests ist notwendig, um ein gezieltes Training planen und durchführen und die erreichte Kondition prüfen zu können. Der Leser erhält die theoretischen Grundlagen des Testens, und er wird über 65 Konditionstests so informiert, daß er sie jederzeit selbst durchführen kann.

128 Seiten, 93 s/w Fotos, 15 Zeichnungen

Günther Bäumler / Klaus Schneider

Sportmechanik

Grundlagen für Studium und Praxis

Das Bewegungsgeschehen im Sport wird von den Gesetzen der Mechanik entscheidend bestimmt. In diesem Buch wird ein möglichst breiter Überblick über die für den Sport einschlägigen Gesetze der Mechanik gegeben. Es ist besonders für Schüler, Sportlehrer und Trainer geeignet.

128 Seiten, 106 Zeichnungen

blv sport

Karin Schabert

Tänzerische Jazzgymnastik

Keine konventionellen Gymnastikübungen, sondern moderne gymnastische Trainingsformen, die auf dem »Modern Jazz Dance« beruhen.

3. Auflage, 119 Seiten, 169 Abbildungen

Gertrude Krombholz

Tanzen für alle

von den Grundelementen zu geselligen Tanzformen

Dieser Band führt unter dem Gesichtspunkt des Freizeitsports in die verschiedensten Bereiche des Tanzens ein.

2. Auflage, 143 Seiten, 395 s/w Fotos, 81 Zeichnungen, mit Schallplatte

In unserem Verlagsprogramm finden Sie Bücher zu folgenden Sachgebieten:

Garten und Zimmerpflanzen · Natur · Haus- und Heimtiere · Angeln, Jagd, Waffen · Sport · Wandern und Alpinismus · Automobile · Bavarica · Essen und Trinken · Basteln und Handarbeiten.

Wünschen Sie Informationen, so schreiben Sie bitte eine Karte an: BLV Verlagsgesellschaft, Postfach 40 03 20, 8000 München 40

BLV Verlagsgesellschaft München